Sturm, Großbritannien

Grundwissen — Länderkunden Band 7

Roland Sturm

Großbritannien

Wirtschaft — Gesellschaft — Politik

Leske + Budrich, Opladen 1991

Die Deutsche Bibliothek — CIP-Einheitsaufnahme

Sturm, Roland:
Großbritannien: Wirtschaft — Gesellschaft — Politik / Roland Sturm
Opladen: Leske und Budrich 1991

ISBN 978-3-322-93742-1   ISBN 978-3-322-93741-4 (eBook)
DOI 10.1007/978-3-322-93741-4

© 1990 by Leske Verlag + Budrich GmbH, Opladen
Satz: Leske + Budrich

Inhalt

Gesellschaft

Politik

Vorwort

Dies ist die erste umfassende Einführung in deutscher Sprache in das Thema der Wirtschaft, Gesellschaft und Politik Großbritanniens der achtziger Jahre. Margaret Thatchers Regierungszeit hat das Land dramatisch verändert. Es gilt Abschied zu nehmen von liebgewordenen Klischees und einem Englandbild, das in Deutschland noch heute allzusehr von der Erfahrung mit den Labour Regierungen der 60er und 70er Jahre geprägt ist. Die Veränderungen der wirtschaftlichen, gesellschaftlichen und politischen Realitäten kann der Leser anhand des reichlich der Darstellung beigegebenen Anschauungsmaterials selbst leicht nachvollziehen. Darüber hinaus liefern die verwendeten Tabellen und Graphiken zusätzlich über die Präsentation des Textes hinausgehende Informationen. Auf einen wissenschaftlichen Anmerkungsapparat wurde bei dieser Einführung zugunsten der Lesbarkeit des Textes verzichtet. Viele Informationen sind so „taufrisch", daß sie ohnehin nur dem eifrigen Leser britischer Tageszeitungen und Wochenblätter zugänglich wären. Dennoch behält die Einführung auch die Qualität eines Studientextes. Eine Bibliographie mit den wichtigsten und vor allem auch neuesten Buchpublikationen zu den behandelten Themen verweist auf die Informationsquellen für die hier gegebene Darstellung und dient gleichzeitig als Anregung für die weiterführende Lektüre. Ein ausführliches Register erleichtert den systematischen Zugang zu ausgewählten Informationen.

Roland Sturm

9

Einleitung: Die achtziger Jahre, das konservative Jahrzehnt

Die achtziger Jahre haben das Gesicht Großbritanniens verändert. Wie tiefgreifend die eingetretenen Veränderungen waren, darüber sind sich Beobachter im In- und Ausland zwar nicht einig, es herrscht aber der Eindruck vor, daß vieles mit dem Land geschehen ist, was nicht mehr rückgängig gemacht werden kann bzw. rückgängig gemacht werden sollte.

Die Impulse zum sozialen und kulturellen Wandel gingen von der Politik aus. Mit dem politischen Wandel verband sich das umfassende Bemühen, Wirtschaft und Gesellschaft auf eine neue Grundlage zu stellen. War in den siebziger Jahren viel von der scheinbar unheilbaren „britischen Krankheit" zu hören, einer unheilvollen Mischung von Wettbewerbsschwäche und sinkender Produktivität der Wirtschaft, veraltetem Klassendenken in der Gesellschaft und politischer Ohnmacht gegenüber mächtigen und streikfreudigen Gewerkschaften, so beherrschte in den achtziger Jahren *ein* Name die Schlagzeilen: *Margaret Thatcher.*

Sie war nicht nur die erste Frau, die Regierungschefin eines westlichen Industrielandes wurde, ihr Wahlsieg von 1979 läutete auch ein konservatives Jahrzehnt im Westen ein. In den achtziger Jahren setzten sich die konservativen politischen Kräfte in einer Reihe weiterer westlicher Demokratien, wie den USA, der Bundesrepublik oder Kanada durch, oder übernahmen selbst linke Regierungen wichtige Elemente des neuen konservativen Programms, wie die Sparpolitik, die monetaristische Geldpolitik oder die Privatisierungspolitik.

In keinem Land aber wurde das konservative Programm so konsequent und zunächst mit einem solch großen Erfolg durchgesetzt wie in Großbritannien. Der Thatcherismus sparte keinen Bereich von Politik, Wirtschaft und Gesellschaft aus. Für eine Betrachtung des Landes aus heutiger Sicht bedeutet dies, daß der Beobachter in bezug auf die meisten traditionellen Vorstellungen, die sich mit dem deutschen Englandbild verbinden, radikal umdenken muß. Was neu

11

ist erschließt sich dem Ausländer selten auf den ersten Blick, zumal der Prozeß der Gesellschaftsveränderung erst begann und noch in vollem Gange ist. Gerade die Flexibilität der britischen Institutionen, in erster Linie der politischen, behindert kaum jegliche mit dem Mehrheitswillen des Unterhauses gewollte Modernisierung. Traditionell wurde der Umgestaltungswille britischer Regierungen durch die politisch-kulturellen Beharrungskräfte gebremst, die sich im verbreiteten Suchen nach Konsens und Kompromiß, dem sprichwörtlichen Common sense niederschlugen. Margaret Thatcher hat auf solche Restriktionen ihres Handlungsspielraumes nie Rücksicht genommen. Sie orientierte ihre Politik einzig und allein an ihren persönlichen Überzeugungen und Wertvorstellungen.

In Reden und Interviews hat sie sich immer wieder zu folgenden politischen Grundannahmen bekannt (Kavanagh 1987: 11f.):

— zu der begrenzten Fähigkeit von Regierungen, auf Dauer Gutes zu tun, aber deren weitreichende Möglichkeiten, Schaden anzurichten;
— zu der Bedeutung individueller Übernahme von Verantwortung und der Unterscheidung von gut und böse. Margaret Thatcher ist eine der wenigen Angehörigen konservativer Kabinette, die regelmäßig für die Wiedereinführung der Todesstrafe stimmen;
— zum „starken Staat", der seine Hauptaufgaben, nämlich die adäquate Aufrechterhaltung seiner Verteidigungsfähigkeit und die Durchsetzung von Recht und Ordnung, erfüllen kann;
— dazu, daß die Leute ihre Probleme selbst lösen sollen (oder ihren Familien und Nachbarn helfen sollen, deren Probleme zu lösen), anstatt Hilfe vom Staat zu erwarten;
— zu der Annahme, daß wachsende Staatsausgaben ohne Wirtschaftswachstum höhere Steuern und weniger wirtschaftliche Wahlmöglichkeiten für den einzelnen Bürger bedeuten;
— zur Überlegenheit des Marktes als Motor des Wirtschaftswachstums und als Garanten freier wirtschaftlicher Wahlmöglichkeiten und persönlicher Freiheit;
— dazu, daß Ausgabenerhöhungen für eine Staatsaufgabe gewöhnlich das Vernachlässigen einer anderen bedeuten, will der Staat nicht zur Finanzierung erhöhter Ausgaben auf Kredite oder Inflation vertrauen. Jede Tätigkeit des Staates wird von schwerbelasteten Steuerzahlern finanziert. Viele dieser Steuerzahler sind dabei möglicherweise ärmer als diejenigen, die von den staatlichen Maßnahmen profitieren.

— zur Überlegung, daß Regierungsprogramme ihre Ziele häufig deshalb verfehlen, weil die Staatseingriffe notwendige gesellschaftliche Anpassungsprozesse bremsen. Programme, die den gesellschaftlichen Wandel akzeptieren, sind hilfreicher als das Äußern von Mitgefühl für die Schwachen, Arbeitslosen und Kranken.

Mit ihren Wahlsiegen der Jahre 1979, 1983 und 1987 und dem allmählichen Umbau der von ihr geführten konservativen Kabinette, die immer weniger die breite Interessenkoalition des britischen Konservatismus und immer mehr den Willen zur Unterstützung der Politik der Regierungschefin widerspiegelten, gelang es Margaret Thatcher, weite Bereiche der britischen Gesellschaft nach ihren Wunschbildern der Unternehmerkultur (*enterprise culture*) und des Volkskapitalismus (*property-owning democracy*) umzugestalten. Am einschneidendsten und für die Regierung Thatcher vorrangig war die Neuorientierung der Wirtschaftspolitik. Sie ist gekennzeichnet durch das Bemühen der Regierung, vor allem mit Hilfe des Instruments der Steuerpolitik die Investitionsbedingungen britischer Unternehmen zu verbessern. Ein strenger sparpolitischer Kurs in der Ausgabenpolitik soll dem Ziel der Inflationsbekämpfung dienen. Von einer Strategie der umfassenden Privatisierung von Staatsunternehmen erhofft sich die Regierung die Übertragung privatwirtschaftlicher Dynamik auf diese. Die breite Streuung des dabei entstehenden Aktienkapitals soll die Akzeptanz des kapitalistischen Wirtschaftssystems in der britischen Bevölkerung dauerhaft erhöhen und verankern. Jeder einzelne Bürger soll lernen „wirtschaftlich" zu denken. Außerdem hatte die Privatisierungspolitik den für die Regierung angenehmen Nebeneffekt, die Staatseinnahmen zeitweise zu erhöhen. Dies half mit, die Kosten für die durch den weitgehenden Verzicht der Regierung auf rezessionsdämpfende und arbeitsplatzschaffende Maßnahmen auf ca. vier Millionen ansteigende offene und verdeckte Arbeitslosigkeit zu tragen.

Auch in der Kommunalpolitik wurden die Karten neu gemischt. Die Regierung Thatcher scheute sich nicht davor, ihr politisch mißliebige kommunale Verwaltungsstrukturen, wie den Stadtrat von London, aufzulösen und alle Gemeinden finanziell an die Kandarre zu nehmen. Mit mehreren Gesetzesvorstößen wurde die begrenzte Gemeindeautonomie in der Einnahmen- und Ausgabenpolitik rigoros beschnitten. Der Handlungsspielraum auf den klassischen Feldern gemeindlicher Tätigkeit, der Schulpolitik und der Wohnungspolitik ist ebenfalls geringer geworden. Die von der Regierung Thatcher durchgesetzte Möglichkeit des Verkaufs der von den Gemeinden verwalteten Sozialwohnungen an deren Bewohner entwickelte sich zum Wahlschlager des Jahres 1983. In der Schulpolitik stärkten Regierungsmaßnahmen den Privatsektor (*Public schools*). Die Binnenorganisation des staatlichen Schul- und Gesundheitswesens wurde nach Marktprinzipien umgestaltet. Der private Versicherungsschutz soll es dem einzelnen ermöglichen, sich diejenigen Leistungen zur Aufrechterhaltung seiner Gesundheit zu sichern, die der staatliche Gesundheitsdienst nicht rasch und adäquat zur Verfügung stellt.

In der Außenpolitik der Regierung Thatcher dominierten vor allem zwei Themen: Die Selbstbehauptung Großbritanniens in der Welt und die Freundschaft des Landes mit Ronald Reagans Amerika. Der Falklands / Malvinen Krieg des Jahres 1982 war das Gegenbild zur Verhandlungslösung mit anderen Nationen für umstrittene Territorien, wie sie im Hongkong-Vertrag des Jahres 1984 mit der Volksrepublik China gefunden wurde. In der EG-Politik beharrte die Regierung Thatcher auf — aus ihrer Sicht — größerer Fairneß vor allem bei der Berechnung des Beitrages des Landes zur Gemeinschaftskasse und ihren Bedenken gegen die Übertragung wirtschaftlicher Kompetenzen an Brüssel. Mit Ronald Reagan verband Margaret Thatcher nicht nur persönliche Bewunderung, sondern auch die politische Übereinstimmung bei der Definition der Kräfte (Kommunisten, Terroristen — oft von Staaten des Nahen Ostens unterstützt), die versuchen, die westlichen Demokratien zu untergraben.

Die große Rolle, die eine Partei und zum Teil alleine die Person des Premierministers in der britischen Politik der achtziger Jahre spielen konnten, ist nicht zuletzt auch Ausdruck der Schwäche der politischen Opposition. Die Gewerkschaften, die sich zu Beginn der Regierungszeit Margaret Thatchers noch als einflußreiche Gegenmacht sahen, mußten bald erkennen, daß ihre Mobilisierungsstrategien gegen die neuen Gewerkschaftsgesetze wirkungslos verpufften. Die Regierungspolitik verzichtet bewußt auf die Einbindung der Gewerkschaften. Daß sie dennoch handlungsfähig bleibt hat spätestens die Niederlage der Bergarbeiter im auf beiden Seiten erbittert geführten Streik der Jahre 1984 / 85 bewiesen. Auch die parlamentarische Opposition erwies sich als schwach. Der Labour Party gelang es erst nach einiger Mühe mit Neil Kinnock eine überzeugende Integrationsfigur als Parteiführer hervorzubringen. Seine Reformfreudigkeit kam zu spät, um die rechte Abspaltung der Sozialdemokraten und die Gründung einer sozialdemokratischen Partei (SDP) rückgängig zu machen. Andererseits aber ging sie dem linken Parteiflügel zu weit, der Kinnocks Kurs als Verrat an den sozialistischen Idealen der Labour Party interpretierte. Der Labour Party in der Opposition fehlte die eigenständige überzeugende Vision. Nicht zuletzt deshalb tendierte sie immer wieder dazu, sich vor allem mit sich selbst zu beschäftigen. In letzteren Fehler verfielen auch die britischen Sozialdemokraten und Liberalen, die als Allianz die Wahlen 1983 und 1987 verloren.

Margaret Thatchers politisches Programm war ein Langzeitprogramm. Es ist bisher noch immer nicht in allen seinen Aspekten verwirklicht. Ihr Wahlsieg von 1987 gab der konservativen Regierung erneut ein Mandat für den Kurs des Umbaus der britischen Gesellschaft. Ende der achtziger Jahre gelang es der Labour Party aber, sich programmatisch zu konsolidieren und ein stärkeres Gegengewicht zur Regierungspartei zu bilden. Margaret Thatcher verzichtete im November 1990 — ausgerechnet aus Anlaß einer europäischen Kontroverse, die ihre Partei und vor allem ihre Regierung spaltete (Rücktritt des Vize-Premiers Sir Geoffrey Howe) — auf das Amt des Regierungschefs. Die breite Ablehnung der neuen Gemeindesteuer (poll tax) und die inflationsbedingte wachsende Zinsbelastung für die Wahlentscheidende Klientel der Konservativen Partei, die gutverdienende Mittelschicht, hatten der Labour Party Nachwahltriumphe und einen deutlichen Vorsprung in den Meinungsumfragen gesichert. Der neue Premierminister John Major, Finanzminister des letzten Thatcher-Kabinetts, vertritt eine im Stil konziliantere und pro-europäischere Politik. Als Zukunftsaufgabe hat er angekündigt, sich für eine „offene Gesellschaft" einsetzen zu wollen, in der „Veranlagung, Fleiß und Glück darüber entscheiden, wie weit es der einzelne bringen kann". In der öffentlichen Debatte wird in Großbritannien das neue Thema der „klassenlosen Gesellschaft" heute mit Forderungen nach einer Reform und Verbesserung des Erziehungswesens verbunden, das nicht nur den individuellen Aufstieg sichern soll, sondern auch einen wichtigen Beitrag dazu zu leisten habe, der britischen Wirtschaft jene Fachkräfte zur Verfügung zu stellen, die diese so dringend benötige, um konkurrenzfähiger zu werden. Noch ist offen, in welchem Maße der Regierungswechsel auch einen politischen Neubeginn bedeutet. So viel kann man aber mit Gewißheit sagen: Das konservative Jahrzehnt der achtziger Jahre wird nachwirken. Die Regierung Thatcher hat dauerhaft das Selbstverständnis der britischen Politik verändert.

Wirtschaft

1. Gesamtentwicklung

1.1 Überblick

In Großbritannien, wie in anderen Ländern auch, waren Perioden kriegerischer Auseinandersetzungen verbunden mit einem stärkeren Engagement des Staates in der Lenkung der Wirtschaft und der Finanzierung öffentlicher Aufgaben. Im Unterschied zur Zeit nach dem I. Weltkrieg, die erst mit der Rezession der dreißiger Jahre erste Ansätze umfassenderer Bereitschaft zur staatlichen Intervention hervorbrachte, stand die unmittelbare Nachkriegszeit nach 1945 im Zeichen der Neudefinition des Verhältnisses von Staat, Wirtschaft und Gesellschaft. Nicht nur hatten die Kriegsereignisse in bisher ungekanntem Maße in die britische Wirtschaft eingegriffen, sie hatten auch den Ideen des Cambridger Ökonomen John Maynard Keynes (1883 - 1946) endgültig zum Durchbruch verholfen. Auch wenn die von ihm geforderte staatliche Nachfragepolitik zur Überwindung von Wirtschaftskrise und Arbeitslosigkeit Ende der dreißiger Jahre in der pervertierten Form der militärischen Aufrüstung verwirklicht wurde, war deren Ergebnis ein Ende der Rezession und eine Reduktion der Arbeitslosenzahl im Juni 1943 auf 60000.

Auch in Friedenszeiten sollte der Staat nun seine Verantwortung für Wirtschaft und Gesellschaft nicht mehr abgeben und planend in ökonomische Abläufe eingreifen, um neue Wirtschaftskrisen zu verhindern. Dieser Allparteienkonsens prägte die britische Wirtschaftspolitik bis zur Mitte der siebziger Jahre. Strittig blieben zwischen den beiden großen Parteien aber das Ausmaß der gesellschaftlichen Verantwortung des Staates, die Detailgestaltung des Wohlfahrtsstaates also, sowie die konkreten Rezepte zur Intervention angesichts der sich verschärfenden Wirtschaftsprobleme des Landes, vor allem seit Mitte der 60er Jahre. Einigkeit schien in der Praxis sowohl der Konservativen als auch der Labour Party in der Regierung darin zu bestehen, daß die Regierungspolitik in erster Linie dem Ziel der Bekämpfung der Arbeitslosigkeit zu dienen habe,

18

Entwicklung der Staatsausgaben (in % des BIP)

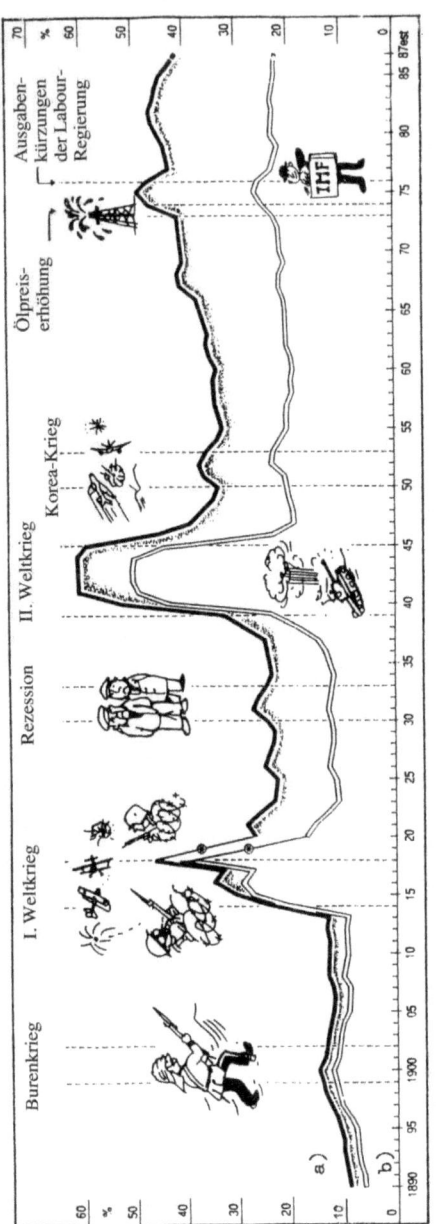

a) Staatsausgaben insgesamt
b) Ausgaben für Waren und Dienstleistungen

Quelle: The Economist, 23. 1. 1988, S. 21.

Arbeitslosigkeit und Inflationsentwicklung (in %)

Regierungspartei	Jahr	Arbeits-losigkeit*	Inflation	Etappen der Wirt-schaftsentwicklung
Labour	1945-51			Austerity
Konservative	1953	1,5	3,1	Affluent society
ab 1951	1954	1,2	1,8	
	1955	1,0	4,5	
	1956	1,0	2,0	
	1957	1,3	3,7	
	1958	1,9	3,0	
	1959	2,0	0,6	
	1960	1,5	1,0	
	1961	1,3	3,4	
	1962	1,8	2,6	
	1963	2,2	2,1	Wirtschafts-
Labour	1964	1,6	3,3	krise
	1965	1,3	4,8	
	1966	1,4	3,9	
	1967	2,2	2,5	
	1968	2,3	4,7	
	1969	2,3	5,4	
Konservative	1970	2,5	6,4	
	1971	3,3	9,4	
	1972	3,6	7,1	
	1973	2,6	9,2	
Labour	1974	2,5	16,1	
	1975	3,9	24,2	
	1976	5,2	16,5	Strategiewechsel
	1977	5,7	15,8	im Kampf gegen
	1978	5,6	8,2	die „britische
Konservative	1979	5,3	13,4	Krankheit"
	1980	7,1	15,0	
	1981	8,5	12,0	Neoliberalismus
	1982	10,0	8,6	
	1983	10,8	4,6	
	1984	11,1	5,0	
	1985	11,3	6,1	
	1986	11,4	3,4	
	1987	10,2	4,1	

* Wegen mehrfacher Wechsel der amtlichen Definition von Arbeitslosigkeit sollten die hier gegebenen Daten in erster Linie als Annäherungswerte verstanden werden. Die vor allem in den achtziger Jahren immer enger gewordene Definition von Arbeitslosigkeit unterschätzt tendenziell den tatsächlichen Grad der Arbeitslosigkeit.

Quellen: I. Budge/D. McKay et al.: The New British Political System, London and New York 1983, S. 7 und OECD: United Kingdom (Economic Surveys), Paris 1988, S. 15ff.

und erst in zweiter Linie dem Ziel der Inflationsbekämpfung. Erst eine Inflationsrate von über 20 Prozent und eine damit verbundene internationale Vertrauenskrise in das britische Pfund führte in den 70er Jahren zu einer allmählichen Verschiebung der Prioritätensetzung zwischen den beiden Zielgrößen.

Die Regierungsübernahme Margaret Thatchers setzte nicht nur diesen Trend fort. Für die neue Regierung war es auch aus grundsätzlichen Überlegungen wichtig, den Staat von der Verantwortung für das Wirtschaftsproblem Arbeitslosigkeit zu befreien. Eine funktionierende Wirtschaftsordnung, so die konservative Logik, löse das Arbeitslosenproblem von selbst. Erste Aufgabe des Staates schien es deshalb zu sein, mit den ihm zur Verfügung stehenden Mitteln der Geldmengenkontrolle und der Politik der Ausgabenkürzungen die die wirtschaftliche Stabilität bedrohende Inflation zu bekämpfen. Verbunden mit einem langfristigen Programm der Stärkung der Privatinitiative in der britischen Wirtschaft und der Umverteilung von gesellschaftlichem Reichtum zugunsten der höheren Einkommen, von denen alleine die Initiative zu Neuinvestitionen in größerem Umfange und damit die Schaffung neuer Arbeitsplätze zu erwarten sei, und verbunden auch mit Erleichterungen für die Gründung neuer Klein- und Mittelbetriebe, soll bis in die neunziger Jahre ein erneuerter, international konkurrenzfähiger Unterbau der britischen Wirtschaft entstehen.

1.2 Die großen Etappen

a) Die Nachkriegszeit (Austerity)

Die Unterhauswahl von 1945 brachte erstmals in der Geschichte des Landes eine Labour Regierung an die Macht, die mit einer komfortablen Mehrheit (von 146 Abgeordneten) regieren konnte. Dies war ein klares Mandat und eine verläßliche Basis für die Durchsetzung des Labour Parteiprogramms, das einen weitgehenden Umbau von Wirtschaft und Gesellschaft vorsah. Vor allem die ökonomischen Probleme der Nachkriegszeit, teilweise aber auch das Fehlen hinreichend konkretisierter Strategien und mangelnde Entschlossenheit verhinderten, daß es zu einer umfassenden Umwälzung der gesellschaftlichen Machtverhältnisse kam. Der interventionistische Wohlfahrtsstaat, für den die Labour-Regierungszeit den Grundstein legte, konnte als neue gesellschaftliche Rahmenbedingung auch von den nachfolgenden konservativen Regierungen akzeptiert werden.

20

Die Nachkriegsökonomie unterschied sich dramatisch von der Wirtschaftsstärke des Landes in der Vorkriegszeit. Die Kriegsanstrengungen hatten zwei Drittel des Außenhandelsvolumens gekostet, der Staatssektor war durch Militär, Zivilverteidigung und Rüstungsindustrien personell um das viereinhalbfache des Vorkriegsstandes aufgebläht und die britische Handelsflotte hatte 28 Prozent ihrer Kapazitäten eingebüßt. Durch die Kriegsinflation war der Wert des Pfundes ständig gesunken (1949 wurde es von $4,03 auf $2,80 abgewertet). Die Staatsverschuldung hatte sich durch die Kriegskosten verdreifacht. Das Land war von amerikanischer Finanzhilfe abhängig. Ein von Keynes 1945 im Auftrage der britischen Regierung mit den USA ausgehandelter Kredit, der an die Bedingung der vollen Konvertibilität des Pfundes im Jahre 1947 geknüpft wurde, war 1947 bereits aufgebraucht. Die Exporte des Vereinigten Königreichs überstiegen das Vorkriegsniveau nur um 17 Prozent und bescherten dem Land trotz Importbeschränkungen ein Zahlungsbilanzdefizit von £438 Millionen.

Die Labour-Regierung sah sich aufgrund der schlechten Versorgungslage gezwungen, die kriegsbedingte Rationierung von Kleidern und Lebensmitteln beizubehalten und von den Gewerkschaften Lohnzurückhaltung zur Drosselung der heimischen Kaufkraft zu verlangen. Die Gewerkschaften akzeptierten dies. Zwischen 1948 und 1950 stiegen die Löhne nur um fünf Prozent, während die Einzelhandelspreise sich um 8 Prozent erhöhten. Die Prioritäten dieser Wirtschaftspolitik der Einschränkungen des privaten Konsums (Austerity) waren in den Worten des damaligen Schatzkanzlers Stafford Cripps (Amtsperiode 1947 - 1950): „Erstens Exporte, zweitens Investitionen der Industrie und ganz am Ende die von der Familie gewünschten Annehmlichkeiten."

1948 begann der langsame Erholungsprozeß der britischen Wirtschaft. 1950 überschritten die Exporte des Landes das Exportniveau von 1938 um 75 Prozent. Motor des Aufschwungs waren die amerikanischen Hilfsgelder, die im Rahmen des Marshall-Plan Programms nach Großbritannien flossen. Das Land erhielt Hilfe in der Höhe von $1 263 Millionen bei einer Gesamtsumme des Programms von $4 875 Millionen und war damit nach Frankreich der zweitgrößte Empfänger dieser Unterstützungszahlungen.

Trotz und zum Teil auch gerade wegen der ökonomischen Schwierigkeiten der ersten Nachkriegsjahre unternahm die Labour Regierung erste eher inkohärente Schritte zur Wirtschaftsplanung. Zentraler Bestandteil einer geplanten Ökonomie sollten zumindest in der Theorie die verstaatlichten Schlüsselindustrien sein. Obwohl Verstaatlichungsforderungen zum zentralen Programmbestand der Labour Party schon vor dem Krieg gehörten, fehlte der Partei ein konkretes Verstaatlichungskonzept. In der Praxis wurde schließlich sehr behutsam verfahren. Es gab keine Verstaatlichungen ohne Entschädigungszahlungen an die früheren Besitzer. Vorbild der neuen Staatsbetriebe war nicht etwa die Arbeiterselbstverwaltung sondern das traditionelle öffentliche Unternehmen, wie es etwa schon in der Gestalt des für die Stromversorgung zuständigen Electricity Board seit 1926 bestand. Das Verhältnis von Management und Arbeitern wurde von der Veränderung der Eigentumsverhältnisse nicht berührt.

Als erstes ging die Notenbank (Bank of England) am 1. März 1946 in Staatseigentum über, es folgte die Verstaatlichung der Fluglinien im gleichen Jahr, von Kohle im Jahre 1947, des öffentlichen Transportwesens und der stromerzeugenden Wirtschaft 1948, der Gasversorgung 1949 und schließlich der Eisen- und Stahlindustrie 1951. Auch wenn nicht nur profitable Unternehmen damit in Staatseigentum übergingen konnte die Labour Regierung immerhin darauf verweisen, daß es ihr gelungen war, für alle Bereiche für die sie dies in ihrem Wahlprogramm von 1945 angekündigt hatte, die Veränderung der Eigentumsverhältnisse durchgesetzt zu haben.

Das alte Programmziel der Labour Party, nämlich die Schaffung eines alle Bevölkerungsgruppen gleichermaßen umfassenden Systems der Absicherung gegen soziale Risiken, im Hinblick auf Alter, Gesundheit oder Beschäftigung, war bereits 1944 im Beveridge Report der Koalitionsregierung zu einer auch von den Konservativen mitgetragenen Strategie geworden. 1946 wurde mit dem National Insurance Act ein durch allgemeine Beitragspflicht finanziertes Sozialversicherungssystem geschaffen und mit dem National Health Service Act der kostenlose Staatliche Gesundheitsdienst eingerichtet.

b) Die „goldenen" fünfziger Jahre

Nach einer kurzen Periode von Zahlungsbilanzschwierigkeiten, die die seit 1951 amtierende Regierung Churchill zu einer neuen Phase der Spar- und Importkontrollpolitik bis in das Jahr 1952 zwang, gewann die Regierung durch die mit der Verbesserung der Preisentwicklung für britische Produkte auf den Weltmärkten allmählich günstiger werdende Wirtschaftsentwicklung neuen wirtschaftspolitischen Handlungsspielraum. Die Wiederherstellung des internationalen Vertrauens in das britische Pfund, die mit der Pfundabwertung des Jahres 1949 angestrebt wurde, machte Fortschritte.

Die verbesserten wirtschaftlichen Rahmenbedingungen erlaubten der Regierung die Aufhebung der Rationierungen (1953/54) und weiterer kriegsbedingter Restriktionen (z.B. Begrenzungen bei Baumaßnahmen), sowie die Auflösung staatlicher Institutionen der Mangelverwaltung (Ministry of Materials und Raw Cotton Commission, 1954). Die wirtschaftliche Aufschwungperiode war von einer Boomperiode der Londoner Börse begleitet.

Im Bereich des sozialen Konsums wurde durch staatliche Initiative vor allem eine deutliche Verbesserung der Wohnungssituation erreicht. Harold Macmillan verwirklichte als Minister für Kommunales und Planung ein ehrgeiziges Wohnungsbauprogramm, das durch finanzielle Anreize des Staates auch den Privatsektor mobilisierte. 1953 wurden 327 000 neue Wohnungen gebaut, 1954 entstanden noch einmal 354 000. Diese Initiative der konservativen Regierung fügte sich ein in die Grundsatzentscheidung, den in der unmittelbaren Nachkriegszeit entstandenen Wohlfahrtsstaat nicht als sozialistische Verirrung zu bekämpfen, sondern diesen sogar auszubauen. Der innenpolitische Konsens zwischen den beiden großen Parteien war in den fünfziger Jahren so ausgeprägt, daß für diese Zeit das Wochenblatt „The Economist" den zum Inbegriff dieser Entwicklungsphase gewordenen Begriff des „Butskellismus" prägte (aus Butler, dem Namen des konservativen Schatzkanzlers und Gaitskell, dem Namen seines Amtsvorgängers und späteren Labour Parteivorsitzenden).

Allerdings verlief die ökonomische Entwicklung der fünfziger Jahre aus gesamtwirtschaftlicher Sicht, trotz Entfaltung des Massenkonsums, vor allem durch die Ausbreitung von Ratenkäufen, keineswegs reibungslos. Konjunkturhochs und Konjunkturkrisen lösten sich mehrfach ab. Die Regierung antwortete mit der Gegenstrategie des „stop and go". Mit Mitteln der Steuer-, Zins- und Wirtschaftskontrollpolitik wurde jeweils versucht entweder die Wirtschaft in schwierigen Zeiten anzukurbeln (go) oder in Zeiten der überschäumenden Konjunktur zu bremsen (stop). Am tiefsten war sicherlich der wirtschaftliche Einbruch im Umfeld der Suez-Krise von 1956, die mit ihren politischen Konsequenzen die bereits bestehenden Wirtschaftsprobleme weiter verschärfte. Zum ersten Mal war eine britische Regierung gezwungen, auf die Finanzhilfe des Internationalen Währungsfonds zurückzugreifen. Die Stop-

Periode der Sparpolitik, mit der die Regierung Macmillan versuchte, die Parität des Pfundes zu verteidigen, wurde Ende 1959 von einer neuen Go-Phase der Steuersenkungs- und Investitionsförderungspolitik abgelöst.

Stop- and Go-Politik führte, wie sich in den 50er Jahren herausstellte, aber nur zur oberflächlichen und kurzfristigen Korrektur von wirtschaftlichen Fehlentwicklungen. Das grundsätzlichere Problem der Wettbewerbsfähigkeit des Landes auf den Weltmärkten, das sich beispielsweise im stetigen Rückgang des britischen Anteils am Welthandel von 1950: 25 % auf 1959: 17 % (zum Vergleich: Bundesrepublik, 1950: 7 %, 1959: 20 %) ausdrückte, vermochte eine solche Politik nicht zu lösen.

Innenpolitisch trat diese Problemlage in den fünfziger Jahren allerdings nicht in den Vordergrund. Diese Zeit wurde im Privaten tatsächlich allgemein als „goldene", als „affluent society" erlebt. Die nach dem Kriege wiederhergestellte Vollbeschäftigung blieb erhalten. Erstmals stiegen die Einkommen rascher als die Preise. Zwischen Oktober 1951 und Oktober 1963 kletterten die Löhne um ca. 72 Prozent bei einem Preisanstieg von fast 45 Prozent. 1965, am Ende dieser Entwicklung, hatten 88 Prozent der britischen Haushalte ein Fernsehgerät, 39 Prozent Kühlschränke und 56 Prozent Waschmaschinen. Die Zahl der TV-Anschlüsse war von 1950 einer halben Million auf über 12 Millionen 1964 angewachsen. Während 1951 2,25 Millionen Autos auf den britischen Straßen fuhren war ihre Zahl 1964 auf über 8 Millionen angewachsen. Diese Veränderungen der Lebensbedingungen im Lande veranlaßten Harold Macmillan kurz nachdem er 1957 das Amt des Premierministers übernommen hatte, zu der zu einem geflügelten Wort gewordenen Aussage: „most of our people never had it so good".

Macmillan wurde nicht zuletzt im Gefolge des von seiner Regierung durch eine erneute Go-Phase erzeugten Vorwahlboom 1959 wiedergewählt. Den aus dieser Wirtschaftsstrategie erwachsenen Schwierigkeiten wie der Ausweitung des Zahlungsbilanzdefizits durch eine Bremspolitik entgegenzuwirken gelang jedoch nur schwer. Die Gewerkschaften widersetzten sich der von der Regierung angestrebten Lohnpause zur Dämpfung der Kaufkraft und damit der Nachfrage. Auch die Übernahme des französischen Vorbilds der „Planification" in der abgeschwächten Form des National Economic Development Council (NEDC bzw. Neddy genannt), der die britische Wirtschaftsentwicklung mindestens der nächsten fünf Jahre im voraus beurteilen sollte, blieb in der konkreten Situation folgenlos. 1963 stieg die Arbeitslosenzahl bis zur beunruhigenden Rekordzahl von 800 000. Damit verstärkte sich der Druck auf den neuen Schatzkanzler Reginald Maudling, den wirtschaftspolitischen Bremskurs aufzugeben. Sein Versuch, diesen durch den Rückgriff auf die Zahlungsbilanzreserven und die Kreditlinien des Landes beim IWF zu finanzieren, erweiterte das Zahlungsbilanzdefizit noch mehr. Die Realität einer ökonomischen Strukturkrise war nun kaum mehr zu übersehen, einer Strukturkrise, der die 1964 gewählte Labour-Regierung Wilson mit neuen Mitteln zu begegnen versprach.

c) Wirtschaftskrise (Mitte der 60er Jahre bis 1976)

Die Labour-Opposition, geführt von Harold Wilson, hatte 1964 unter anderem mit einem neuartigen Wirtschaftsprogramm die Wahlen gewonnen. Die Wirtschaftsprobleme des Landes sollten nun umfassender angegangen werden, an die Stelle des hilflosen Reagierens der stop and go-Politik sollte der staatlich geförderte und angeleitete Strukturwandel treten. Moderne Technologie („the white heat of the technological revolution") sollte der britischen Wirtschaft zu neuer Konkurrenzfähigkeit verhelfen. Instrument der staatlichen Wirtschaftslenkung sollte nicht zuletzt der Ausbau der Planungskapazität des Staates sein. 1965 wurde auf der Grundlage dieser Absichten ein eigenständiges Wirtschaftsministerium (Department of Economic Affairs, DEA) als Gegenpart zum auf das Management der Tagespolitik in Wirtschaftsfragen fixierten Schatzamt geschaffen. Die Aufgaben des DEA umfaßten die Aufstellung nationaler Langzeitpläne für die Wirtschaftsentwicklung, Initiativen zur Wiederbelebung der Industrie und zur Verbesserung ihrer Effizienz (wobei auf die alle wirtschaftlichen Interessen einbindenden korporatistischen Neddy-Strukturen zurückgegriffen werden sollte), die Ausarbeitung einer Preis- und Einkommenspolitik, sowie das Erarbeiten von Vorschlägen zur Reorganisation der Regionalpolitik.

Der letztendlich geringe Einfluß und die kurze Lebensdauer des DEA, wie auch die Tatsache, daß die Bemühungen um nationale Wirtschaftspläne bereits 1967 eingestellt wurden, sind weniger auf die hohen Ansprüche zurückzuführen, die sich mit diesem Programm der industriellen Erneuerung zu verbinden schienen. Trotz einer positiven Resonanz für die Bemühungen Labours in der Öffentlichkeit ließ die Realität der britischen Krise keinen Spielraum für die neue Strategie. Die wirtschaftlichen Probleme, die aus dem von der konservativen Vorgängerregierung hinterlassenen Zahlungsbilanzdefizit erwuchsen, wurden durch die ersten Entscheidungen der Labour-Regierung weiter verschärft. Zeichen setzte in erster Linie das Einlösen der Wahlkampfversprechen im sozialen Bereich: Die Abschaffung der Rezeptgebühren für Arzneimittel, die Erhöhung der Renten, des Krankengeldes und des Arbeitslosengeldes. Die so entstandenen zusätzlichen Ausgaben wurden in erster Linie durch Steuer- und Beitragserhöhungen finanziert.

Nach außen wirkten diese Maßnahmen als Prioritätensetzung für eine Ausgabenpolitik unter Vernachlässigung des notwendigen stabilitätspolitischen Beitrages zur Absicherung des Pfundkurses. Der einsetzenden Flucht aus dem Pfund versuchte die Regierung mit einem 1965 aufgenommenen Drei-Milliarden-Dollar Kredit und einer inflationären Tendenzen entgegenwirkenden Lohn- und Einkommens-, sowie Preiskontrollpolitik zu begegnen. Zu diesem Zweck wurde ein National Board for Prices and Incomes (NBPI) eingerichtet, das das Recht hatte, jede Veränderung von Preisen und Löhnen mit Hilfe entsprechender Unterausschüsse und unter Beteiligung der Betroffenen zu überprüfen. So sollte in erster Linie durch Überzeugungsarbeit ein höherer Grad an Preis- und Lohndisziplin durchgesetzt werden.

Dennoch hielt der internationale Druck auf das britische Pfund auch nach dem zweiten Wahlsieg Wilsons 1966 weiter an. Die Alternativen, vor die sich die Regierung gestellt sah, waren das Verfolgen einer ökonomischen Deflationsstrategie oder eine Abwertung des Pfundes. Die Entscheidung fiel zunächst für die auch in den Reihen der Labour Party umstrittene erste Option: Ratenkäufe wurden erschwert, pro Kopf durften nur noch £ 50,- bei Urlaubsreisen ins Ausland mitgeführt werden und die Alkohol- und Tabaksteuern wurden erhöht. Die meisten Kontroversen löste die Verordnung eines auf sechs Monate befristeten Lohn- und Preisstopps aus, dem eine Periode strenger freiwilliger Lohndisziplin folgen sollte.

Nach einer kurzfristigen Beruhigung der Wirtschaftslage zeigten sich im Sommer 1967 neue Krisenerscheinungen. Die Gold- und Devisenreserven des Landes waren um £ 36 Millionen geschrumpft, das Handelsdefizit betrug im Juni £ 39 Millionen. Die Arbeitslosigkeit erreichte mit ca. einer halben Million Erwerbsloser Rekordhöhen. Die Deflationspolitik hatte sich als wenig wirksam zur Stabilisierung des Pfundkurses herausgestellt. Die Alternative der Abwertung des Pfundes (um 14,3 %) konnte von der Regierung nicht länger vermieden werden.

Mit der Pfundabwertung und dem damit verbundenen Ämtertausch zwischen dem Schatzkanzler James Callaghan, der sich als Abwertungsgegner profiliert hatte, und dem Innenminister Roy Jenkins, wurde der Gedanke umfassenderer Wirtschaftsplanung innerhalb der Regierung Wilson endgültig der Priorität der Krisenbewältigung geopfert. Roy Jenkins vertrat einen harten Sparkurs zur Konsolidierung des Staatshaushaltes. Im Januar 1968 wurde eine Rezeptgebühr für den Staatlichen Gesundheitsdienst eingeführt, die von den Patienten zu tragenden Kosten bei der Zahnbehandlung wurden angehoben. Den Schülern auf weiterführenden Schulen wurde ihr Anrecht auf kostenlose Schulmilch gestrichen. Die geplante Verlängerung der Schulzeit um zwei Jahre wurde vom Jahre 1971 auf das Jahr 1973 verschoben, das Wohnungsbauprogramm um das Volumen von jährlich 16 500 Häusern gekürzt. Zwei internationale Währungskrisen im Frühjahr und Herbst 1968 führten zu erneuten Zahlungsbilanzproblemen, auf die die Regierung mit massiven Steuererhöhungen und Ausgabenkürzungen reagierte.

Vor Problemen stand die Regierung aber nicht nur beim Erhalt der Währungsstabilität, auch der soziale Konsens, vor allem mit den Gewerkschaften, den sie zur Absicherung ihrer Einkommenspolitik benötigte, bröckelte. Die Streikfreudigkeit, die auch von der Labour- Regierung für die Situation der britischen Wirtschaft mitverantwortlich gemacht wurde, hielt ungemindert an. Eine Royal Commission unter Lord Donovan, die 1968 Bericht erstattete, hatte Alternativen zur Organisation der industriellen Beziehungen in Großbritannien untersucht, konnte aber auch kein Patentrezept zur Begrenzung von Streiks finden. In dieser Situation legte die Regierung Wilson einen weitgehenden Entwurf zur Neuregelung des Streikrechts vor (Weißbuch: In Place of Strife, 1969), der u.a. die Einführung einer obligatorischen „Abkühlungsperiode" und Urabstimmungen vor Streikentscheidungen vorsah. Auf diese Weise sollten spontane Arbeitsniederlegungen vermieden und Verhandlungslösungen industrieller Konflikte gefördert werden. Der nach dem Bekanntwerden der Regierungsvorschläge laut werdende Protest der Labour-Linken und der sich in ihrer Autonomie bedroht fühlenden Gewerkschaften erreichte jedoch bald solche Ausmaße, daß die Regierung ihrem Gesetzesvorhaben keine Chancen mehr einräumte und auf die geplante Regulierung von Streiks verzichtete.

Ende des Jahres 1969 verbesserte sich die außenwirtschaftliche Lage, u.a. auch als Konsequenz einer im November 1968 erlassenen

Verordnung, die Importeure bestimmter Güter zwang, für deren Einfuhrerlaubnis beim Zoll auf sechs Monate einen Betrag zu hinterlegen, der dem Importwert der Einfuhren entsprach. Die verbesserte Zahlungsbilanzsituation erlaubte es der Regierung, die Devisenbeschränkungen für Urlaubsreisen aufzuheben. Weitere Unterstützung erhielt der Pfundkurs auch durch die DM-Aufwertung des Jahres 1969. Das Jahr 1969 schloß mit einem Zahlungsbilanzüberschuß von £387 Millionen ab.

Zur Überraschung aller und entgegen dem Trend der Meinungsumfragen verlor Labour dennoch die Wahlen von 1970. Die neue konservative Regierung kam mit eigenen dezidierten Vorstellungen für die Bewältigung der Strukturkrise der britischen Wirtschaft ins Amt. Vorrang haben sollten der Abbau staatlicher Regulierung und die Stärkung der Marktkräfte. Der Wettbewerb sollte die Spreu der Industrie von ihrem Weizen trennen, die international wettbewerbsfähigen Unternehmen von den „lahmen Enten (lame ducks)", denen auch bei drohender Pleite und zu erwartendem Verlust an Arbeitsplätzen der Staat auf keinen Fall zu Hilfe kommen sollte. Die Lohn- und Einkommenspolitik konnte im Rahmen dieser Gesamtstrategie getrost dem Markt überlassen werden. Es mußte im Eigeninteresse der Unternehmen liegen, ihre Wettbewerbsfähigkeit nicht durch weitgehende Konzessionen bei Lohnforderungen zu gefährden.

Umgesetzt wurde dieses Programm 1970 mit der Auflösung des für die Preis- und Einkommenspolitik zuständigen NBPI und der 1966 von Labour als Instrument der Umstrukturierung der Industrie geschaffenen Industrial Reorganisation Corporation. 1971 nahm die konservative Regierung den gescheiterten Versuch Labours, das Verhalten der Gewerkschaften zu regulieren wieder auf. Der Industrial Relations Act verpflichtete diese, sich bei einem National Industrial Relations Court registrieren zu lassen und bei Strafandrohung dessen Vorschriften für geordnete Lohnverhandlungen zu beachten.

In der Haushaltspolitik setzte der neue Schatzkanzler Barber weiter auf einen Sparkurs, gepaart mit Steuererleichterungen vor allem für die Unternehmen. Unter anderem wurde von der damaligen Erziehungsministerin Thatcher die Abschaffung freier Schulmilch (Thatcher — milk snatcher, so die Opposition) und eine Anhebung der Preise für Schulmahlzeiten verantwortet. Für das staatliche Gesundheitswesen wurden Rezeptgebühren und die Gebühren für Zahnbehandlungen erhöht. Als Ausgleich für die Mehrbelastung sozial schwacher Familien mit Kindern sollten diesen Mittel nach dem neu eingerichteten Family Income Supplement zur Verfügung gestellt werden.

Der wirtschaftspolitische Bremskurs des Schatzkanzlers leitete eine Phase der wirtschaftlichen Stagnation ein. Angesichts der rückläufigen industriellen Tätigkeit entschloß sich Schatzkanzler Barber 1972 zu einer Politik der Wirtschaftsankurbelung durch massive Steuerkürzungen, Senkungen der Verbrauchssteuern und das Gewähren verschiedener Investitionsanreize. Die Nachfrage wurde zusätzlich durch die Anhebung der Renten und anderer Sozialleistungen erhöht. Der so angeregte „Barber Boom" der britischen Wirtschaft zeitigte rasch inflationäre Konsequenzen. Die gestiegene Nachfrage nach als Folge der Pfundabwertung verteuerten Importen, die mangelnde Produktivität und damit zusammenhängend die sich verringernde Exportleistung der britischen Industrie führten zu einer rapiden Verschlechterung der Außenhandelsbilanz und einer erneuten Sterling-Krise 1972.

Als Notmaßnahme wurde von der Regierung der Pfundkurs freigegeben, aber auch die de facto-Abwertung der Währung stabilisierte den Pfundkurs nicht sofort. Erreicht wurde damit aber eine weitere Verteuerung der Importe und damit ein zusätzlicher Inflationsschub. Die anhaltend hohe Arbeitslosigkeit gepaart mit einer hohen Inflationsrate veranlaßten die Regierung zu einer strategischen Kehrtwende (U-turn) in ihrer Wirtschaftspolitik. Zur Inflationsbekämpfung griff sie auf das Instrument der staatlichen Lohn- und Preispolitik zurück. Im November 1972 kündigte Premierminister Heath einen Preis- und Lohnstopp an, der bis März 1973 galt. Inzwischen hatte sich die Regierung von ihrem Prinzip der Nichtintervention in Lohn- und Preisfragen weiter entfernt und sich für eine permanente Institutionalisierung einer staatlichen Lohn- und Preispolitik entschieden. Eine Preiskommission (Price Commission) und ein Lohnausschuß (Pay Board) sollten eingerichtet werden und die Aufgabe übernehmen, Preise, Zinsen, Mieten und Einkommen entsprechend staatlicher Richtlinien zu kontrollieren. Auch die Industrie wurde entgegen der Ankündigung der konservativen Regierung nicht ihrem Schicksal bzw. dem Markt überlassen. Die Regierung intervenierte direkt durch die Rettung der in Not geratenen Unternehmen Rolls Royce und Upper Clyde Shipbuilders, sowie indirekt durch regionale Investitionshilfen und Forschungsförderung.

Die Einkommenspolitik der Regierung im Verein mit ihrer Gewerkschaftsgesetzgebung brachte sie auf einen Konfrontationskurs mit den Gewerkschaften. Das Streikniveau erreichte neue Rekordzahlen. Besonders erbittert wurde der Bergarbeiterstreik des Jahres 1972 ausgetragen, der zu gewaltsamen Zusammenstößen mit der Polizei führte. Streikposten legten die Kraftwerke lahm und ein Solidariätsstreik der Bahnarbeiter blockierte den Kohletransport. Die Bergarbeiter erreichten mit ihren Streikaktionen Lohnerhöhungen, die das Dreifache des Regierungsangebots betrugen. 1973 wurde die Einkommenspolitik der Regierung erneuter Auslöser einer Konfrontation mit den Bergarbeitern. Die Regierung beschloß, hart zu bleiben und ihre Lohnleitlinien durchzusetzen. Als Folge des anhaltenden Streiks und von Solidaritätsaktionen anderer Gewerkschaften mußte die Regierung Notmaßnahmen treffen, um dem Engpaß bei der Stromversorgung zu begegnen, der durch die reduzierten Kohlebestände der Kraftwerke entstanden war. In der Industrie wurde die Drei-Tage-Woche eingeführt, Büros und Fernsehstationen wurden aufgefordert um 22.30 Uhr zu schließen. Diese prekäre Situation fiel zusammen mit der ersten weltweiten Ölkrise, die durch eine Vervierfachung der Ölpreise die britische Außenhandelsbilanz in harte Bedrängnis brachte und zusätzliche Einschränkungen für die Öffentlichkeit mit sich brachte. So wurden auf allen Straßen Geschwindigkeitsbeschränkungen von 50 Meilen (ca. 80 km) eingeführt und eine maximale Zimmertemperatur für die Heizung aller kommerziell genutzter Gebäude dekretiert. Die Regierung flankierte diese Maßnahmen mit einem harten Sparkurs und Kreditrestriktionen, um die Nachfrage nach Importgütern zu dämpfen.

Ihr gelang es jedoch nicht, trotz Verhandlungsbereitschaft über ihre Einkommenspolitik und Gesprächen mit dem Gewerkschaftsdachverband TUC, den Konflikt mit den Bergarbeitern beizulegen. Als Weg aus der Sackgasse entschloß sich Heath im Februar 1974 durch Neuwahlen die Beantwortung der politischen Machtfrage dem Wähler zu überlassen. Er sollte entscheiden wessen Wille in Großbritannien regieren soll, der der Gewerkschaften oder der des demokratisch gewählten Parlaments. Die Wahlniederlage der Konservativen wurde entsprechend dieser falschen Alternative mißinterpretiert mit weitreichenden Folgen für die künftige Wirtschaftspolitik. Selbstverständlich regierte auch nach 1974 das Parlament bzw. das Kabinett weiter, aber aus der Sicht eines großen Teils der Labour-Führung und vor allen Dingen aus der Sicht der Gewerkschaften hatten sich diese nun als „fünfter Stand" (Taylor) in der britischen Politik etabliert. Die Grenzlinien zwischen politischer Einflußnahme der Gewerkschaften und ihrer Rolle als Vertreter von Wirtschaftsinteressen schienen verwischt, Tarifpolitik war nur noch *ein* Feld des nun von Gewerkschaftsseite beanspruchten Mitsprache-rechts in der Gesellschaftspolitik.

Die neue Regierung Wilson versuchte der unveränderten Wirt-schaftslage und den veränderten politischen Kräfteverhältnissen da-durch Rechnung zu tragen, daß sie nicht nur die umstrittene Ge-werkschaftsgesetzgebung der Regierung Heath aufhob, die Preise für Wohnungsmieten einfror und den Pay Board auflöste, um die Konfrontation mit den Gewerkschaften zu überwinden. Sie wollte mit ihrem Entgegenkommen gegenüber den Gewerkschaften auch auf friedlichem und freiwilligem Wege eine Selbstverpflichtung der Gewerkschaften zu einer nicht-inflationären Lohnpolitik erreichen. Ein entsprechender, schon im Wahlkampf verkündeter Sozialvertrag (social contract) zwischen Labour Party und dem Gewerkschafts-dachverband TUC sah eine informelle Abstimmung der Einkom-menspolitik vor. Lohnerhöhungen sollten nur noch in Jahresabstän-den erfolgen. Mit ihnen sollte entweder ein Inflationsausgleich für eingetretene Preisentwicklungen erzielt werden oder es sollten zu erwartende Preissteigerungen im Vorgriff ausgeglichen werden.

Die Strategie, mit der die Strukturprobleme der Wirtschaft ver-mindert werden sollten, wurde anfänglich von der Labour-Linken bestimmt und war der ursprünglichen Intention der Regierung Heath, die Wirtschaft durch eine Stärkung der Marktkräfte im Wett-bewerb umzubauen völlig entgegengesetzt. Labour setzte auf die zentrale Rolle des Staates nicht nur als Interessenwahrer der im Wirtschaftsprozeß Benachteiligten und als Vermittler bei Gewerk-schaftsforderungen, sondern auch als Akteur der Wirtschaftspolitik dem die Aufgabe zufiel, ein dynamisches Zentrum der Wirtschafts-entwicklung unter seiner Kontrolle herauszubilden. Hebel dieser von der Konservativen Partei als Sozialismus durch die Hintertür be-kämpften Strategie sollte neben der weiteren Übernahme von Betrie-ben in Staatseigentum die Einrichtung eines National Enterprise Bo-ards sein. Das NEB, das der Industry Act von 1975 etablierte, agierte als Staatsholding mit der Aufgabe, im Hinblick auf eine Verwirkli-chung des Regierungsprogramms den staatlichen Aktienbesitz zu kontrollieren, neue Besitzanteile zu erwerben und finanzielle Unter-stützung für in Not geratene Unternehmen zu geben. Restriktionen für staatliches Engagement, wie die Bestimmung des Industry Acts der Heath-Regierung, die staatlichen Aktienbesitz auf höchstens 50 % eines Unternehmens beschränkte, wurden aufgehoben. Größe-ren Einfluß sollte der Staat auch im angesichts der Entwicklung der Weltmarktpreise für Rohöl expandierenden Sektor der Nordseeölförderung erlangen. Eine entsprechende Steuerpolitik, vor allem aber die Gründung der auch mit Überwachungsaufgaben versehenen nationalen Ölgesellschaft (BNOC) sollten diesem Ziel dienen. 1977 wurde der Staatssektor in der Wirtschaft durch die Verstaatlichung des Schiffsbaus und der Luftfahrtindustrie erneut erweitert.

Dieses Modell der Wirtschaftsentwicklung durch staatliche Initiative hätte auch an seinen eigenen Vorstellungen gemessen nur funktionieren können, wenn über die formale Übernahme staatlicher Verantwortung hinaus ein Weg zu einer Umstrukturierung der wirtschaftlichen Basis und damit zur Erhöhung der Konkurrenzfähigkeit der Wirtschaft auf den Weltmärkten gefunden worden wäre. Für Erfolge in diese Richtung gab es aber keine Anzeichen. Nicht einmal die als Rahmenbedingung durch den Social Contract angestrebte Lohndisziplin der Gewerkschaften war zu gewährleisten. Anfang 1975 stellte sich heraus, daß einzelne Gewerkschaften mit Lohnabschlüssen von über 30 % weit über die Inflationsentwicklung hinausgegangen waren. Dies veranlaßte die Regierung auf konkretere Festlegungen der Gewerkschaftsseite in Lohnfragen zu drängen. In Übereinstimmung mit dem TUC verkündete der Schatzkanzler im Juli 1975 eine Begrenzung der künftigen Lohnerhöhungen auf wöchentlich maximal £ 6,- (= 10 %). Einkommen über £ 8 500,- im Jahr sollten leer ausgehen. Die Durchsetzung dieser Lohnleitlinien gelang nicht nur aufgrund der Unterstützung des TUC, der Regierung gelang es auch die Unternehmensseite zu binden. Mit ihrer Preiskontrollpolitik nahm sie den Unternehmen die Möglichkeit, über das angestrebte Maß hinausgehende Lohnerhöhungen auf ihre Preise umzuwälzen. Nachgiebigkeit gegenüber Gewerkschaftsforderungen hätte sich so unmittelbar in einer Schmälerung der Gewinne niedergeschlagen.

Diese Politik der Inflationsbekämpfung durch Nachfragedämpfung, die auf einem Aushandlungsprozeß zwischen den Gewerkschaften und der Regierung beruhte, wurde 1976 noch einen Schritt weitergeführt. Die im Lichte der Fernsehkameras in ihrem Ablauf dokumentierten Spitzengespräche zwischen den Verhandlungspartnern vermittelten den Eindruck, daß die Gewerkschaftsseite, wie kritisch angemerkt wurde, nun einen dem Gewicht der Regierung vergleichbaren Rang einnehme. Als nicht verfassungskonform wurde insbesondere die Strategie des Schatzkanzlers gewertet, Steuererleichterungen (die das gewählte Parlament beschließen mußte) von der (im außerparlamentarischen Raum angesiedelten) Respektierung einer Lohnleitlinie von 3 % abhängig zu machen. Im Mai

1976 verabredete die Regierung für den Zeitraum August 1976 bis Juli 1977 eine Begrenzung der Lohnzuwächse auf 4,5 %. Die Preiskontrollen blieben zwar insgesamt bestehen, wurden aber in Teilbereichen gelockert, um die private Investitionstätigkeit anzureizen.

Als größeres Problem als die Lohndisziplin der Gewerkschaften stellte sich 1976 aber der Verfall des Pfundkurses heraus. Aus der Sicht der internationalen Märkte versäumte Großbritannien nicht nur, Maßnahmen zur grundsätzlichen Verbesserung der Wirtschaftsstruktur des Landes zu treffen, sondern auch durch eine härtere Haltung gegenüber den Gewerkschaften und Ausgabenwünschen gesellschaftlicher Gruppen, die Inflationstendenzen ernsthaft zu bekämpfen. Die Exportschwäche des Landes in Verein mit diesen ökonomischen und politischen Faktoren destabilisierte 1976 den Pfundkurs in einem solchen Maße, daß sich die Regierung Callaghan gezwungen sah, die Hilfe des Internationalen Währungsfonds in Anspruch zu nehmen. Der von diesem gewährte $3900 Millionen Kredit war mit Auflagen verbunden, die die Regierung Callaghan zu einem Kurswechsel in der Wirtschaftspolitik zwangen. Fortan entschied sie sich klar für die Priorität der Inflationsbekämpfung und war nun auch bereit, nicht nur ein Sinken der Reallöhne sondern auch die sozialen Folgen einer restriktiveren Ausgabenpolitik zu akzeptieren.

d) Der erfolglose Kampf gegen die britische Krankheit (1976-1979)

Die verheerende Diagnose über die Zukunftsaussichten der von der britischen Krankheit befallenen Wirtschaft, die internationalen Kommentaren immer wieder zu entnehmen war, zeitigte mit der Korrektur des wirtschaftspolitischen Kurses der Regierung Callaghan erste Wirkungen. Krankheitskeime, wie mangelnde Produktivität, fehlende Wettbewerbsfähigkeit oder die behauptete Übermacht der Gewerkschaften wurden nun zwar immer noch nicht umfassend attackiert, zumindest aber hatte eine gewisse Neubewertung der bisherigen wirtschaftspolitischen Strategie zur Krisenbewältigung stattgefunden.

Wohlfahrtsstaatliche Expansion und Einbindung der Gewerkschaften in die Gesellschafts- und Einkommenspolitik reichten als Rezepte nicht mehr aus. Auch wenn die Labour-Regierung die Kritik der Konservativen an der Übermacht der Gewerkschaften nicht teilte, war ihr schon sehr bald das Problem der Durchsetzung von Lohnleitlinien angesichts der Realität zersplitterter und dezentraler, z.T. auf innergewerkschaftlicher Konkurrenz beruhender, Lohnaushandelungsprozesse klar geworden. Wege zur Stabilisierung der sozialen Beziehungen sollten von einem Expertengremium unter Lord Bullock (Bullock Committee) gefunden werden, das vor allem die Erfahrung anderer Länder bei der Regelung der Arbeitsbeziehungen untersuchte. Der 1977 veröffentlichte Bericht des Bullock Committees empfahl u.a. die Übernahme von Elementen des deutschen Mitbestimmungsmodells. Die im Umfeld dieser Empfehlung unter dem Schlagwort „industrial democracy" geführte Debatte führte aber zu keiner entsprechenden Gesetzesinitiative. Der Institutionalisierung der Arbeitsbeziehungen zur Stärkung des sozialen Friedens widersetzten sich sowohl der Unternehmerverband CBI, der eine machtpolitische Aufwertung der Gewerkschaften in den Betrieben fürchtete, als auch ein großer Teil der Gewerkschaftsbewegung, die fürchtete ihren freien Handlungsspielraum gegenüber den Vertretern der Kapitalseite bei Einbindung in institutionelle Strukturen auf Betriebsebene und der damit verbundenen Mitverantwortung für Unternehmensentscheidungen zu verlieren.

Angesichts der massiven Sparforderungen des Internationalen Währungsfonds (£ 3 Milliarden in den nächsten zwei Jahren) und der Vordringlichkeit der Inflationsbekämpfung, für die die Regierung Callaghan erstmals zu einem „monetaristischen" Werkzeug, nämlich der Vorgabe von Zielen für das Geldmengenwachstum griff, wäre jede Form der Strukturreform der Gewerkschaften sicherlich eine Unterstützung der Regierungsbemühungen um wirtschaftliche Stabilität gewesen. Da eine solche Strukturreform sich politisch nicht durchsetzen ließ, setzte die Regierung, trotz der sich für die Arbeitnehmerschaft verschlechternden Rahmenbedingungen, auf die freiwillige Kooperation der Gewerkschaften. Die 1977 mit dem TUC getroffene Vereinbarung, Lohnsteigerungen auf 10 % zu begrenzen, erwies sich im großen und ganzen als tragfähig. Die Lohndisziplin im Verein mit der Sparpolitik der Regierung hatte einen deutlich inflationsmindernden Effekt. Die Inflationsrate sank von 1977: 15,8 auf 1978: 8,2 %. Die hohe Zahl der Arbeitslosen blieb allerdings relativ konstant.

In dieser Situation nahm Premierminister Callaghan die historische Chance nicht wahr, auf dem Hintergrund einer relativ beruhigten ökonomischen Lage Neuwahlen auszuschreiben. Die Kraft des Gewerkschaftsdachverbandes zur Disziplinierung seiner Einzelgewerkschaften hatte 1978 ihr Ende erreicht. Die neue Lohnleitlinie von 5 % für das laufende Jahr wurde allenthalben unterlaufen. Eine

Welle von Lohnerhöhungsrunden und Streiks erschütterten das Wirtschaftsgefüge. Im Winter der Unzufriedenheit (winter of discontent, 1978/79) kam es zu langanhaltenden, das öffentliche Leben Großbritanniens nachhaltig beeinträchtigenden Arbeitskämpfen. Die Versorgung mit öffentlichen Dienstleistungen schien bedroht, Müllberge türmten sich auf den Straßen und selbst die Toten vermochten angesichts eines Streiks der Totengräber nur mit Hindernissen ihre letzte Ruhestätte zu finden. Der Eindruck, den die Situation auf das Erscheinungsbild der Regierung in der Öffentlichkeit machte, war verheerend. Das Modell der Kooperation Regierung/Gewerkschaften, das als Lösung aus einer ähnlichen Krisensituation, der Drei-Tage-Woche im Gefolge des Bergarbeiterstreiks von 1974 hervorgegangen war, war nun diskreditiert. Die Rhetorik der Opposition im Wahlkampf 1979 schoß sich auf das „Grundübel" Gewerkschaften ein. Schien 1974 nur eine mit den Gewerkschaften verhandlungsfähige Partei den politischen und wirtschaftlichen Engpaß überwinden zu können, so wurde 1979 nach einer Regierungspartei gesucht, die durch ihre Unabhängigkeit von der Gewerkschaftsmacht die Fähigkeit besaß, den Gewerkschaften gegenüber Stärke zu zeigen und ihren Übermut zu bremsen.

Die britische Krise
Resümee einer langanhaltenden Debatte

Die Debatte um die Ursachen der „britischen Krise", der „britischen Krankheit", hatte ihre Vorläufer bereits Mitte der 50er Jahre. Die ökonomischen und gesellschaftlichen Probleme, mit denen das Land in dieser Zeit konfrontiert war, waren allerdings weit weniger dramatisch als die nach der ersten Ölkrise auftretenden Strukturbrüche der 70er Jahre. In den 30 Jahren der Diskussion um die britische(n) Krise(n) hat sich eine Palette immer wieder aufgegriffener, unterschiedlicher, sich aber teilweise überlappender Erklärungsmuster für die gesellschaftlichen Problemlagen Großbritanniens herausgebildet. Zurückgeführt werden diese auf

a) Verwertungsprobleme des Kapitals
b) ökonomische Strukturprobleme
c) historische Ursachen
d) institutionelle Ursachen
e) politisch-kulturelle Hemmnisse.

a) Marxistische Analysen stellen die ökonomischen Probleme Großbritanniens, die sie als Systemprobleme des Kapitalismus interpretieren, in den Vordergrund ihrer Krisendiagnose. Im Gegensatz zur deutschen, an der logischen Konsistenz der Marx'schen Begrifflichkeit orientierten Kapitalismuskritik, vertraten führende Theoretiker der britischen Neuen Linken weniger strikt an der Kausalwirkung des tendenziellen Falls der Profitrate orientierte Erklärungsmodelle der britischen Krise. Neue an Marx anknüpfende Erklärungsmuster wurden gesucht. Die von Glyn/Sutcliffe (1972) in die Diskussion eingeführte Problematik der „Profitklemme", in der sich die britische Wirtschaft seit der Mitte der 1960er Jahre befindet, wurde von Glyn/Harrison 1980 wieder aufgenommen.

Verkürzt gesagt argumentieren die Autoren, daß die Stärke der Gewerkschaftsbewegung Lohnsteigerungen in Großbritannien erzwungen habe, die das britische Kapital aufgrund seiner mangelnden Konkurrenzfähigkeit auf dem Weltmarkt nicht über Preissteigerungen habe ausgleichen können. Damit wurde seine Profitrate („eingeklemmt" zwischen Gewerkschaften und Weltmarkt) geschmälert. Versuche der Regierung Heath Anfang der 70er Jahre die Löhne zu begrenzen, scheiterten mit dem Resultat, daß die Profitrate nach den Berechnungen von Glyn/Harrison (1980:90) weiter fiel. Die anfängliche gegenseitige Unterstützungspolitik der nach 1974 neu ins Amt gekommenen Labour Regierung und der Gewerkschaften führte nach diesem Modell, trotz Ansätzen einer staatlichen Einkommenspolitik, zu einer weiteren Reduktion der Profitrate des britischen Kapitals. Erst nach 1976, als die Labour-Regierung auf einen stärker sparpolitisch orientierten Kurs einschwenkte und Lohnopfer zur Inflationsbekämpfung forderte, erholte sich die Profitrate etwas.

Denkt man das Profitklemmen-Modell weiter, so könnte die politische Strategie der Regierung Thatcher durchaus krisenbewältigend wirken — denn hat sie nicht die Gewerkschaftsmacht begrenzt und damit die Haupttriebfeder für das historisch überhöhte Lohnniveau des Landes ersetzt durch das freie Spiel der Marktkräfte? Oder wurde diese Entwicklung durch einen gleichzeitigen Verlust an internationaler Konkurrenzfähigkeit der britischen Industrie aufgewogen? Glyn/Harrison geben auf diese Fragen keine Antworten. Sie hielten es für wenig wahrscheinlich, daß der Regierung Thatcher eine Schwächung der Gewerkschaftsbewegung gelingen könne und gingen deshalb vom britischen Wirtschaftsdisaster als Dauerzustand aus.

b) Nicht-marxistische Analysen der Wirtschaftsprobleme Großbritanniens bilden zweifellos den Hauptteil der „Krisenliteratur". Zentrale Stichworte ökonomischer Krisenerklärungen sind der Niedergang der britischen Produktionsgüterindustrie (Smith 1984: 102), die Deindustrialisierung des Landes (Rose et al., 1984), der zu starke Ausbau des unproduktiven Sektors (u.a. des Staatssektors) in der britischen Ökonomie (Bacon/Eltis[2] 1978), die mangelnde Produktivität der britischen Industrie (Dahrendorf 1982: 46) bzw. falsche, die öffentliche und private Investitionstätigkeit hemmende politische Entscheidungen (Pollard 1982). Bei diesen Stichworten handelt es sich in keinem Falle um Erklärungsmodelle. Vielmehr versuchen die einzelnen Autoren, dasjenige ökonomische Problem zu identifizieren, das sie für das entscheidende für den Niedergang der britischen Wirtschaft halten. Sieht man einmal von der Gefahr der Eindimensionalität solchen Bemühens ab, bleibt festzuhalten, daß bis heute wohl nicht davon ausgegangen werden kann, daß die im einzelnen erwähnten Krisenursachen verschwunden seien. Ähnlich wie die Prognose der Profitklemmentheoretiker muß auch diejenige der Ökonomen eine negative sein.

c) Wie die Palette ökonomischer Ansätze der Krisenerklärung, ist die Palette historischer Erklärungsansätze der britischen Krise weit gespannt. Sie reicht von ökonomischen Deutungsmustern über soziologische bis hin zu politischen. Ökonomische Ansätze betonen die Rolle Großbritanniens als Vorreiter der industriellen Revolution, als „Werkstatt der Welt" im 18. und beginnenden 19. Jahrhundert. Diese Führungsrolle des Landes habe dazu geführt, daß seine Industrie weniger stark auf die Weltmarktkonkurrenz und technische Innovationen ausgerichtet gewesen sei als diejenige der nach Marktlücken suchenden industriellen „late-comer", wie z.B. Deutschland. Entsprechend habe sich auch das britische Management wenig für Innovationen und Veränderungen der Arbeitsbeziehungen interessiert und Betriebe im „feudalen Stil" der Distanz zu den Arbeitenden geleitet — eine Haltung, die sich bis heute kaum geändert habe.

Zwei Einstellungen, so Glinga (1983: 87) prägen den Gentleman-Kapitalisten:

„Entweder wird ... das Ethos eines ‚reinen Ingenieurswesens‘ vertreten, so als sei die Vermarktung von vulgärer Natur, oder aber die Produktion wird abgewertet und die höhere Finanzwelt als allein würdiges Betätigungsfeld erachtet. Für beide Fälle ist die schizophrene Einstellung charakteristisch, wonach Geld in einer Art unbefleckter Empfängnis erworben wird. Produktion und Arbeiter finden in diesem Prozeß keinen Platz oder sind unangenehme Begleiterscheinungen".

Soziologische Ansätze machen ebenfalls die frühe Industrialisierung Großbritanniens und eine damit verbundene allmähliche gesellschaftliche Durchsetzung der industriellen Bourgeoisie gegenüber der herrschenden Aristokratie zum Ausgangspunkt ihrer Analysen (Fetscher[3] 1978: 99; Nairn 1977: 19ff.; Wiener 1981: 10). Das zentrale Argument in diesem Zusammenhang lautet, daß die fehlende Notwendigkeit eines revolutionären Bruchs des aufsteigenden Bürgertums mit dem dominierenden Adel in Großbritannien zu einer Amalgamierung dieser beiden sozialen Gruppen geführt habe, die ihren Ausdruck in der formalen Kontinuität der britischen Institutionen, der Allgemeingültigkeit des Gentleman-Ideals und der Tradierung vergleichsweise rigider Klassenschranken innerhalb der britischen Gesellschaft in Ausgrenzung des für die Durchsetzung bürgerlicher Machtpositionen nicht mobilisierten Proletariats fand. Auch soziologische Ansätze erklären damit die historischen Ursachen der britischen Krise mit den Unzulänglichkeiten u.a. des oben beschriebenen Gentleman-Kapitalisten.

Politisch argumentierende Ansätze stellen die historische Hinorientierung Großbritanniens auf das Empire in den Vordergrund. Diese habe es ermöglicht, zumindest bis in die 50er Jahre (Suez-Krise) radikalen inneren Wandel aufzuschieben. Das Empire stellte einen Absatzmarkt für britische Industriegüter bereit, wirkte als soziales „Sicherheitsventil" bzw. als „Selbstprivilegierungsmechanismus" gegenüber Kritikern bzw. Karrieresuchenden im eigenen Lande — denn im Militär bzw., bei entsprechender Bildung, in der Verwaltung fremder Länder konnte das Empire allemal Kompensationen anbieten — und trug dazu bei, die britische Identität nach innen (u.a. im Hinblick auf die Einbindung Schottlands in den britischen Staatsverband) und außen zu definieren.

Zwei unterschiedliche Interpretationen bauen auf der These der Außenorientierung der britischen Politik auf. Einerseits wurde festgestellt, daß ökonomisch begründete gesellschaftliche Krisentendenzen durch diese fast ein Jahrhundert lang (unterbrochen durch — die Außenorientierung aber eher verstärkende — erfolgreich bestandene Kriege) überdeckt wurden, um dann Mitte der 60er Jahre um so deutlicher hervorzutreten. Andererseits wurde argumentiert, daß die Rationalität von Entscheidungen in der britischen Politik durch eine ungerechtfertigt lange als Maßstab akzeptierte, zunehmend fiktiver werdende Vision des Empires gelitten habe. So lautet beispielsweise Blanks These (1979: 73):

„The single most important factor in Britain's economic difficulties lies in the decisions taken by post-1945 governments about the nation's role in the world and in the domestic and international policies that resulted from these decisions."

Alle beschriebenen historischen Erklärungsmuster gehen davon aus, daß die historisch begründeten sozialen und politischen Attitüden relativ dauerhaft sind bzw. bereits einen solchen Schaden angerichtet haben, daß heute die gesellschaftliche Krise wahrscheinlicher als die gesellschaftliche Erneuerung ist.

d) An der Kontinuität historisch gewachsener Strukturen setzt auch die Kritik derjenigen an, die in den britischen Institutionen die Hauptursache der heutigen Krisenhaftigkeit der britischen Gesellschaft sehen. Auffällig ist dabei, welche wichtige Rolle bundesrepublikanische institutionelle Spezifika in der Diskussion um Alternativen zum heutigen britischen Institutionenbestand spielen. Zu erwähnen sind hier insbesondere die Mitbestimmung (Bullock Report), die Gewerkschaftsstruktur, das Wahlsystem oder das System der Lehrlingsausbildung. Mit der SDP wurde 1981 zudem eine Partei gegründet, die sich ausdrücklich zum Vorbildcharakter der damaligen, in der Regierungsverantwortung stehenden, SPD und der „Sozialen Marktwirtschaft" der Bundesrepublik bekennt (Owen 1981: 47ff.).

Ähnlich wie die nicht-marxistischen Ökonomen können auch die Kritiker der britischen Institutionen sich nicht auf eine zentrale „Krisenursache" einigen. Für einige stehen eher Verfassungsfragen im Vordergrund (Johnson 1977), für andere Fragen des Wahlsystems und dessen Konsequenzen. Samuel Finer (1974) sieht in dem britischen Mehrheitswahlsystem einen Mechanismus zur Behinderung der Konsensbildung in der britischen Politik, da es nach seiner Meinung nicht auf die Herausbildung von unter Einigungszwang zur Mitte des politischen Spektrums hin tendierenden Koalitionen ausgerichtet ist. Legitimiert werde dadurch — was er „adversary politics" genannt hat — der wilde Pendelausschlag zwischen unvereinbaren politischen Zielen anläßlich von Regierungswechseln (Verstaatlichung / Entstaatlichung der Stahlindustrie beispielsweise), wodurch die aufgrund der rigideren (im europäischen Vergleich) Klassentrennung ohnehin vorhandenen Polarisierungen in der britischen Gesellschaft eher verschärft werden.

In konservativen Analysen institutioneller Schwächen des britischen politischen Systems werden die Gewerkschaften am häufigsten als Verursacher von Krisen gesehen (Taylor 1982). Ihre Machtposition und internen Strukturen haben, so wird argumentiert, nicht nur zu (an der Arbeitsproduktivität gemessen) überhöhten Löhnen geführt; beide Faktoren produzieren auch Streiks in Permanenz mit der Konsequenz krisenverschärfender hoher Verluste für die britische Wirtschaft. Obsolet sei nicht nur — was sich heute aufgrund der entsprechenden Gesetzgebung der Regierung Thatcher ja bereits geändert hat — die Tatsache, daß Gewerkschaften in einer Art rechtsfreiem Raum bei Arbeitskämpfen operieren können, obsolet seien alleine schon die Vielfalt der Gewerkschaften und ihre Konkurrenz untereinander, die ja auch zur Streikursache werden kann — beispielsweise, wenn es um die relative Position verschiedener Gewerkschaften in einem Betrieb geht („differentials") —, sowie die innergewerkschaftlichen Entscheidungsstrukturen, die das Ausrufen wilder Streiks begünstigen.

Auch aus der Perspektive dieses Krisenansatzes ergibt sich für die Realität Großbritanniens heute eher eine skeptische Schlußfolgerung. Trotz einiger Gesetzesreformen bzw. Ansätzen zur Verfassungsreform (Diskussion um eine „Bill of Rights"), steht den Briten sicherlich keine größere institutionelle Reform oder gar eine geschriebene Verfassung ins Haus. Hat die britische Krise tatsächlich institutionelle Ursachen, so wäre damit ihr Fortbestehen festgeschrieben.

e) Politisch-kulturelle Erklärungen der „britischen Krise" werden häufig zum letztendlichen — auch ökonomische, historische oder institutionelle Ursachen umfassenden — Erklärungsmuster

(Wiener 1981: 4). Was den Briten für die Krisenüberwindung fehle, wurde mit Begriffen wie „industrial spirit" (Wiener) oder Zukunftsorientierung (Hudson-Report 1974: 108 ff.) — im Gegensatz zur Orientierung am 19. Jahrhundert — umschrieben. Rohe (1982: 10) bezeichnet gar die „politisch-kulturelle Grundausstattung" des Landes an sich als „effizienzfeindlich". Häufigst genanntes Beispiel einer solchen effizienzfeindlichen politisch-kulturellen Grundausstattung ist die behauptete Persistenz von Klassenschranken in der britischen Gesellschaft, die Aufrechterhaltung der Frontstellung von „us and them".

Auch für solche politisch-kulturellen Erklärungsmuster der „britischen Krise" gilt, was bereits bei der Vorstellung der anderen Ansätze betont wurde: Alle Interpretationen, bzw. auch Kombinationen von Krisenerklärungen (Nairn 1979: 240), lassen die Zukunft Großbritanniens alles andere als „rosig" erscheinen. Die ungelöste Frage — ob es eine britische Krise gibt oder ob das Land nicht doch weniger dramatische Entwicklungsprobleme durchmache, muß angesichts der relativen Beliebigkeit der entsprechenden Indikatorenwahl, der variierenden Beurteilungsmaßstäbe und der theoretischen Vagheit des Krisenbegriffs zur Beantwortung den einzelnen Argumentationszusammenhängen überlassen bleiben.

e) Monetaristische Wirtschaftspolitik?

Für die Umsetzung des Programms der konservativen Regierungen unter Margaret Thatcher seit 1979 war und ist die Wirtschaftspolitik eines der zentralen Politikfelder. Deutlich läßt sich an der Neukonzipierung der Wirtschaftspolitik der Abschied vom wohlfahrtsstaatlichen Allparteienkonsens der britischen Nachkriegszeit ablesen. Globales Ziel der neuen Wirtschaftspolitik ist nun nicht mehr nur die Optimierung traditioneller Zielgrößen, wie der Arbeitslosenzahlen, der Inflationsentwicklung, des außenwirtschaftlichen Gleichgewichts und des Wirtschaftswachstums, sondern auch die dauerhafte Absicherung der wirtschaftlichen und gesellschaftlichen Dominanz von Marktbeziehungen, die der Marktlogik entgegensteuernde Interventionen des Staates verhindern soll. Dazu bedarf es neben der Reduzierung des Umfangs staatlicher Präsenz in der Wirtschaft auch eines Umschwungs im gesellschaftlichen Denken, einer neuen politischen Kultur. Diese „enterprise culture", die

41

durch die Verallgemeinerung eines individuellen Kosten-Nutzen-Kalküls die gesellschaftliche Wirklichkeitswahrnehmung jedes einzelnen Bürgers anleiten soll, ist materiell und damit „rational" dadurch abzusichern, daß private Besitztitel sich drastisch vermehren und ökonomisch effizientes Verhalten Gewinn bringt.

Die Präsenz des Staates in der Marktwirtschaft sollte lediglich bei Maßnahmen zur Förderung der Marktkräfte gerechtfertigt sein. Tempo und Richtung der Wirtschaftsentwicklung sollten nicht mehr durch eine Politik der sozialen Korrekturen der Marktwirtschaft, beispielsweise durch die Instrumente der Struktur-, der Konjunktur- oder der Einkommenspolitik beeinträchtigt werden. Die Setzung von Rahmendaten sollte sich auf die Wiederherstellung ökonomischer Stabilität durch Ausgabendisziplin und die Vorgabe von Zielen für das Geldmengenwachstum beschränken. Auch ex post ist eine staatliche Verantwortung für alle Folgen der Marktwirtschaft abzulehnen. Zwar ist für eine minimale Sicherung gegen Lebensrisiken wie Alter, Arbeitslosigkeit oder Krankheit zu sorgen weiterhin Aufgabe des Staates, das Niveau dieser Leistungen darf aber weder dazu führen, daß der einzelne Bürger selbst keine Initiativen zu seiner sozialen Absicherung mehr unternimmt, noch darf es das Gewicht eines Ersatzeinkommens annehmen, das den Anreiz zur Erwerbstätigkeit mindert. Leistung im Erwerbsleben ist flexibel zu entlohnen. Ideal wäre eine Lohnbildung im Wettbewerb der Arbeitssuchenden. Diesem Ideal steht die Realität der Vermachtung des Arbeitsmarktes durch die Gewerkschaften gegenüber, die Monopolpreise für die Arbeitskraft durchzusetzen versuchen. Auch in diesem Sektor ist es Aufgabe des Staates, dem Markt zur Geltung zu verhelfen. Das Recht des einzelnen, sich Verbänden und Gewerkschaften anzuschließen, soll zwar nicht beeinträchtigt werden. Diese Vereinigungen stehen aber weder außerhalb der Gesetze, noch können sie für sich eine politische Rolle reklamieren.

Die neu ins Amt gekommene Regierung Thatcher definierte die Inflationsbekämpfung als Hauptproblem der britischen Wirtschaftspolitik. Sie tat dies nicht nur wegen der auch im Vergleich der westlichen Industrieländer besonders dramatischen Probleme des Vereinigten Königreichs auf diesem Gebiet, sondern auch aufgrund ihres Vertrauens in die Erfolgsrezepte der monetaristischen Chicagoer Schule, deren Kopf, Nobelpreisträger Milton Friedman, zu denjenigen zählte, bei denen die Oppositionsführerin Margaret Thatcher wirtschaftspolitischen Rat gesucht hatte. Mit Friedman teilte sie auch die Überzeugung von der überlegenen selbstregulierenden

	britischer Nachkriegs-konsensus	„Thatcherismus"
I. Rahmenbedingungen		
Veränderungen in der Eigentumsstruktur	z.T. Nationalisierungen	Privatisierungen
Produktion und Beschäftigung	Auflagen / Programme	Entregulierung
II. Gesamtsteuerung	Markt / staatliche Globalsteuerung	Markt / Geld-mengenziele
III. Staatseinnahmen	Steuerpolitik als Mittel zur Herstellung sozialer Gerechtigkeit	Steuerpolitik zur Entla-stung der Unternehmen
IV. Staatsausgaben		
Konjunkturpolitik	zur Erreichung gesamt-wirtschaftlicher Stabilität und eines konjunkturel-len Gleichgewichts heute	keine. Konjunktur-schwankungen marktge-recht. Konjunkturelles Gleichgewicht entsteht längerfristig automatisch
Strukturpolitik	Wahrung der Einheitlich-keit der Lebensverhält-nisse	keine. Forderung der Mobilität des Faktors Arbeit
Haushaltsdefizite	„*deficit spending*" auf-grund konjunkturpoliti-scher Erwägungen ak-zeptabel	Budget-Ausgleich ange-strebt durch konsequente Sparpolitik
Kreditfinanzierung	möglich, um fehlende private Nachfrage zu er-setzen	eher schädlich, da sie u.U. Mittel für private Investoren bindet („*crowding out*") und die Rolle des Staates in der Wirtschaft vergrößert

Kraft des Marktes, die Kritik an den die Privatinitiative lähmenden Konsequenzen des Wohlfahrtsstaates und die Gleichsetzung von Marktwirtschaft und Freiheit.

Strategisch zentral war für die erste Thatcher-Regierung in der Wirtschaftspolitik Friedmans These, daß nennenswerte Inflation immer und überall ein monetäres Phänomen sei, das es gelte, durch eine Verstetigung des Geldmengenwachstums und vor allem eine dem Produktivitätszuwachs entsprechende kontrollierte Expansion der Geldmenge zu bekämpfen. Zwar wurden Vorgaben der Geld-mengenentwicklung von der Bank of England schon seit 1975 verkündet, erst die Regierung Thatcher aber versuchte, durch das Optimieren im Idealfalle dieser *einen* Zielgröße wirtschaftliches Gleichgewicht wiederherzustellen.

Zielvorgaben und Ergebnisse der Geldmengenentwicklung

Sterling M 3 (in %)

Jahr	Ziel	Verlauf	Ergebnis
1976	9 - 13	8	+
1977	9 - 13	16	-
1978	8 - 12	9	+
1979	8 - 12	13	-
1980	7 - 11	16	-
1981	7 - 11	19	-
1982	6 - 10	13	-
1983	8 - 12	11	+
1984	7 - 11	9	+
1985	6 - 10	12	-
1986	5 - 9 und 11 - 15	18	-
1987	Zielvorgabe M 3 endgültig aufgegeben		

MO (in %)

1984	4 - 8	5	+
1985	3 - 7	4	+
1986	2 - 6	4	+
1987	2 - 6	6	+
1988	1 - 5	Nach vorliegenden Schätzungen wird diese Zielvorgabe nicht erreicht werden.	
1989	1 - 5		
1990	0 - 4		
1991	0 - 4		

+ = die Zielvorgabe wurde eingehalten,
- = sie wurde nicht eingehalten.

Quellen: R. Sturm: Haushaltspolitik in westlichen Demokratien, Baden-Baden 1989. OECD (Economic Surveys): United Kingdom, Paris 1987, S. 23 ff. Financial Times, 16. 3. 1988, S. 17.

Die Kontrolle der Geldmenge erwies sich jedoch als weitaus schwierigeres Unterfangen als zunächst vermutet. Bis heute hält die Debatte darüber an, welches Maß der Geldmenge wohl mit größten Aussichten auf Erfolg zu beobachten sei. Meist verfehlte das reale

Wachstum der zu optimierenden Geldmenge die Planungsvorgaben der Bank of England. Eine der Konsequenzen der jährlich abzulesenden Erfolglosigkeit der Geldmengenpolitik war die ständige Veränderung der Maßeinheit. Kümmerte man sich 1979 in erster Linie um das Geldaggregat M 3, so schaute man ab 1982 auf M3, M1 und PSL 2. 1984 wurden M3 und MO als Meßgrößen für die Geldmengenentwicklung zugrundegelegt, und heute spielt die Optimierung der Geldmenge als Indikator einer erfolgreichen Wirtschaftspolitik nur noch eine untergeordnete Rolle. Die Regierung erwies sich als flexibel genug, Monokausalitäten ökonomischer Modellinterpretationen angesichts der zunächst erreichten reduzierten Inflationsraten nicht zu überschätzen. Zeitweise verzichtete die Regierung auf Geldmengenziele völlig.

Neben der Geldpolitik und der an anderer Stelle ausführlich behandelten Privatisierungspolitik war die Haushaltspolitik eines der zentralen Instrumente der konservativen Neuorientierung der Wirtschaftspolitik. Mit einer inflationsdämpfenden Ausgabenkontrollpolitik und einer höhere Einkommen begünstigenden und die Belastung der Unternehmen senkenden Steuerpolitik sollten günstige Rahmenbedingungen für Investitionen und Wettbewerbsfähigkeit geschaffen werden.

Anders als die Angebotstheoretiker, die dem ersten Budget des US-Präsidenten Reagan ihren Stempel aufdrückten, glaubte die konservative Regierung Thatcher nie an die Möglichkeit der Selbstfinanzierung von Steuersenkungen durch den durch diese bewirkten Wirtschaftsaufschwung. Einig war sie sich mit ersteren aber in der Analyse, daß die Steuern, insbesondere auf die für die Investitionstätigkeit entscheidenden hohen Einkommen zu hoch seien. Entsprechende Steuersenkungen wurden deshalb als unbedingte Voraussetzung zur Revitalisierung der britischen Wirtschaft angesehen. War eine Selbstfinanzierung der Steuersenkungen ausgeschlossen, so blieb bei dem Wunsch der Steuerfinanzierung ohne einschneidende Einkommensverluste des Staates nur noch der Weg der Umverteilung der Steuerlast von den höheren auf die niedrigeren Einkommen.

Im weichenstellenden ersten Budget der Regierung Thatcher für 1979/80 wurden einerseits die direkten Steuern gesenkt (Kürzung des Mindeststeuersatzes von 33 % auf 30 %; 1986 reduziert auf 29 %, 1987 auf 27 %, 1988 auf 25 %, sowie die Kürzung des Spitzensteuersatzes von 83 % auf 60 %), gleichzeitig wurden aber die, die unteren Einkommen stärker belastenden indirekten Steuern merklich angehoben (u.a. die Mehrwertsteuer von 8 bzw. 12,5 % auf einheitlich 15 %). In den folgenden Haushalten gab es weitere Steuererleichterungen für den Unternehmenssektor. Besonders gefördert wurden Kleinunternehmer, von denen sich die Regierung einen starken Impetus für die Restrukturierung der Wirtschaft erwartet. 1984, mit dem ersten Budget des neuen Schatzkanzlers Nigel Lawson, wurde die schrittweise Senkung der Körperschaftsteuer von 52 auf 35 % eingeleitet. Für Kleinunternehmen wurde diese ebenfalls bis zum Finanzjahr 1986/87 auf 30 Prozent von früher 38 Prozent zurückgeführt. Der Haushalt von 1988 konzentrierte sich analog der großen Steuerreform von 1986 in den USA auf eine Vereinfachung des Systems der direkten Steuern. Statt einer Vielzahl von Steuersätzen (1979 waren es noch elf) gibt es nun nur noch zwei von 25 % und von 40 %. Der neue Spitzensteuersatz von 40 % (der 1979 für Einkommen aus Berufstätigkeit 83 % und für Kapitaleinkommen 98 % betragen hatte) ist nun so hoch wie der in Amerika gültige und konkurrenzlos niedrig in den westlichen Industrieländern (Bundesrepublik 56 %, Japan 65 %).

Neben der Umgestaltung der Steuerstruktur, die noch nicht abgeschlossen ist (eine Senkung des Steuersatzes von 25 % auf 20 % wird bereits diskutiert), wurden für die Haushaltspolitik durch das Bemühen der Regierung Thatcher eine Verringerung der Staatsquote (= Anteil der Staatsausgaben am BSP) zu erreichen, neue Eckdaten gesetzt. Hinzu kam, daß angesichts der schlechten Erfahrungen der konservativen Regierung mit ihrem Versuch der Inflationsbekämpfung durch eine Geldmengenkontrollpolitik diese immer stärker auf die Ausgabenkontrolle als Instrument der Inflationskontrolle vertraute, zumal ihr auch technisch die Regulierung der Nettokreditaufnahme weit leichter fiel als die Steuerung der durch die in- und ausländischen Finanzmärkte beeinflußten Geldmengenentwicklung. Mit dem Budget 1982 wurde die jährliche Nettokreditaufnahme (Public Sector Borrowing Requirement = PSBR) zur zentralen Meßlatte für die wirtschaftspolitischen Globalziele der Regierung Thatcher.

Einschneidend sind die Umverteilungsmaßnahmen, die innerhalb des Budgets vorgenommen wurden. Während sich die Bereiche Verteidigung (reale Ausgabensteigerung in den Jahren 1979 bis 1986: 29,8 %), Landwirtschaft (+ 62,6 %) und Inneres (Ausbau der Polizei) (+ 40,7 %) mit ansehnlichen Zuwachsraten behaupten konnten, haben vorwiegend die Sozialprogramme, die den größten Ausgabenanteil (über 50 %) ausmachen, unter der Kürzungspolitik gelitten.

Die Ausgaben für das Wohnungswesen wurden im Zeitraum 1979 bis 1986 real um 59 % gekürzt. Dramatische Finanzengpässe gibt es auch im Gesundheits- und Erziehungswesen. Die regionale Strukturpolitik wurde auf wenige Gebiete beschränkt. Lebten vor 1982 noch 44 % der britischen Bevölkerung in regionalen Fördergebieten, so sind es seit 1985 nur noch 15 %. Strukturpolitik wird von der Regierung nur noch als Industrieförderung zu Regenerierung der 1980/81 und immer wieder in den Folgejahren durch Gewaltausbrüche in die Schlagzeilen geratenen Innenstädte betrieben.

Veränderungen in der Ausgabensstruktur zwischen 1979 und 1986
(inflationsbereinigt in %)

Verteidigung	+ 29,8
Außenministerium	- 4,1
EG	- 43,3
Landwirtschaft	+ 62,6
Handel und Industrie	- 56,0
Energie	- 0,3
Beschäftigung	+ 67,2
Verkehr	- 8,0
Wohnen	- 59,0
andere Aufgaben des Department of the Environment	- 5,3
Inneres	+ 40,7
Erziehungswesen	- 0,6
Kunst	+ 13,3
Gesundheit	+ 19,7
Sozialleistungen	+ 33,7
Schottland	+ 5,7
Wales	- 0,4
Nordirland	+ 6,8
Chancellor's Department	- 10,8
Andere Ministerien	- 10,7

Quelle: D. Kavanagh: Thatcherism and British Politics, Oxford 1987, S. 213.

2. Wirtschaftsbereiche

Die britische Wirtschaft ist auf dem Weg zur Dienstleistungsökonomie. Der wichtigste Bereich im Dienstleistungssektor ist der der Fi-

Entwicklung der Produktionstätigkeit (in Preisen von 1980, 2. Quartal von 1979 = 100).

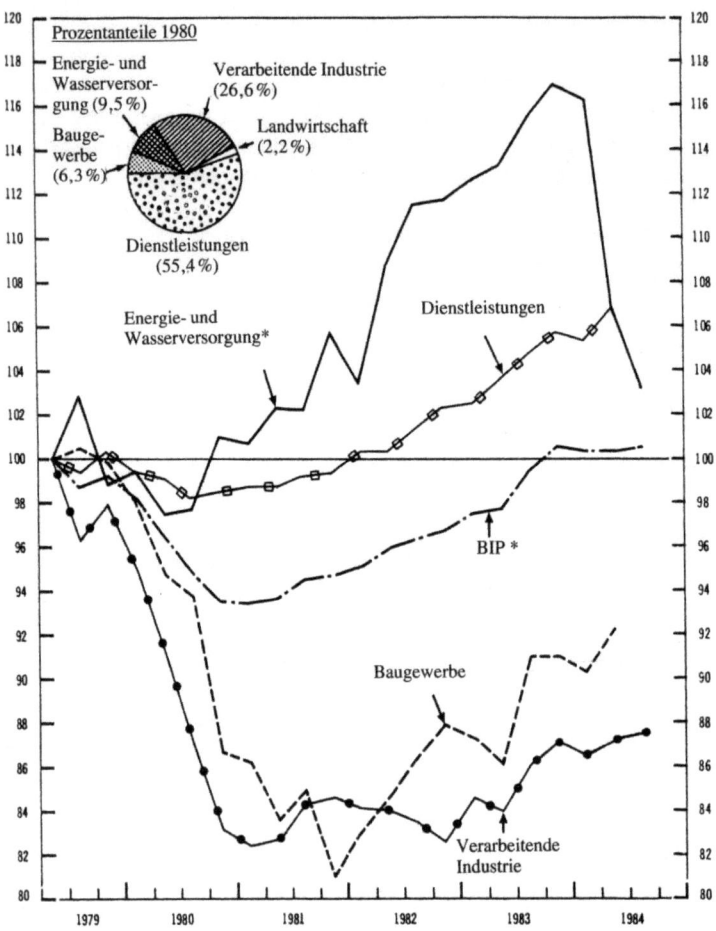

* Die Zahlen für 1984 sind durch die Auswirkungen des Bergarbeiterstreiks verzerrt.

Quelle: OECD: United Kingdom (Economic Surveys), Paris 1985, S. 33

Entwicklung der Erwerbstätigkeit (Juni 1979 = 100)

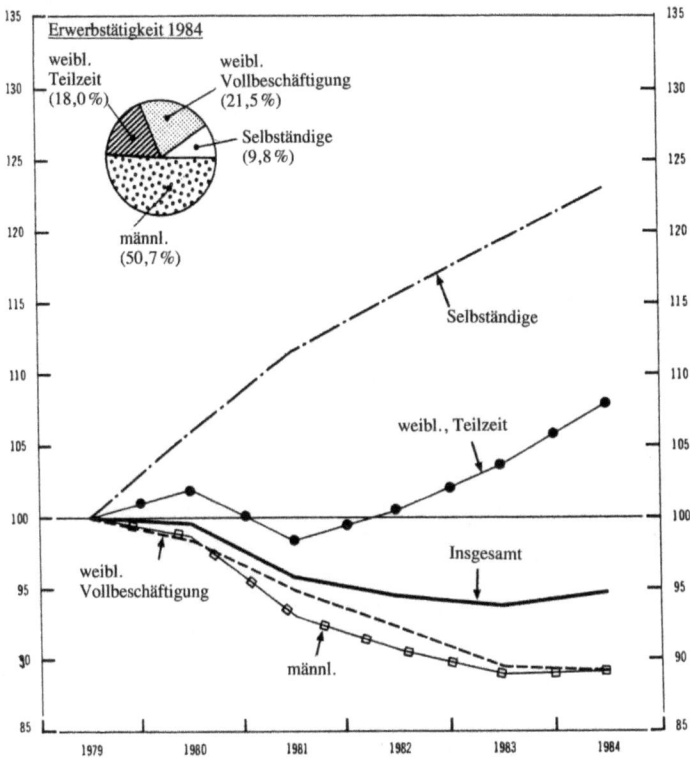

Quelle: OECD: United Kingdom (Economic Surveys), Paris 1985, S. 40.

nanzwirtschaft der Londoner City. Bereits 1958 übertraf der Beitrag des Dienstleistungssektors zum Bruttoinlandsprodukt denjenigen der Industrie (in der Bundesrepublik fand diese Strukturverlagerung zwischen dem sekundären und dem tertiären Sektor erst in der zweiten Hälfte der 70er Jahre statt). Wie in der Bundesrepublik, hat auch in Großbritannien die Landwirtschaft ständig an Bedeutung verloren.

Die Schwerpunktverlagerung in der Produktionsstruktur ging mit einer entsprechenden Veränderung der Beschäftigungsstruktur einher. Die Verlagerung der Beschäftigungsmöglichkeiten fand aber nicht nur zwischen den Wirtschaftsbereichen statt, sie betraf auch die Qualität der Beschäftigungsverhältnisse. Während heute insgesamt weniger Arbeitsplätze in der britischen Wirtschaft zur Verfügung stehen, wuchsen entgegen diesem Trend die Beschäftigungsmöglichkeiten für weibliche Teilzeitbeschäftigte und der Anteil der Selbständigen an der Erwerbsbevölkerung.

2.1 Landwirtschaft

Die ökonomische Bedeutung des Sektors Landwirtschaft für die britische Wirtschaft ist gering. Der fortschreitende Bedeutungsverlust dieses Wirtschaftssektors entspricht einer allgemeinen, auch in anderen westlichen Industrieländern beobachtbaren Tendenz. Es ist allerdings hervorzuheben, daß in Großbritannien die Landwirtschaft ohnehin eine weit geringere Rolle für wirtschaftliche Produktion und Beschäftigung spielte als in anderen europäischen Ländern. Bereits 1960 waren im Vereinigten Königreich weniger als fünf Prozent der zivilen Erwerbstätigen in der Landwirtschaft beschäftigt, 1980 waren es lediglich noch 2,6 Prozent (Bundesrepublik: 5,5 %, 1988: 4,9 %). Historisch läßt sich das schwache landwirtschaftliche Potential Großbritanniens mit der in den Hochzeiten des britischen Empire im 17. und 18. Jahrhundert entstandenen Arbeitsteilung zwischen dem Mutterland England als Produzenten von Industriegütern und seinen Kolonien, die als Nahrungsmittellieferanten fungierten, erklären. Für die Versorgung des Landes bleiben trotz des britischen EG-Beitritts von 1973 bis heute die Agrareinfuhren aus dem britischen Commonwealth von erheblichem Gewicht.

Von den noch vorhandenen ca. 260000 landwirtschaftlichen Betrieben sind etwa die Hälfte Kleinbetriebe, die meist im Nebenerwerb bewirtschaftet werden. Sie erbringen nur ein Zehntel der landwirtschaftlichen Produktionsleistung. Fünfzig Prozent der Agrarproduktion stammt aus den ca. 30000 Großbetrieben. Das Vereinigte Königreich vermittelt dem Besucher den Eindruck eines grünen Landes. Achtzig Prozent seiner Fläche wird landwirtschaftlich genutzt (Bundesrepublik: 50 %). Nur ein Viertel dieser Fläche dient allerdings als Ackerland. Vor allem in Schottland und Wales sind große Weideflächen der Schafzucht beispielsweise vorbehalten.

Die Eigentumsverhältnisse in der Landwirtschaft haben sich im Laufe dieses Jahrhunderts grundlegend verändert. Die Dominanz der Pacht wurde allmählich abgelöst durch Privateigentum an Betrieben und Ackerflächen. Ungefähr 71 % der Betriebe in Großbritannien und fast alle in Nordirland sind im Eigenbesitz. Die tierischen Erzeugnisse (ca. 60 % davon entfallen auf Viehzucht und

Milchproduktion) machen etwa zwei Drittel des landwirtschaftlichen Ertrages aus. Bei den pflanzlichen Produkten steht die Getreideproduktion im Vordergrund. Großbritannien produziert heute fast zwei Drittel seines eigenen Nahrungsbedarfs an landwirtschaftlichen Produkten.

Beschäftigung in der Landwirtschaft

	1960	1970	1975	1979	1980
I Ziv. Erwerbstätige (1 000)	23 654	24 373	24 593	24 711	24 397
II Ziv. Erwerbstätige in Landwirtschaft (1 000)	1 134	784	664	632	637
III Jährl. Abwanderung (v.H.)	-3,6	-3,3	-1,3	-1,0	
IV Relation II/I (%)	4,8	3,2	2,7	2,6	2,6

Quelle: A. Matthews/K.-J. Trede: Agrarpolitik und Agrarsektor im Vereinigten Königreich, Kiel 1983, S. 14.

Zahl und Fläche landwirtschaftlicher Betriebe

Betriebsgröße (ha)	1 - <20	20 - <50	>50	Insges.
1960	**261 000**	99 400	82 710	**443 100**
1970	146 765	80 399	85 321	312 485
1980	100 318	67 593	81 331	249 242
v.H.	40,2	24,1	32,6	100,0
EG 1977	79,4	14,9	5,7	100,0

Bewirtschaftete Fläche (1 000 ha)				
1960	**1 819,5**	3 214,6	9 157,3	**14 191**
1970	1 158,9	2 606,0	14 159,6	17 925
1980	895,1	2 228,9	13 999,2	17 124,2
v.H.	5,2	13,0	81,8	100,0
EG 1977	29,2	29,6	41,2	100,0

Die hervorgehobenen Daten weisen auf einen Bruch in den Statistiken hin. Der Anstieg der gesamten bewirtschafteten Fläche von 1960 auf 1970 ist auf die Berücksichtigung extensiv genutzter Grünlandflächen zurückzuführen

Quelle: Matthews/Trede, a.a.O., S. 21.

Bodennutzung (1976)

Nutzungsart	England v.H.	Wales v.H.	Schottland v.H.	N.-Irland v.H.	VK v.H.
Ackerland	31,0	5,2	7,7	5,9	19,9
Temporäres Grünland	9,3	8,3	8,7	20,0	9,6
Dauergrünland	25,0	37,5	5,8	36,0	20,5
Extensiv genutzte Grenzflächen	9,2	29,0	61,8	15,6	28,1
Sonstige landwirtschaftliche Flächen	1,8	1,6	—	3,0	1,3
Landw. Flächen	76,3	81,7	84,0	80,5	79,4
Urban	11,0	5,0	3,6	2,9	7,7
Wald	5,9	9,9	9,7	4,6	7,4
Sonstiges	6,8	3,4	2,7	12,0	5,5
Insgesamt	100,0	100,0	100,0	100,0	100,0

Quelle: Matthews / Trede, a.a.O., S. 21.

Eigentumsverhältnisse

Jahr	Pacht / überwiegend Pacht Fläche (v.H.)	Betriebe (v.H.)	Eigentum / überwiegend Eigentum Fläche (v.H.)	Betriebe (v.H.)
1908	88	88	12	12
1922	82	86	18	14
1950	62	60	38	40
1960	51	46	49	54
1970	45	42	55	58
1976	44	38	56	52
1977	44	37	56	63
1978	43	37	57	63

Quelle: Matthews / Trede, a.a.O., S. 24.

2.2 Industrie

Die britische Industrie hat in der Nachkriegszeit einen Strukturwandel erlebt, dessen Tempo durch die Wirtschaftspolitik der Regierung Thatcher in den 80er Jahren noch beschleunigt wurde. Wie in anderen Ländern auch ging in Großbritannien die wirtschaftliche Bedeutung des Schiffbaus und der Kohle- und Stahlindustrie zurück. Größer als in anderen Ländern war aber in Großbritannien das Problem der Etablierung neuer, konkurrenzfähiger Industrien. Die Politik der Regierung Thatcher, ohne Rücksicht auf die Folgen für die Beschäftigten, die Industrie dem internationalen Konkurrenzdruck auszusetzen, führte anfangs der 80er Jahre zu einem starken Absinken der durchschnittlichen Reingewinne der Industrie und zu Betriebsschließungen. Erst Mitte der 80er Jahre erreichten die Gewinnchancen des nun weiter geschrumpften industriellen Bestandes wieder das Niveau, das sie vor 10 Jahren schon einmal behauptet hatten. Obwohl Großbritannien als Exportnation aufschloß, blieb auch 1989 der Außenhandel des Landes noch erheblich im Defizit.

Verbesserte Unternehmenserträge wurden in den 80er Jahren vermehrt für die Übernahme anderer Unternehmen und für Firmengründungen im Ausland, in erster Linie den USA, benutzt. Effizienzerhöhungen bei den einzelnen Unternehmen wurden durch Sparmaßnahmen erreicht. Beschäftigte beispielsweise die britische Textilindustrie in den 40er Jahren noch 2 Millionen Menschen, war die Zahl der Beschäftigten 1975 auf 880 000 und 1984 auf 510 000 gesunken. Die Produktionsleistung dieses Jahres betrug noch ein Viertel des Niveaus von 1979 und ein Drittel des 1974er Niveaus. Die chemische Industrie des Landes wird von dem multinationalen Konzern ICI beherrscht, dem fünftgrößten Chemiebetrieb (gemessen am Umsatz) der Welt. Bis Mitte der achtziger Jahre reduzierte ICI die Zahl seiner Beschäftigten um ein Drittel. Auch die Automobilindustrie hat Einbußen zu beklagen. Großbritannien ist zwar der fünftgrößte Automarkt der Welt, aber das Land steht nur an siebter Stelle in der Rangfolge der Autoproduzenten. In den 60er Jahren stammten noch 22 % aller Wagen auf dem Weltmarkt aus der britischen Produktion, heute sind es noch 3,3 %. Mit einer Beschäftigtenzahl von 510 000 erreichte das Arbeitsangebot in der Automobilindustrie 1973 ihren Höhepunkt, 1984 waren gerade noch 282 000 Menschen in der Autobranche beschäftigt.

Beklagt werden weiterhin die mangelnde Förderung von Forschung und Entwicklung und deren Umsetzung in Produktionsverfahren. Die Nachfrage der deutschen Industrie nach Halbleitern, beispielsweise, ist immer noch doppelt so hoch wie die der britischen. Während die britische Industrie auf den Feldern der Pharmazie, der Chemie und der Luftfahrt ihre relative Stärke auf den internationalen Märkten bewahrt hat, ist sie, was den Export von technologieintensiven Produkten betrifft, zurückgefallen. Ihr Anteil an den Weltexporten in diesem Bereich reduzierte sich von 1965: 12 % auf 1984: 8,5 %. In der gleichen Zeit konnten die größten Welthandelsländer ihre relative Weltmarktposition weit besser behaupten oder sogar, wie Japan, durch eine Verdreifachung des Exports dieser Produkte, ausbauen.

Der Ölreichtum hat die anhaltende Exportschwäche der britischen Industrie zeitweise überdeckt. Der Anteil der verarbeiteten Produkte am Gesamtexport fiel weiter von 1970: 84 % auf 1986: 75 %. Haupthandelspartner des Landes sind die Industrieländer (ca. zwei Drittel der Ex- und Importe mit steigender Tendenz). Als Hauptmarkt der Exporte (1986: 48 %) und der Importe (1986: 52 %) hat sich die Europäische Gemeinschaft herausgebildet. Unterschieden nach Ländern sind für das Vereinigte Königreich die USA der Hauptexportmarkt (1986: 14,2 % des Gesamtexports), gefolgt von der Bundesrepublik (11,7 %) und Frankreich (8,5 %). Hauptlieferland ist die Bundesrepublik (1986: 16,4 % der Importe), gefolgt von den USA (9,8 %) und Frankreich (8,5 %).

Die größten britischen Firmen (nach Markt-Kapitalisierung) und ihre Leitung

	Firmenchef	Alter	Jahre in der Firma	Jahre als Chef
1 BP	Sir Peter Walters	56	34	7
2 British Telecom	Iain Vallance	44	22	2
3 Shell Transport & Trading	Peter Holmes	55	32	6
4 Glaxo	Bernard Taylor	52	24	2
5 ICI	Denys Henderson	55	31	1
6 B.A.T.	Patrick Sheehy	57	38	6
7 British Gas	Robert Evans	60	32	5
8 Marks and Spencer	Lord Rayner	61	35	5
9 GEC	Lord Weinstock	63	34	25
10 Hanson Trust	Lord Hanson	66	23	23
11 National Westminster	Tom Frost	54	38	1
12 BTR	John Cahill	57	33	1
13 Unilever	Michael Angus	57	33	1
14 Grand Metropolitan	Allen Sheppard	54	13	1
15 J. Sainsbury	Sir John Sainsbury	60	38	19
16 Beecham	Robert Bauman	56	1	1
17 Barclays	John Quinton	58	35	1
18 Prudential	Brian Corby	58	36	6
19 Cable and Wireless	Sir Eric Sharp	71	8	7
20 Wellcome	Alfred Shepperd	62	16	11

Quelle: The Economist, 5.3.1988, S. 69.

Entwicklung des Kohlebergbaus in den 80er Jahren

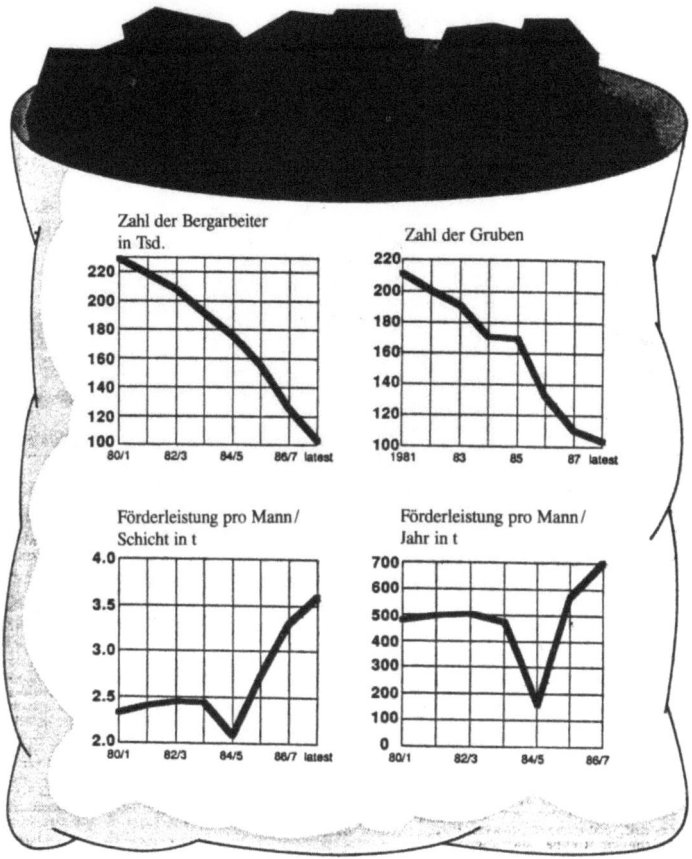

Quelle: Financial Times, 21.12.1987, S. 14.

PRIMUS BUNDES - REPUBLIK

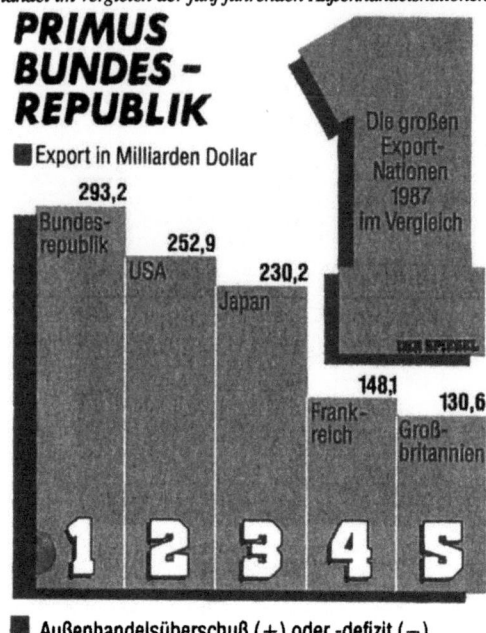

◼ Export in Milliarden Dollar

Die großen Export-Nationen 1987 im Vergleich

DER SPIEGEL

293,2	252,9	230,2	148,1	130,6
Bundes-republik	USA	Japan	Frank-reich	Groß-britannien
1	2	3	4	5

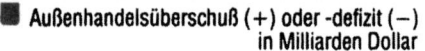

◼ Außenhandelsüberschuß (+) oder -defizit (−)
in Milliarden Dollar

Japan	Bundes-republik	Frank-reich	Groß-britannien	USA
+79,9	+65,4	−5,1	−23,2	−171,2
1	2	3	4	5

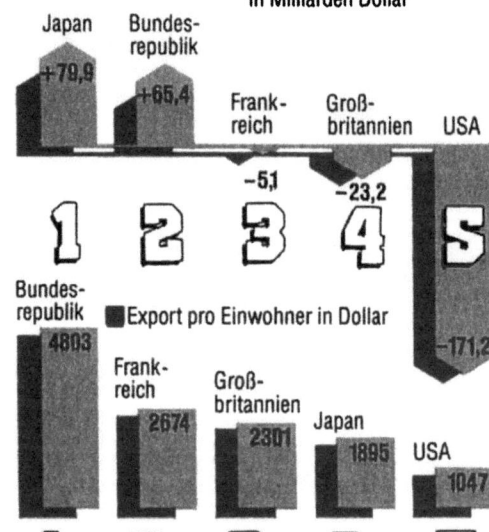

◼ Export pro Einwohner in Dollar

Bundes-republik	Frank-reich	Groß-britannien	Japan	USA
4803	2674	2301	1895	1047
1	2	3	4	5

Quelle: Der Spiegel,
25. 4. 1988, S. 118.

Entwicklung der Reingewinne (in % des investierten Kapitals)

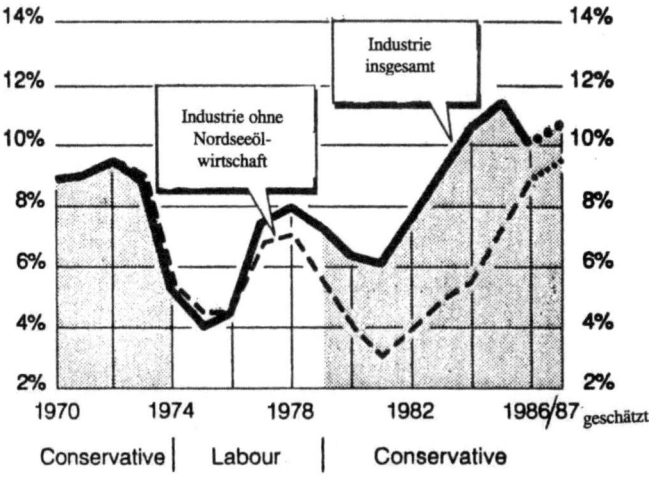

Conservative | Labour | Conservative

Quelle: Financial Times, 5. 11. 1987, S. 16.

2.3 Dienstleistungen

In Großbritannien wuchs der Anteil der im Dienstleistungsbereich
beschäftigten Erwerbspersonen zwischen 1971 und 1984 um zwei
Millionen (= 14 %), ihr Anteil an der Gesamtzahl der Erwerbstätigen wuchs von 53 auf 65 Prozent. Die Dienstleistungsindustrien
sind bisher der einzige Wirtschaftssektor, der nach dem Einsetzen
des wirtschaftlichen Aufschwungs in der zweiten Hälfte des Jahres
1983 neue Arbeitsplätze geschaffen hat. Beschäftigungsmöglichkeiten entstanden im Einzelhandel, im Hotel- und Cateringwesen und
im Bereich von Finanzinstituten und Dienstleistungen für Unternehmen. Die so entstandenen Arbeitsplätze sind häufig Teilzeitarbeitsplätze und / oder Frauenarbeitsplätze. Von dem Beschäfti-
gungsaufschwung wurden allerdings nicht alle Dienstleistungen erfaßt. So gingen beispielsweise bei der Bahn, den Busdiensten oder
in den Häfen Arbeitsplätze verloren.

57

Die Struktur der Beschäftigungsentwicklung im Dienstleistungssektor
(Veränderungen in Tsd. und in %)

	1971-77		1977-84		1971-84	
	000	%	000	%	000	%
Alle Dienstleistungen	1318	11,6	684	5,4	2002	17,6
Großhandel / Reparaturen	70	7,3	119	11,5	189	19,6
Einzelhandel	99	5,1	46	2,2	145	7,4
Hotels und Catering	176	25,4	133	15,3	309	44,7
Transportwesen	-75	-6,9	-152	-14,9	-227	-20,8
Post und Telekommunikation	-24	-5,5	7	1,7	-17	-3,9
Banken, Versicherungen, Finanzen, Unternehmensunterstützung	178	13,5	359	24,0	537	40,7
Öffentliche Verwaltung	205	11,8	-122	-6,3	83	4,8
Erziehungswesen	288	22,8	-18	-1,2	270	21,4
Gesundheitswesen	207	22,0	144	12,6	351	27,4
Andere Dienstleistungen	193	19,7	176	15,0	369	37,7

Quelle: P.J. Damesick: The Changing Economic Context for Regional
Development in the United Kingdom, in: Ders. / P. Wood (Hg.):
Regional Problems, Problem Regions and Public Policy in the United
Kingdom, Oxford 1987, (1-18), S. 12.

3. Die Londoner City

Die Londoner City ist neben New York und Tokio eines der drei
führenden Finanzzentren der Welt. Die hundert größten Geschäftsbanken der Welt sind alle am Bankenplatz London vertreten. Die
Londoner City ist führend auf dem rasch wachsenden Markt für Eu-
robonds, wie auch im Bereich der Eurogeldmärkte insgesamt und
im Versicherungssektor. Die Londoner Börse hingegen — einst der
Hauptumschlagplatz für Aktien und Termingeschäfte — hat ihre
Spitzenstellung heute verloren. Sie ist gemessen an ihrem Umsatz-
anteil beim Aktienverkauf auf den fünften Platz zurückgefallen.

In den achtziger Jahren hat sich das Gesicht der Londoner City
stark verändert. Die durch den Zufluß von ausländischem, vor allem amerikanischem Kapital verursachte Boomperiode, reduzierte
den Einfluß der einheimischen Finanzwelt. Die britischen Geschäftsbanken waren durch die Herausforderung der internationalen Konkurrenz gezwungen, ihre Geschäftsverbindungen ebenfalls
zu internationalisieren und ihr Bankmanagement strenger nach

Funktionalität und Leistungsvermögen auszuwählen. Traditionelle Handelsbanken im Besitz alteingesessener Familien waren die Hauptverlierer im Prozeß der Umstrukturierung des Bankensektors. Auch viele der im Börsenhandel tätigen britischen Firmen wurden in internationale Finanzkonzerne integriert. Die Zahl der im Aktiengeschäft tätigen Firmen ging von 100 (1959) auf 13 zu Beginn der achtziger Jahre zurück.

Mit dem Bedeutungsverlust britischer Finanzinstitutionen in der City verlor diese an Gewicht für die Geschäftstätigkeit auf den einheimischen Finanzmärkten. Nur noch ein Fünftel der in der britischen Finanzwirtschaft tätigen arbeitet in den traditionellen City-Standorten. Ein Grund hierfür ist auch die verstärkt genutzte Möglichkeit des Einsatzes moderner Kommunikationsmittel, der es den Firmen erlaubt, ihre Belegschaften in billigen Zentren außerhalb Londons zu beschäftigen und dennoch Kontakt zu dem Geschehen in der City zu halten. Verbunden ist der relative Bedeutungsverlust der City daneben mit dem gewachsenen Gewicht von im Finanzsektor tätigen Unternehmen, die ohne Anbindung an London auf dem flachen Lande entstanden, vor allem von Unternehmen im Bereich der Versicherungswirtschaft und des Bausparens.

Bankenwelt und Börse unterlagen immer einem Minimum direkter staatlicher Aufsicht. Eine zentrale Rolle für die Rahmenbedingungen der Geschäftstätigkeit der Londoner City spielt das Prinzip der Selbstregulierung. Staatliche Interventionen finden allenfalls in vermittelter Form statt, wobei die Bank of England als wichtigster Wahrer des öffentlichen Interesses in der Bank- und in vermittelter Form auch in der Börsenaufsicht auftritt.

Nach der Verstaatlichung der Bank of England im Jahre 1946 veröffentlichte diese regelmäßig Forderungen (requests), die das Niveau der Liquidität der Geschäftsbanken vorgaben. Mit der Diskontpolitik und der gelegentlich angewandten Mindestreservepolitik (die Geschäftsbanken wurden bei entsprechender konjunktureller Lage aufgefordert „special deposits" bei der Bank of England zu hinterlegen) steuerte die britische Notenbank den Geldumlauf. Im Mai 1967 veröffentlichte eine Regierungskommission (der National Board for Prices and Incomes) einen Bericht, der ebenso wie der später folgende Bericht der britischen Monopolkommission den Kartellcharakter des britischen Bankwesens kritisierte.

Die Bank of England reagierte auf diese Kritik mit einer Veränderung ihrer Praxis der Bankenaufsicht. Im 1971 veröffentlichten Bericht „Competition and Credit Control" vertrat sie die Ansicht, daß

Entwicklung der wirtschaftlichen Bedeutung des Finanzsektors und der verarbeitenden Industrie in Vergleich (1975 = 100)

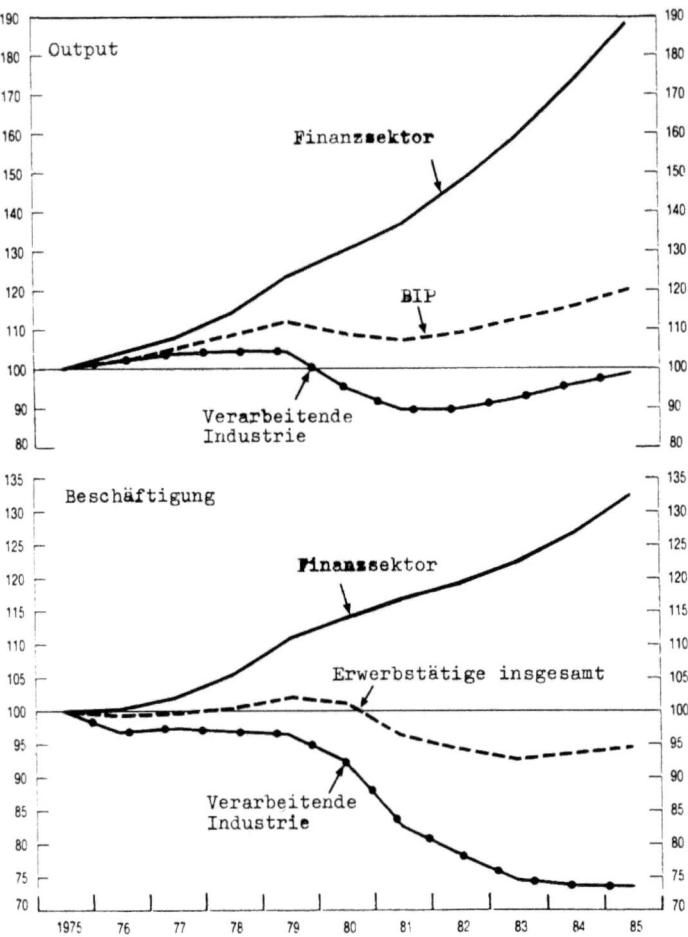

Quelle: OECD: United Kingdom (Economic Surveys), Paris 1987, S. 30.

die Banken zugunsten der Kunden einem größeren Wettbewerb ausgesetzt werden sollten. Die direkte Kreditkontrolle und die Liquiditätssteuerung der Geschäftsbanken wurde aufgegeben. Direkte Absprachen über den Preis von Dienstleistungen oder gewährte Zinssätze sollten zwischen den Geschäftsbanken nicht länger gelten. Die Bank of England vertraute auf die Kontrollinstrumente der Diskont- und der Mindestreservepolitik.

Das Aufheben von Kontrollmechanismen für das Engagement der Banken auf dem Immobiliensektor führte zu einem Boom des Bankengeschäfts in diesem Bereich. Die hohen Zinssätze, die dabei erzielt werden konnten, führten zu einer Überforderung der Geldmärkte und veranlaßten die Bankenaufsicht 1973 zum Eingreifen. Zinssätze wurden kontrolliert und das sogenannte „Korsett", das die Höhe von Geldaufnahmen der Geschäftsbanken auf den Geldmärkten regelte, wurde eingeführt. Die durch das unsolide Geschäftsgebahren der Bankenwelt ausgelöste Bankenkrise des Jahres 1973 wurde in den folgenden Jahren durch eine gemeinsame Aktion der Geschäftsbanken und der Bank of England bereinigt.

Die britische Regierung wollte sich mit diesen ad hoc-Aktionen auf dem Bankensektor nicht länger zufrieden geben und strebte nach einem umfassenderen Regelwerk zur Sicherung der Stabilität des Bankwesens. Der Banking Act von 1979 legte erstmals die Autorisierung der Banktätigkeit durch die Bank of England fest, ein Einlagensicherungsfonds wurde geschaffen. Die Bankenüberwachung ist heute zu einer der größten Abteilungen der Bank of England geworden. 150 Angestellte wachen über ca. 600 Institute.

Die seit 1979 amtierende Regierung Thatcher unternahm neue Anstrengungen zur Entregulierung des Finanzwesens. Die Einschränkungen für britische Auslandsinvestitionen wurden gelockert, die Devisenkontrollen abgeschafft. Mit der Aufhebung des „Korsetts" 1980 wurden die Geldmärkte liberalisiert. 1981 wurden neue Mechanismen der Entregulierung der Bankentätigkeit wirksam. Der offizielle Diskontsatz als Leitmotiv der Zinsentwicklung verschwand, die Zinsentwicklung sollte stärker dem Markt überlassen werden. An die Stelle der Mindestreservepolitik, die die Geschäftsbanken verpflichtete, grundsätzlich einen Teil ihrer Vermögen zur Sicherung der Gläubiger bei der Bank of England zu hinterlegen, trat eine für alle Finanzinstitute geltende Bestimmung, den Gegenwert eines Teils der von ihnen eingegangenen Verbindlichkeiten bei der Bank of England zu hinterlegen. Im Juli 1982 wurden schließlich die Restriktionen für die Kreditgewährung bei Ratenzahlungen von Kunden aufgehoben.

Ebenfalls stärker entreguliert wurde in den achtziger Jahren das Börsengeschäft, wenn auch der Preis dafür eine Einschränkung der traditionellen Selbstregulierung der Londoner Börse war. Die wichtigsten Reformen waren:

a) der sogenannte „Urknall" (*big bang*), der 1986 eine neue Epoche in der Geschichte der Londoner Börse einleitete. Die Vorgeschichte dieser Umstrukturierung beginnt bereits im Jahre 1976 als eine von der damaligen Regierung erlassene Verordnung (Restrictive Trade Practices(Services) Order) den Geltungsbereich des Gesetzes gegen unfaire Handelsbeschränkungen auch auf den Dienstleistungssektor und damit auch auf die Finanzmärkte der City ausweitete. Die Börse wurde der Aufsicht des Office of Fair Trading (OFT) unterstellt, das die Börse aufforderte, ihre traditionellen im Konsens der Selbstregulierung entstandenen Wettbewerbsbeschränkungen aufzugeben.

Die Londoner Börse im Zyklus des Weltbörsengesehens

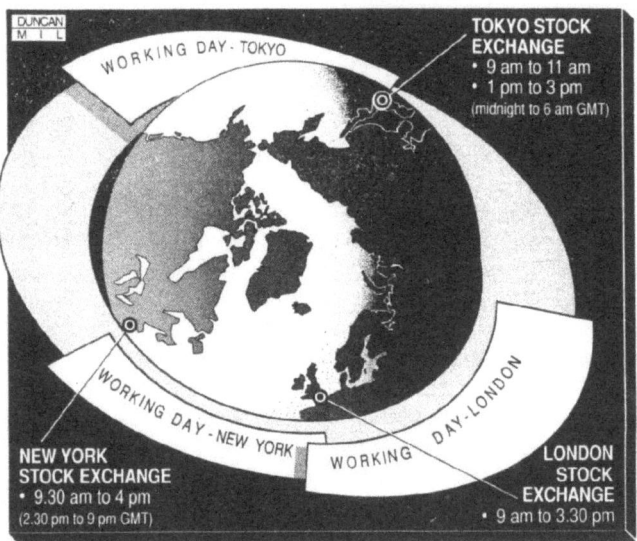

Quelle: Financial Times: The City Revolution, 27. 10. 86, S. XXV.

Die wichtigsten dieser Regelungen waren die Vorschrift, daß im Börsenhandel ein Minimum für die zu fordernde Kommission festgelegt wurde und die Unterscheidung zwischen brokers und jobbers. Während die broker als Agenten ihrer Kunden auftreten und in

Firmenvertretungen bei der Londoner Börse (Standorte im Börsensaal)

1. Savory Milln	11. Sternberg	19. Smith Bros
2. Kitcat & Aitken	12. Wood, Mackenzie	20. Morgan Grenfell
3. Citicorp	13. Schroders	21. Chase Manhattan
4. Hoare Govett	14. J. Capel	22. Merrill Lynch
5. County Bisgood	15. Seligmann	23. Mercury
6. H. Rattle	16. Strauss, Turnbull	24. Phillips & Drew
7. BZW	17. Gilbert Eliott	25. Grieveson Grant
8. White & Cheesman	18. Wilson & Watford	26. Jacobson Townsley
9. Greenwell		27. Laing & Cruickshank
10. Jenkins		28. L. Messel

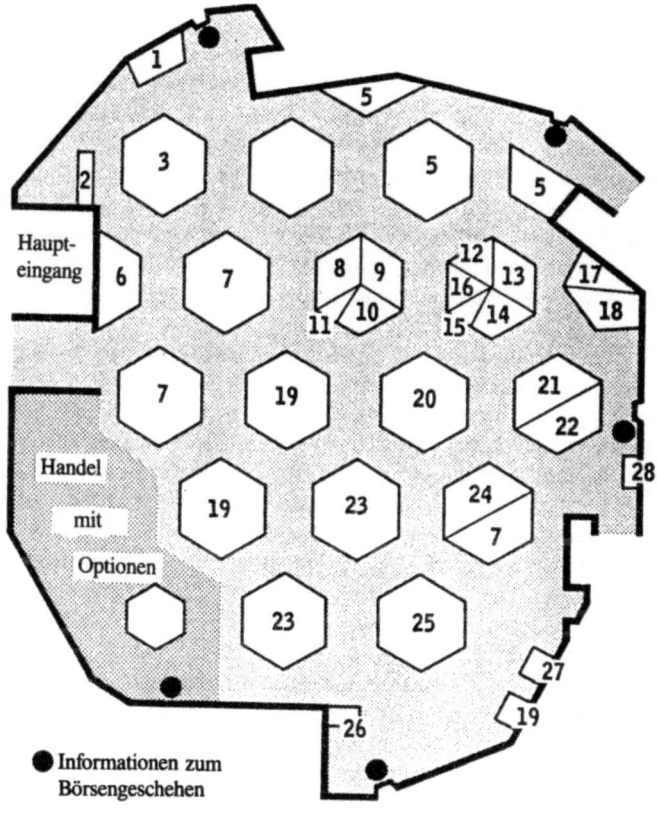

Quelle: Financial Times: The City Revolution, 27. 10. 1986, S. X.

ihrem Auftrag sich mit den jobbern zusammenfinden, um entsprechende Kauf- oder Verkaufsaktionen an der Börse zu veranlassen, ist das Tätigkeitsfeld der jobber direkt im Börsensaal. Hier kaufen und verkaufen sie im eigenen Namen und tragen auch das Risiko ihrer Börsentätigkeit selbst.

Trotz heftiger Lobbytätigkeit von seiten der Börse war weder die Labour-Regierung noch die seit 1979 amtierende konservative Regierung bereit, der Börse den von ihr gewünschten Sonderstatus einzuräumen und sie von der Aufsicht des OFT zu entbinden. 1983 wurde in Absprache des Vorsitzenden der Börse, Goodison, und dem damaligen Minister für Handel und Industrie, Parkinson, ein Kompromiß formuliert. Die Börse sollte dann ihren Sonderstatus wiedererhalten, wenn sie bereit sei, den wichtigsten Entregulierungswünschen des OFT nachzukommen. 1986 war es dann soweit: Das Minimum für Kommissionen wurde abgeschafft, Nichtbörsianer in den Börsenvorstand aufgenommen und eine Beschwerdeprozedur gegen die Nichtzulassung zur Börse eingeführt. Die Trennung zwischen jobbern und brokern verschwand. Die Aufhebung der Regel, daß Außenstehende nur eine Minderheitenbeteiligung bei den bei der Börse zugelassenen Unternehmen erwerben dürfen, machte den Weg für das Engagement ausländischen Kapitals frei.

b) der *Financial Services Act* des Jahres 1986 schuf zum ersten Mal in der Geschichte der Finanzinstitutionen des Landes ein umfassendes Regelwerk. Es verbindet das Prinzip der Selbstregulierung der Beteiligten mit der staatlichen Überwachung der Rahmenbedingungen. Das Gesetz definiert, was als Finanzgeschäft (investment business) zu gelten hat und belegt eine entsprechende Geschäftstätigkeit ohne Genehmigung, die als kriminelle Handlung gilt, mit Strafen. Die Autorisierung von Finanzgeschäften fällt in den Aufgabenbereich des Ministers für Handel und Industrie. Dieser nimmt seine Befugnisse aber in der Regel nicht direkt wahr, sondern delegiert sie an den Securities and Investments Board (SIB).

Der SIB ist in der Grauzone von privater Selbstorganisation und staatlicher Kontrolle angesiedelt. Er ist als private Gesellschaft organisiert, die durch eine Abgabe der Finanzwirtschaft finanziert wird. Seine Mitarbeiter stammen zum größten Teil aus der City, aber der Vorsitzende des SIB und sein Vorstand werden gemeinsam von der Bank of England und dem Ministerium für Handel und Industrie ernannt. Der SIB übt öffentliche Befugnisse (einschließlich der Brandmarkung von Gesetzesverstößen) aus und berichtet über seine Tätigkeit in einem jährlichen Rechenschaftsbericht. Dennoch greift er nur wenig in die Regulierung der Tätigkeit der Finanzinstitute ein. Für die Überwachung des Geschäftsgebahrens der Finanzwirtschaft sind Selbstregulierungsinstanzen dieses Wirtschaftszweiges verantwortlich, die vom SIB für diese Tätigkeit eine entsprechende Lizenz erhalten. Der SIB entwickelt auch Modelle anerkannter Geschäftspraktiken, sowohl für das Verhalten der Selbstregulierungsinstanzen als auch für das der Finanzinstitute.

c) der *Building Societies Act* trat 1987 in Kraft. Er erweitert die Möglichkeiten für Bausparkassen, am Kreditgeschäft teilzuhaben.

d) der *Banking Act* des Jahres 1987, der das Regelwerk des Jahres 1979 ablöste, vereinfacht die Organisation der Überwachung der Geschäftstätigkeit der Privatbanken durch die Bank of England.

4. Regionale Wirtschaftsstruktur

4.1 Das wirtschaftliche Übergewicht des englischen Südostens

Innerhalb Englands besteht ein deutliches wirtschaftliches Gefälle zwischen dem Süden und dem Norden des Landes. Die Wirtschaftspolitik der achtziger Jahre hat die nördlichen Regionen, die auch nach dem II. Weltkrieg alleine auf die Dynamik der traditionellen Großproduktion im Bereich von Kohle, Stahl und Schiffbau vertrauten, weiter zurückgeworfen. Neue Wachstumsindustrien siedelten sich zunächst in der Gegend um London und in den West Midlands an. Mit dem Rückgang der britischen Automobilproduktion in den 60er und 70er Jahren wurden auch die West Midlands zu einer Problemregion.

Heute ist nach den meisten wirtschaftlichen Indikatoren die wirtschaftliche Dominanz des Südens unbestritten. Der Süden ist allerdings keineswegs homogen. Eigentlicher Wachstumskern ist die Region Südosten. Hier ist die Arbeitslosenrate am niedrigsten, sind die Einkommen am höchsten und ist die Armut am geringsten. Solche Feststellungen beziehen sich selbstverständlich nur auf Durchschnittswerte. Innerhalb des Südostens bereitet die Wirtschaftsentwicklung Londons selbst große Probleme, ebenso wie die der Gebiete Süd-Essex, Nord-Kent, Portsmouth und anderer Landstriche an der Küste. Die eigentliche Wachstumszone (deshalb auch „Greater South East" genannt) reicht teilweise auch über die Regionen-

66

Das Süd-Nord Gefälle

	Arbeitslose in %	Einkommen (Männer) South-east = 100		durchschnittl. wöchentliche Haushaltseinkommen in £		% der Haushalte mit einem Einkommen unter £100	% des Haushaltseinkommens durch Leistungen der Sozialversicherung	
	Jan. 1987	1979	1986	1979/80	1983/84	1984/85	1979/80	1983/84
Regionen Englands:								
a) Der Süden:								
South-east	8,5	100,0	100,0	153,2	248,0	22,3	9,4	9,7
East Anglia	9,3	88,4	83,8	131,0	204,8	32,2	11,0	15,1
South-west	10,4	85,2	82,9	124,2	208,8	25,8	14,2	13,2
b) Der Norden:								
North	16,9	91,9	82,8	119,3	170,4	37,6	15,7	20,0
North-west	14,3	91,4	85,2	128,0	183,2	34,6	14,0	17,0
Yorkshire & Humberside	13,8	91,3	83,0	116,7	179,1	35,7	15,1	16,7
West Midlands	13,8	90,4	83,3	133,5	192,4	30,0	11,1	15,0
East Midlands	11,4	89,5	82,0	135,4	203,2	28,0	10,8	13,5
Wales	14,3	90,0	81,8	124,0	187,1	32,3	15,5	19,5
Schottland	15,1	93,3	86,5	126,5	198,3	32,2	12,6	17,1
(Nordirland	19,3			(113,0)	172,9	37,1	19,3	23,6)
(Vereinigtes Königreich	11,9							

Quelle: S. Winyard: Divided Britain, in: A. Walker / C. Walker (Hg.): The Growing Divide. A Social Audit 1979 - 1987, London 1987, (39 - 49), S. 41, 45, 47, 48.

grenze hinaus in die nördlich angrenzenden Regionen East Anglia, East Midlands und South West.

Der relative Vorsprung in der Wirtschaftsentwicklung des Südens ist aber nicht nur Resultat der Wirtschaftskrise des Nordens, sondern verdankt sich auch der Dynamik seiner Eigenentwicklung, die in erster Linie auf folgenden drei Faktoren beruht:

Die regionale Verteilung der Einkommen und der Arbeitslosigkeit
(in %, gemessen am Durchschnitt für Großbritannien)

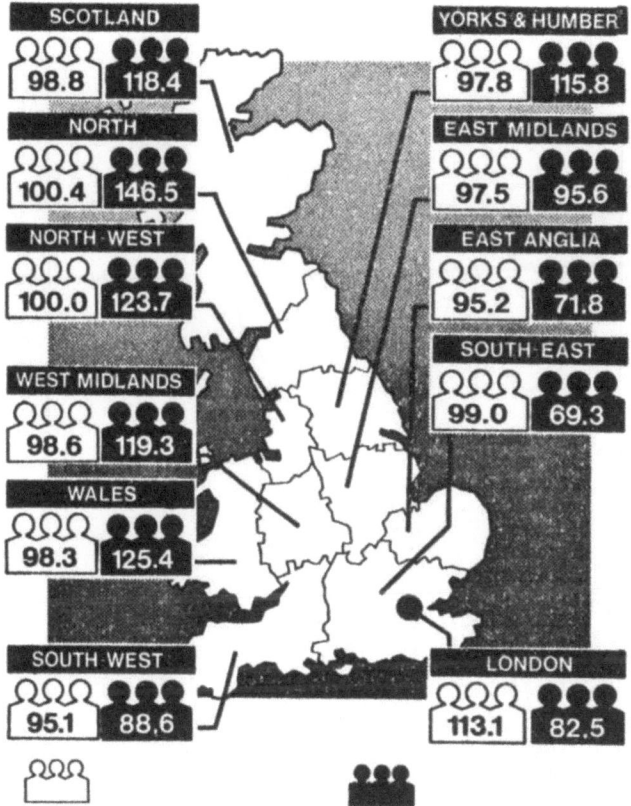

Quelle: Financial Times, 4.12.86, S. 19.

1) Die Neigung großer Unternehmen, Produktionsfunktionen geographisch getrennt anzusiedeln, führte zu einer Verortung der maschinellen Großproduktion in die Peripherie und zur Konzen-

Der Südosten

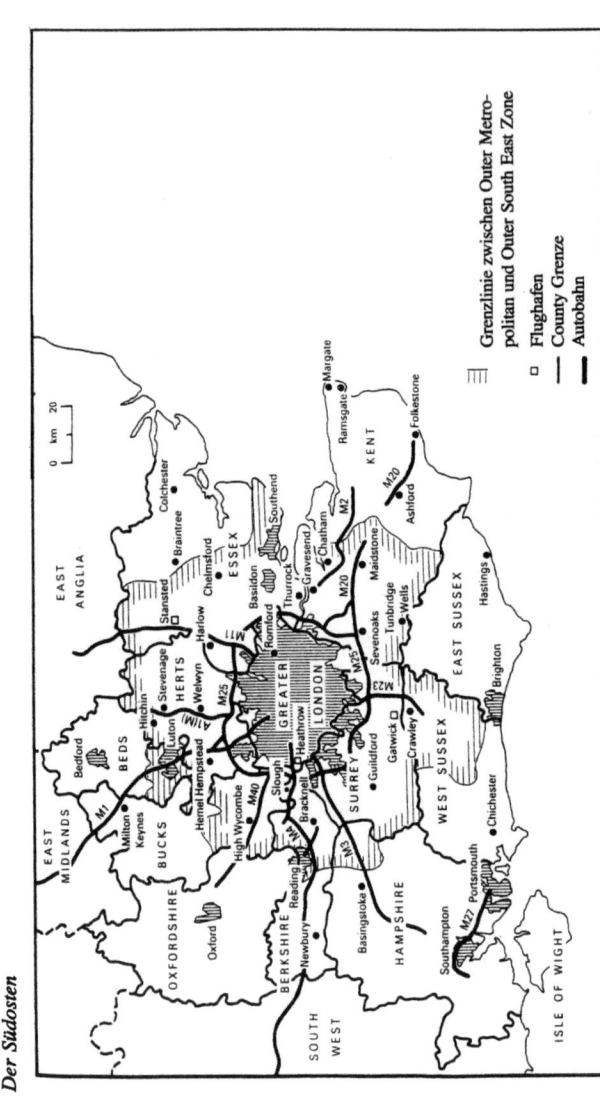

Quelle: P.A. Wood: The South East, in: P. Damesick/P. Wood (Hg.): Regional Problems, Problem Regions, and Public Policy in Britain, Oxford 1987, (64–94), S. 65.

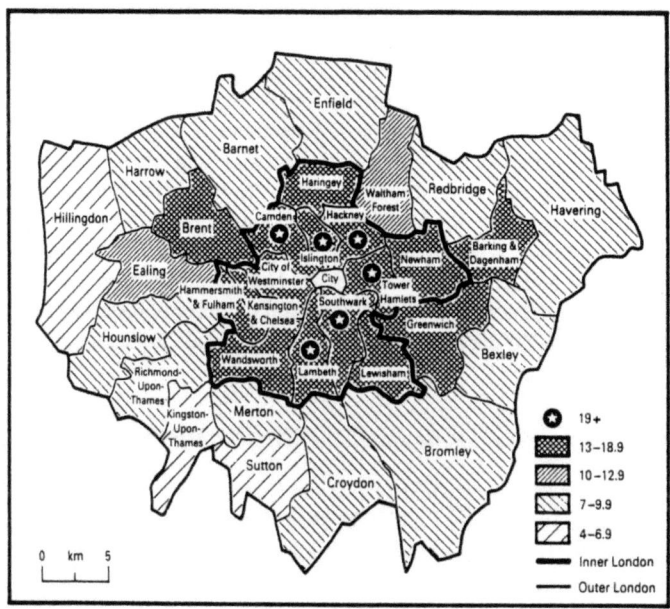

Quelle: Wood, a.a.O., S. 70.

tration der Management- und Forschungskapazitäten im Umfeld Londons. 57 Prozent der Forschungs- und Entwicklungskapazitäten des Landes sind im Südosten konzentriert. Daß hieraus eine den Südosten bevorteilende industrielle Innovationskapazität entstand überrascht kaum.

2) Der Südosten außerhalb Londons kann eine Reihe kleiner Siedlungsgebiete ohne industrielle Tradition in schöner landschaftlicher Lage anbieten, die Fachpersonal mit entsprechendem Einkommen als ideale Wohnlage erschien. Dies im Zusammenhang mit den kurzen Wegen zur Arbeit hat dem Südosten ein großes Potential qualifizierter Arbeitskräfte zugeführt, deren Anwesenheit wiederum zur Stärkung der regionalen Industriestruktur führt.

3) Die Ausgabenpolitik der Regierung hat entscheidend zur Herausbildung neuer Wachstumszentren im Süden beigetragen. Ebenso wie der Abbau von Produktionskapazitäten in den öffentlichen Unternehmen des Schiffsbaus und der Kohle- und

69

Stahlindustrie die ökonomische Situation des Nordens prägt, definieren Ausgaben für Infrastruktur und Verteidigung die Wachstumschancen des Südens. In die Region Bristol gingen beispielsweise Regierungsaufträge für den Flugzeugbau und die Rüstungsindustrie. Der Wachstumserfolg im Bereich des Themse-Tales westlich von London ist auf die Kombination von Investitionen in den Autobahnbau (M 4), die Entwicklung einer Hochgeschwindigkeitsbahnverbindung, den Ausbau des Flughafens Heathrow, sowie die Ansiedlung von staatlichen Forschungsinstituten und Verteidigungseinrichtungen zurückzuführen. Der Ausbau und Erfolg Cambridges als High Tech-Zentrum beruht nicht zuletzt auf der Unterstützung durch Fördermaßnahmen der Regierung für die dortige Universität und lokale Forschungseinrichtungen.

4.2 Regionale und lokale staatliche Wirtschaftsförderung

In den 70er Jahren entwickelte sich ein Konsens zwischen den beiden großen Parteien des Landes darüber, daß es Aufgabe des Staates sei, die als Folge der sich verschärfenden britischen Krise immer stärker hervortretenden Ungleichgewichte der Wirtschaftsentwicklung der Regionen durch staatliche Eingriffe zu begrenzen. Der in dieser Absicht von der Regierung Heath 1972 verabschiedete Industry Act wurde von der neuen Labour-Regierung 1974 übernommen und ausgeweitet. Durch die Wahlerfolge nationalistischer Parteien in den 70er Jahren in Schottland und Wales, in Gebieten also, die als Hochburgen der Labour Party galten, entstand für die Regierung ein zusätzlicher Druck, für diese beiden Nationen Maßnahmen zur Verbesserung ihrer Wirtschaftslage zu treffen. Sichtbarstes Zeichen für eine entsprechend zugeschnittene Politik war die Einrichtung der für das Management von Industrieförderung und Industrieansiedlung in ihren jeweiligen Territorien zuständigen Scottish und Welsh Development Agencies.

Die Effektivität der im Zuge der Regionalpolitik vergebenen Subventionen für das Schaffen und den Erhalt von Arbeitsplätzen blieb umstritten. Mit der Vertiefung der Wirtschaftskrise in den 70er Jahren wurde in der regionalen Wirtschaftsförderung in erster Linie ein Kostenfaktor für den Staatshaushalt gesehen. Im Krisenjahr 1976 entschloß sich die Labour-Regierung, die direkte Subvention von Arbeitsplätzen (Regional Employment Premium), die auch gegen EG-Regeln verstieß, einzustellen. Die 1979 ins Amt gekommene Regierung Thatcher unternahm einen weit umfassenderen Neuanfang. Hilfe sollten in Zukunft nur noch wirkliche Notstandsgebiete erhalten. Ausgaben für andere Krisengebiete — so die Meinung der Regierung — würden nur den notwendigen Umstrukturierungsprozeß der dortigen Wirtschaft aufhalten. Staatliche Zurückhaltung in der Regionalförderung sollte nicht nur unwirksamen staatlichen Dirigismus beseitigen, sondern auch die ohnehin überbordenden Staatsausgaben begrenzen.

Folgerichtig wurde die regionale Planungsbürokratie abgebaut, und es wurden die Grenzen der Fördergebiete neu und enger gezogen. In einem ersten Reformschritt 1980 und 1982 verkleinerten sich die für Subventionen in Frage kommenden Gebiete, und ein Teil der in der Förderung verbliebenen Gebiete wurde neu eingruppiert. Nach 1982 verringerte sich dadurch der Anteil der in Fördergebieten lebenden Erwerbsbevölkerung von 44 auf 27 %. Drei Kategorien strukturschwacher und deshalb mit regionalen Entwicklungszuschüssen (Regional Development Grants, RDG) geförderter Gebiete wurden entsprechend dem Grad der Brisanz ihrer Wirtschaftsprobleme unterschieden: Gebiete mit besonders hoher Arbeitslosigkeit wurden als *special development areas* eingestuft, ihnen folgten in weiteren Abstufungen *development areas* und *intermediate areas*. Alle Unternehmen in special development areas erhielten einen automatischen Zuschuß von 22 % für Investitionen in neue Fabriken, Maschinen und Gebäude. In development areas betrug der automatische Zuschuß 15 %, in intermediate areas wurde dieser nicht gezahlt. Außerdem subventionierte die Regierung jede Neueinrichtung eines Arbeitsplatzes mit £ 8 000 in den special development areas, £ 5 000 in den development areas und £ 2 500 in den intermediate areas.

Im November 1985 reduzierte die Regierung Thatcher die regionale Wirtschaftsförderung ein weiteres Mal und revidierte ihre Instrumente. Die Grenzen der Fördergebiete wurden neu gezogen. Die Entwicklungsgebiete umfaßten nun nur noch 15 % (statt vorher 22 %) der Erwerbsbevölkerung. Special development areas wurden abgeschafft. Automatische Zuschüsse wurden an die Schaffung von Arbeitsplätzen gebunden. Sie sollten insgesamt £ 10000 pro Arbeitsplatz nicht überschreiten bei Firmen die über 200 Beschäftigte haben. Alternativ konnte auch ein Zuschuß von £ 3 000 für jeden neu geschaffenen Arbeitsplatz gewährt werden, je nachdem welche der beiden Zuschußleistungen größer war. Diese Reform hat erstmals auch Dienstleistungsbetriebe zu Kandidaten für Regionalförderungszuschüsse gemacht. In den intermediate areas wurden weiterhin keine automatischen Zuschüsse geleistet.

1988 folgte mit der Einbringung eines Gesetzes zur Abschaffung der automatischen Zuschüsse, der RDGs, und ihrer Ersetzung durch selektiv, auf Antrag der Firmen für bestimmte ausgewählte Vorhaben, deren Realisierung ohne Staatsgelder unmöglich wäre, gewährte Zuschüsse eine weitere Lockerung der finanziellen Verpflichtungen der Regierung in der Regionalpolitik. Für kleine und mittlere Unternehmen, die bisher kaum in den Genuß von Fördermaßnahmen kamen, wurde ein auf sie zugeschnittenes Zuschußsystem neu geschaffen. Mit der Ausnahme dieser Zuschüsse, die in den früheren intermediate areas nicht gewährt werden, ist durch die erneute Reform der Regionalförderung die Unterscheidung zwischen development areas und intermediate areas gegenstandslos geworden. Für die Entwicklung der der südöstlichen Wachstumsregion benachbarten West Midlands stehen die gleichen staatlichen Finanzhilfen zur Verfügung wie für Regionen mit höchster Arbeitslosigkeit. Die Reform von 1988 öffnet zudem den Zugang zu den Mitteln für regionale Fördermaßnahmen auch für Unternehmen in innerstädtischen Fördergebieten. Dies verwischt den Unterschied zwischen Regionalpolitik und kommunaler Wirtschaftsförderung und verhilft den Regierungsinitiativen zur Entwicklung der Inner Cities zu neuen Mitteln.

Die geringere Bereitschaft der Regierung Thatcher, die traditionelle Regionalpolitik weiterzuverfolgen, bedeutete aber nicht den schrittweisen Ausstieg aus der lokalen und regionalen Industrieförderung. Zum einen wird die Existenz der Wirtschaftsförderungsgesellschaften der nichtenglischen Nationen, der *Scottish Development Agency* und des *Highland and Islands Development Boards* (speziell für das schottische Hochland und die Inselregionen) für Schottland, der *Welsh Development Agency* für Wales und des *Northern Ireland Industrial Development Board* für Nordirland, auch wenn es gelegentlich Widerstände gegen deren weitere Expansionsbestrebungen gab (z.B. Eröffnung neuer Auslandsbüros), nicht in Frage gestellt. Die politischen Gründe, die für ihre Erhaltung sprechen, sind auch für die Regierung Thatcher wichtiger als die rein ökonomischen.

Am ehesten noch aus ökonomischen Gründen zu rechtfertigen ist die Sonderbehandlung Nordirlands im Vergleich z.B. mit den Hilfen für die Krisenregionen des englischen Nordens. Gelänge es in Nordirland, in nennenswertem Maße neue Industrien anzusiedeln, wäre

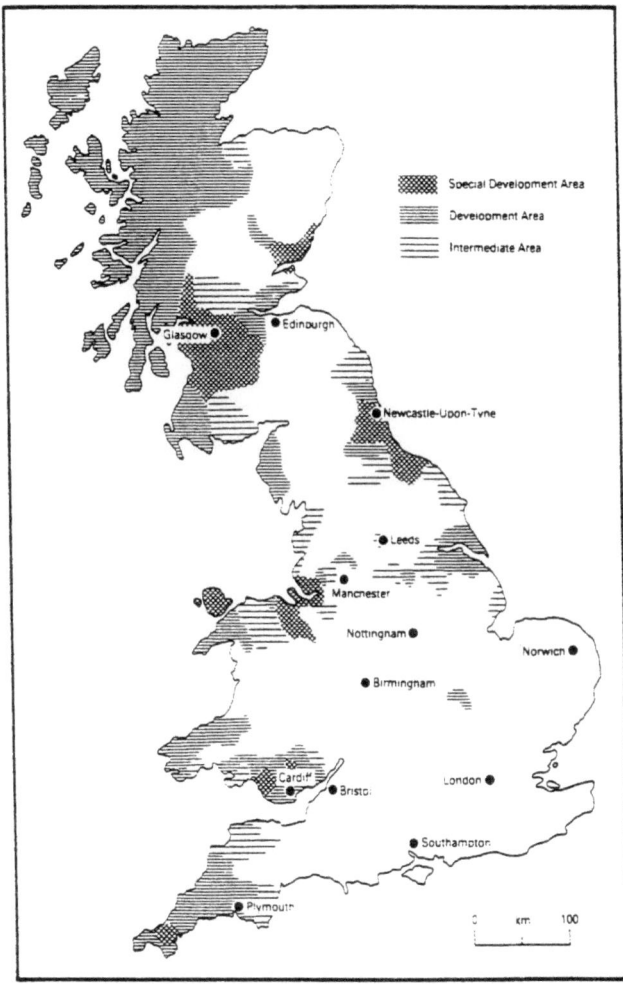

Quelle: P.J. Damesick: The Evolution of Spatial Economic Policy, in: Ders. / P.
Wood (Hg.): Regional Problems, Problem Regions, and Public Policy in
the United Kingdom, Oxford 1987, (42-63), S. 44.

Das Schrumpfen der regionalen Förderungsgebiete: 1982

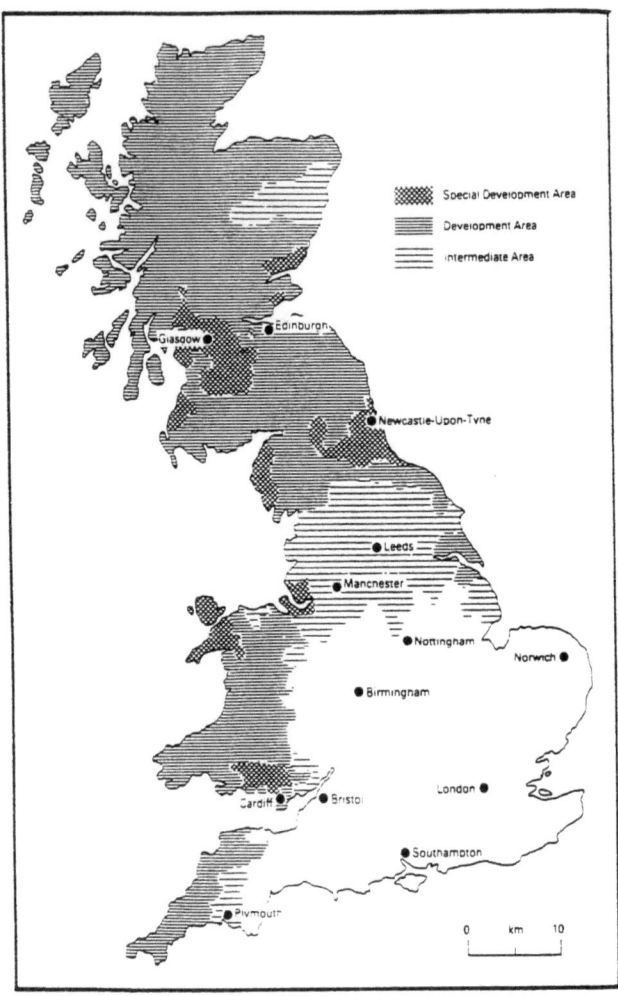

Quelle: P.J. Damesick: The Evolution of Spatial Economic Policy, in: Ders. / P. Wood (Hg.): Regional Problems, Problem Regions, and Public Policy in the United Kingdom, Oxford 1987, (42 - 63), S. 46.

Das Schrumpfen der regionalen Förderungsgebiete: 1985

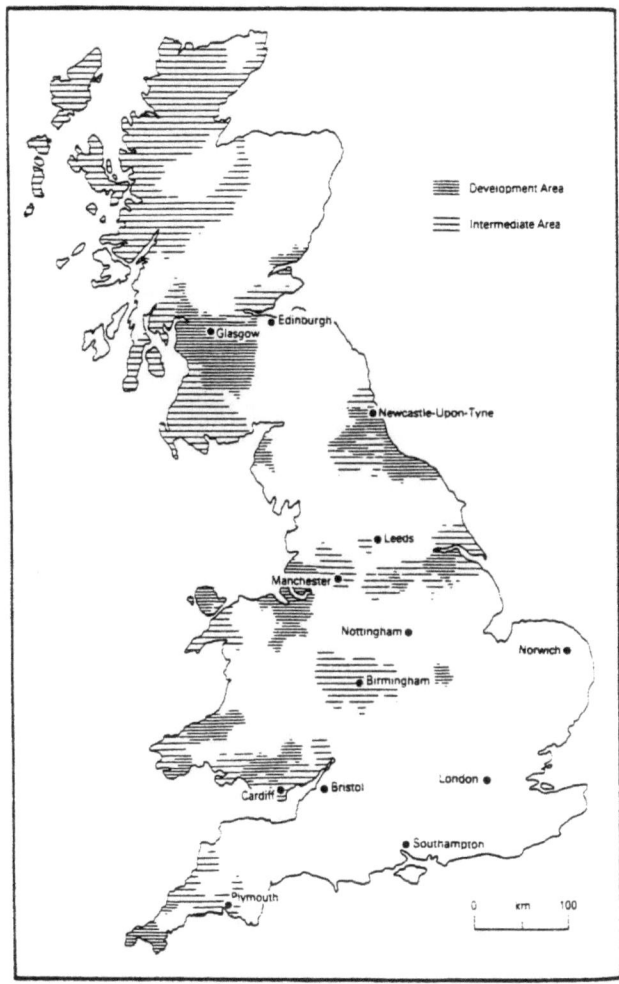

Quelle: P.J. Damesick: The Evolution of Spatial Economic Policy, in: Ders. / P. Wood (Hg.): Regional Problems, Problem Regions, and Public Policy in the United Kingdom, Oxford 1987, (42-63), S. 58.

dies ein erheblicher Beitrag zur Entlastung des Londoner Haushalts. Jährlich fließen über 1,5 Milliarden Pfund, die ein Fünftel des nordirischen Bruttoinlandsprodukts ausmachen, aus der Kasse der Zentralregierung in diese Region. Seit 1979 ist hier die Beschäftigung in der verarbeitenden Industrie um 40 % gesunken. Von den in diesem Sektor verbliebenen 98 Tausend Arbeitsplätzen werden ca. 90 Tausend direkt oder indirekt vom Staat subventioniert. Der Industrial Development Board versucht, die Investitionsbereitschaft der in- und ausländischen Industrie nicht zuletzt dadurch zu wecken, daß er die höchsten Investitionszuschüsse ganz Europas (75 % des investierten Betrages) anbietet.

Für eine Sonderbehandlung Schottlands spricht aus politischer Sicht vor allem das ausgeprägte, auf vermeintliche Diskriminierung rasch reagierende schottische Nationalbewußtsein. Das Ignorieren schottischer Probleme auf dem Feld der Wirtschaftspolitik hätte wohl unweigerlich eine politische Gegenreaktion zur Folge, die auf eine verstärkte schottische Kontrolle der Entwicklung Schottlands abzielen würde. Mit der Scottish Development Agency (SDA) und der Konzentration eines Teils der schottischen Landes-Verwaltung im Scottish Office (seit 1975 Sitz in Edinburgh) wird der politischen Sonderstellung Schottlands Rechnung getragen. Auch Wales ist am Weiterbestehen der speziellen Möglichkeiten der Wirtschaftsförderung, die die Welsh Development Agency hat, sehr interessiert. Im Unterschied zu Schottland gab es in Wales aber nie eine der schottischen gleichende Entschlossenheit zur Verteidigung der wirtschaftlichen Belange des Landes. Die Welsh Development Agency wurde 1976 eher als Konzession im Sinne einer Gleichbehandlung von Schottland und Wales und Parallele zur SDA-Gründung von 1975 eingerichtet. Diese politisch-pragmatische Sicht von Regionalpolitik gegenüber den nichtenglischen Gebieten spiegelt sich auch in der Entwicklung der pro-Kopf-Beträge für öffentliche Ausgaben insgesamt in den einzelnen Regionen wider.

Entwicklung der pro-Kopf-Beträge der öffentlichen Ausgaben (England = 100)

Region	1959-60	1962-3	1965-6	1968-9	1971-2	1974-5	1976-7	1977-8
England	100	100	100	100	100	100	100	100
Schotland	105	118	111	134	125	118	123	128
Wales	95	99	94	101	104	97	101	100
Nordirland	88	92	97	103	111	112	136	141

Quelle: P.J. Bull / M. Hart: Northern Ireland, in: P. Damesick / P. Wood (Hg.): Regional Problems, Problem Regions, and Public Policy in the United Kingdom, Oxford 1987, (238-259), S. 242.

Der zweite Aspekt der dezentralen Wirtschaftsförderung heute ist neben dem Fortbestehen spezieller Institutionen der Regionalförderung in den nichtenglischen Gebieten, das landesweite Bemühen um eine Stärkung der lokalen Komponente der Wirtschaftsförderung. Bereits vor der Übernahme der Regierung durch die Konservativen 1979 wurden *Inner City Partnership Areas* eingerichtet. In Partnerschaft, und das hieß auch finanzielle Beteiligung, der Kommunalverwaltungen und der Zentralregierung sollte durch Industrieförderung ausgewählten Innenstädten mit einem koordinierten und umfassenden Aufbauprogramm geholfen werden. Die Gesetzgebung zur Stadtentwicklung von 1978 (Inner Urban Areas Act) gab auch einer Reihe von Kommunalverwaltungen die Möglichkeit zur lokalen Industrieförderung durch Inanspruchnahme der *Inner City Programme Authority*-Mittel bzw. der *Designated District*-Mittel. Wo ein wesentlicher finanzieller Beitrag der Kommunen gefordert wurde, sahen sich diese durch die Politik der Ausgabenbeschränkungen auf kommunaler Ebene, die die Regierung Thatcher nach 1979 betrieb, in ihren Handlungsmöglichkeiten eingeschränkt.

Die neue Regierung setzte im Bereich lokaler Industrieförderung stärker auf die Freisetzung von Marktkräften als auf eine koordinierte Intervention der zentralen und lokalen politischen Ebene mit dem Ziel des Schaffens von Anreizen zur Industrieansiedlung. Eines der Instrumente zum Erreichen des Ziels der Wirtschaftsbelebung auf diesem Wege sollte die Einrichtung von *Enterprise Zones,* Freien Produktionszonen, sein. Diese, zuerst in der Dritten Welt umgesetzte Strategie, beruht auf umfassenden Ausnahmeregelungen für die industrielle Produktion und ihre steuerliche Behandlung als Anreiz zur Industrieansiedlung in für die Industrie wenig attraktiven Gebieten. Die vom damaligen Finanzminister Sir Geoffrey Howe stammende Idee der Enterprise Zones für das Vereinigte Königreich wurde ab 1980 umgesetzt. Den in den Freien Produktionszonen sich niederlassenden Unternehmen wurden folgende Vergünstigungen für eine Dauer von 10 Jahren angeboten:

— die Befreiung von lokalen Steuern auf industriell oder wirtschaftlich in anderer Form genutztes Eigentum, sowie die Befreiung von Steuern für die Infrastrukturentwicklung,
— eine hundertprozentige Abschreibungsmöglichkeit für Investitionen in neue Gebäude,
— die Befreiung von Abgaben für die Ausbildung von Arbeitskräf-

ten in der Industrie und von der Pflicht, statistische Angaben an staatliche Stellen zu machen.

Bis 1984 wurden 25 Enterprise Zones eingerichtet. In den 23 Zones außerhalb Nordirlands arbeiteten 1987 63 300 Beschäftigte. Dennoch wird das Experiment der Freien Produktionszonen von der Regierung Thatcher heute weniger positiv beurteilt als noch in seiner Anfangsphase. Zwar haben diese Zonen, wie Untersuchungen zeigten, einen Beitrag zur Belebung der Wirtschaftsstruktur der zerfallenen Innenstädte geleistet, aber es sind im wesentlichen in diesem Prozeß keine neuen Arbeitsplätze entstanden. Vielmehr fand eine Verlagerung örtlicher Beschäftigungsmöglichkeiten in die profitablere Umgebung der Enterprise Zones statt. Die Regierung Thatcher zog aus dieser Beobachtung Ende 1987 die Konsequenz, auf die Einrichtung neuer Freier Produktionszonen zunächst, mit bis Mitte 1989 zwei Ausnahmen, zu verzichten, zumal die Kostenentwicklung dieser Politik die regierungsamtlichen Erwartungen übersteigt. Bis 1987, so schätzt das Schatzamt, haben die den Unternehmen in den Enterprise Zones gewährten Vergünstigungen bereits den Haushalt mit £400 Millionen belastet bei rapide steigender Tendenz.

Eine der Enterprise Zones, die Isle of Dogs, ist Bestandteil des erfolgreichsten Stadtentwicklungsprojektes des Landes, der London Docklands. Zur Entwicklung des verlassenen Londoner Hafengebiets wurde von der Regierung Thatcher 1980 die London Docklands Development Corporation (LDDC) gegründet. Sie ist eine von der Regierung ernannte Aufsichtsbehörde zur Überwachung der Stadterneuerung. Ihre Befugnisse umfassen zum einen die Möglichkeit, Land zu kaufen und zu verkaufen, wofür sie von der Zentralregierung spezielle Zuschüsse erhält. Und zum zweiten hat sie die Oberhoheit für die Stadtplanung in ihrem Bereich.

Die Docklands sind heute zu einem florierenden Entwicklungsgebiet geworden, in dem sich vor allem die City-Interessen und Finanzdienstleistungen niedergelassen haben. Aber auch eine Reihe von Industriebetrieben hat sich hier angesiedelt. Die Docklands (Wapping) sind die neue Fleet Street, das neue Zeitungsviertel Londons. Dieser Standort hat sich 1986 nach einem langandauernden Arbeitskampf zwischen Rupert Murdochs News International Verlag (The Times, Sunday Times, Sun und News of the World) und den Druckergewerkschaften Sogat und NGA endgültig durchgesetzt.

Die Neugestaltung der Docklands durch die LDDC hat lokalen Protest der Alteingesessenen erzeugt. Die kommunalen Behörden

*Von der Zentralregierung geförderte lokale und regionale
Industrieentwicklungsprojekte*

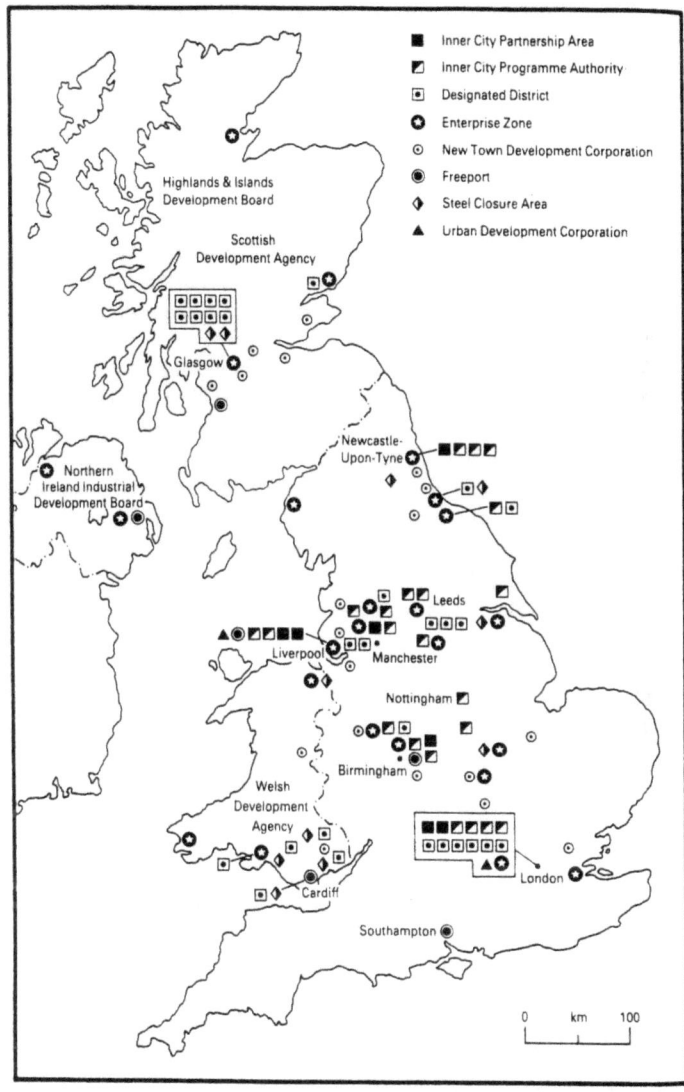

Quelle: Damesick, The Evolution ..., S. 52.

klagen darüber, daß die LDDC die Planungsbefugnis für die Stadtentwicklung hat, sie aber dafür geradestehen müssen, wenn durch Planungsentscheidungen Wohnraum vernichtet wird. Sie sind es, die hier im Zuge des sozialen Wohnungsbaus Ausgleich schaffen sollen. Die alteingesessenen East End-Bewohner kritisieren die Ausbreitung eines Yuppy-Milieus (young urban professionals), das sich mit der Zuwanderung der City-Beschäftigten verbinde und die durch deren Finanzkraft verursachte Preisexplosion, vor allem auf dem Wohnungsmarkt. Gegen die „Yuppyfizierung" der Docklands haben sich lokale Initiativen gebildet (z.B. Rock Against the Rich), die soziale Lage ist gespannt. Neue Arbeitsplätze sind in den Docklands zwar entstanden (7 897 bis März 1987), aber 5 059 wurden nur von außen in das Docklands-Gebiet verlagert. In der gleichen Zeit gingen 3 355 alte Jobs dieses Stadtteils verloren.

Die Regierung Thatcher hat die Erfolge des Modells der London Docklands zum Anlaß genommen, weitere Stadtentwicklungsbehörden zu ernennen. *Urban Development Corporations* (UDCs) sind auch in Merseyside, in Black Country (Birmingham), in Trafford Park (Manchester), in Teeside, in Tyne and Wear und in Cardiff entstanden. 1988 wurden in Manchester und Sheffield zwei weitere UDCs eingerichtet. Neben den Befugnissen der LDDC, die für zehn bis fünfzehn Jahre gelten sollen, strebt die Regierung an, den UDCs eine stärkere Rolle im kommunalen Wohnungsbau zu geben, womit auch eine politisch gewünschte weitere Entmachtung der Kommunalverwaltungen verbunden wäre.

40 Jahre nachdem die ersten *New Town Development Corporations* in den neu errichteten Trabantenstädten, die zur Entlastung der Bevölkerungszentren London, Glasgow, Manchester und Liverpool entstanden, eingerichtet wurden, werden diese nun mit Ausnahme der schottischen Ende der achtziger Jahre aufgelöst. Auch diese Entscheidung spiegelt die Konzentration des Regierungsinteresses auf die Entwicklung der Innenstädte wider, aber auch die verstärkten Bemühungen der konservativen Regierung zur Zentralisierung der Planungskontrolle. Anders als die UDCs hatten die New Town Development Corporations keine Planungshoheit für Land, das nicht in ihrem Besitz war. Auch im sozialen Wohnungsbau blieb der Vorrang der Kommunalverwaltungen gewahrt. Der finanzielle Handlungsspielraum der mit langfristigen Regierungskrediten ausgestatteten New Town Corporations war größer als der der UDCs, die auf die jährliche Ausgabenentscheidung der Regierung angewiesen sind. Die New Towns, die einmal auch ein Gesellschaftsreform-

London Docklands

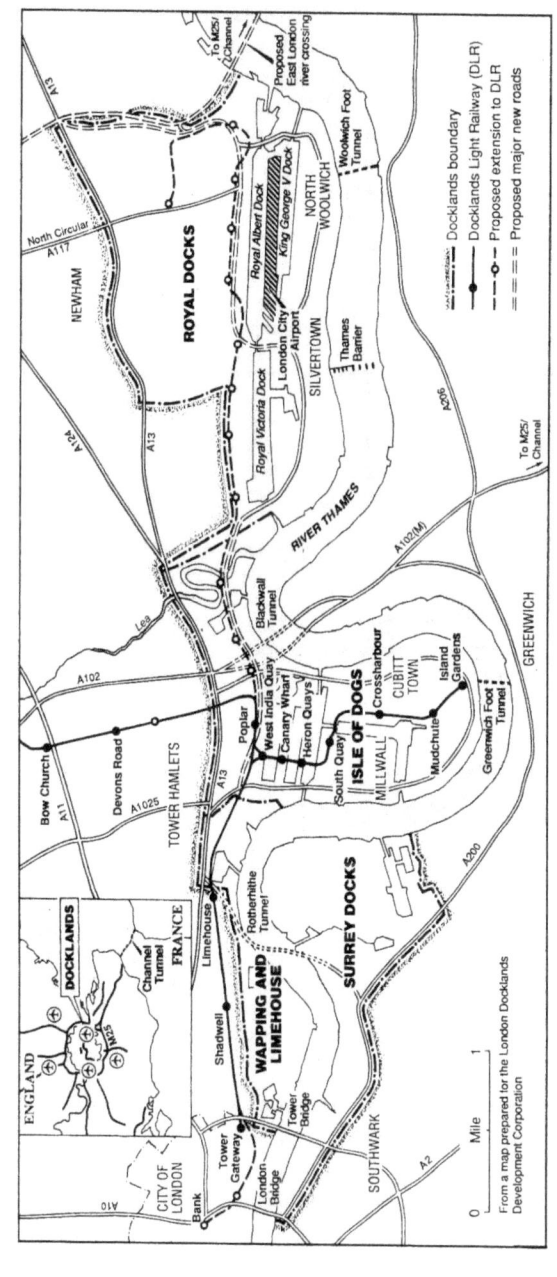

Quelle: The Economist, 13. 2. 1988, S. 71.

modell waren, für eine neue, sozialplanerisch gestützte Form des
Zusammenlebens sind Ende der 80er Jahre zu „normalen" Städten
geworden. Die Commission for the New Towns wacht über den Verkauf des Restbestandes an Besitz der Sonderverwaltungen, der
schon unter Labour in der zweiten Hälfte der siebziger Jahre begann. Die Regierung Thatcher hofft, durch diese Privatisierung einen Erlös von 2 Milliarden Pfund zu erzielen.

Die englischen New Towns (von der Gründung zur Aufhebung ihres Sonderstatus)

	gegründet	in der Ver-antwortung der Kommis-sion seit	Transfer des Wohnungsbe-standes zum Verkauf	Transfer an-derer Besitz-stände zum Verkauf
1. Generation				
Stevenage	1946	1980	1978 & 1982	1981
Aycliffe*	1947	(1988)	1978 & 1982	(1986)
Crawley	1947	1962	1978	w.d.
Harlow	1947	1980	1978 & 1980	(1986)
Hemel Hempstead	1947	1962	1978	
Hatfield	1948	1966	1978	1983
Peterlee*	1948	(1988)	1978 & 1983	(1986)
Welwyn Garden City	1948	1966	1978	1983
Basildon	1949	1986	w.d.	w.d.
Bracknell	1949	1982	1978	1983
Corby	1950	1980	1978	w.d.
2. Generation				
Skelmersdale	1961	1985	1985	w.d.
Redditch	1964	1985	1985	1985
Runcorn*	1964	1989	w.d.	(1987)
Washington	1964	(1988)	1985	w.d.
3. Generation				
Milton Keynes	1967	(1992)	w.d.	w.d.
Peterborough	1967	(1988)	(1988)	(1988)
Northampton	1968	1985	1985	1985
Telford	1968	(1992)	(1987-88)	(1987-88)
Warrington*	1968	(1989)	(1987)	(1987)
Central Lancashire	1970	1985	1985	w.d.

w.d. = wird diskutiert.
* Zusammenschluß der Sonderverwaltungen von Aycliffe und Peterlee 1985 und
von Warrington und Runcorn 1981.
(...) = Zieldaten.

Quelle: Financial Times Survey: New Towns, 31. 3. 1987, S. 21.

Die regionale und lokale Wirtschaftsförderung ist einer der wenigen Bereiche, in denen die Regierung Thatcher staatliche Verantwortung und eine gewisse gestaltende Rolle des Staates in der Wirtschaftspolitik anerkennt. Zu beobachten ist allerdings eine Neuinterpretation des nach dem II. Weltkrieg zum Ziel der Regierungsintervention erhobenen Modells der ausgewogenen Wirtschaftsentwicklung des Landes:

1) Regionale Ungleichgewichte alleine rechtfertigen nicht mehr eine flächenbezogene Regionalpolitik. Die neue Förderpolitik soll unternehmensbezogen und damit lokal gebunden sein.

2) Die auf die lokale Ebene bezogene Zuschußpolitik erlaubt der Regierung, auch im eigentlichen Wachstumskern, im Südosten, z.B. in Inner London, eine Förderpolitik zu betreiben und damit auch ihre eigene politische Klientel zu erweitern bzw. das von ihr als zu entwickeln gedachte Kernland zu pflegen.

3) Die neue Politik blieb nicht ohne Widersprüche. Nicht nur gehen alle Vorhersagen von einer Vertiefung des Nord-Süd-Gegensatzes aus, es bleibt auch umstritten, ob die urbanen Fördergebiete zu Wachstumskernen werden können. Die Regierung selbst hat sich mit ihrem begrenzten Interventionswillen ein ideologisches und ein finanzielles Problem geschaffen. Die Kosten der kommunalen Investitionsförderung, vor allem in Form der Belebung der „Inner Cities", fielen oft höher aus, als prognostiziert. Dem Widerspruch, Nichtintervention zu predigen, wie dies das Industrie- und Handelsministerium tut, das sich selbst als „department for enterprise" bezeichnet, und gleichzeitig faktische Anleitung zur Wirtschaftspolitik auf lokaler Ebene zu geben, konnte das Ministerium z.T. dadurch entgehen, daß Letztere in die Kompetenz des für das Kommunalwesen zuständigen Department of the Environment fällt. Dies mag ideologisch entlastend wirken, erschwert aber die Koordination der Fördermaßnahmen auf der lokalen und der regionalen Ebene.

5. Wirtschaftsfaktor Nordseeöl

Die Anfang der 70er Jahre gemachten Ölfunde in der Nordsee, vor allem die einträglichen Öl- und Gaslagerstätten im an norwegische Hoheitsgewässer angrenzenden Seegebiet, machten Großbritannien nach der zweiten Ölkrise von 1978 zu einem der wichtigsten Ölförderländer der Welt. Die britische Ölförderung erreichte 1987 einen Umfang von 122 Millionen Tonnen. Großbritannien war damit (nach der UdSSR: 625 Mio. t; den USA: 461 Mio., Saudi-Arabien: 209,5 Mio., Mexiko: 144 Mio. und der VR China: 133 Mio.) der sechstgrößte Ölproduzent. Über die Sicherung des Eigenbedarfs hinaus konnte britisches Öl angesichts der Hochpreispolitik der traditionellen Ölförderländer trotz aufwendigerer Fördermethoden zu wettbewerbsfähigen Preisen vermarktet werden. Die britische Regierung hat nie mit dem Gedanken gespielt, OPEC-Mitglied zu werden, sie hat im Gegenteil durch ihre Politik des Verzichts auf eine Fördermengenbegrenzung einen wesentlichen Beitrag zur Schwächung dieses Ölvermarktungskartells geleistet.

Erst die Regierung Thatcher profitierte bei der Gestaltung ihrer Haushalte in besonderen Umfange von den erhöhten Steuereinnahmen, die der Ölboom erbrachte. Im letzten Jahr der Labour-Regierung Callaghan betrugen die Öleinnahmen des britischen Staates lediglich £562 Millionen. In den Jahren 1979 bis 1987 verbesserte der Ölreichtum die Finanzkraft des Staates dagegen um £57 Milliarden. Die Zukunftsaussichten sind allerdings weniger günstig. Zum einen erzeugt die internationale Dollarschwäche Unsicherheiten über die Markentwicklung, andererseits ist ungewiß, zum einen, welche Reserven über die 90er Jahre hinaus vorhanden sind und ob sie zu einem marktgerechten Preis ausgebeutet werden können und zum anderen welche Strategien die OPEC-Länder in der Konkurrenz mit anderen Ölförderländern einschlagen werden.

Für die Wirtschaftsentwicklung Großbritanniens hatten die staatlichen Öleinnahmen eine Reihe positiver Effekte. Die Frage, die Kritiker der britischen Nordseeölpolitik stellen, lautet jedoch, ob für die temporäre Milderung von wirtschaftlichen Problemen nicht das Versäumnis einer langfristigen Umstrukturierung der britischen Industrie eingetauscht wurde, ob also im Nachölzeitalter sich das Problem der Wettbewerbsfähigkeit der britischen Wirtschaft, ihre Fähigkeit zum Export anderer Güter als des Rohstoffes Öl, nicht erneut mit aller Schärfe stellt.

Die wichtigsten kurzfristigen Konsequenzen des Ölbooms für die britische Wirtschaft waren:

a) der Beitrag zum Abbau des Zahlungsbilanzdefizits und damit
b) auch zur Währungsstabilität,
c) die Erleichterung der Haushaltsfinanzierung, vor allem der Kosten der anhaltenden Massenarbeitslosigkeit.

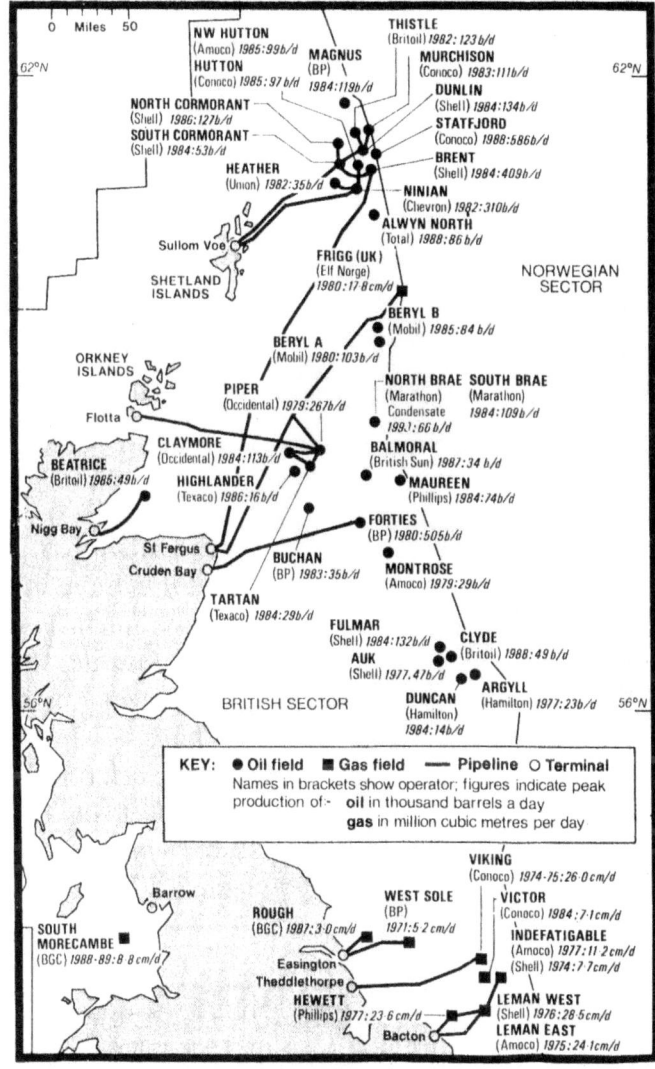

Quelle: The Economist, 12. 5. 1984, S. 82.

Der Zahlungsbilanzeffekt der Staatseinnahmen aus der Ölförderung (in % des BIP zu laufenden Preisen)

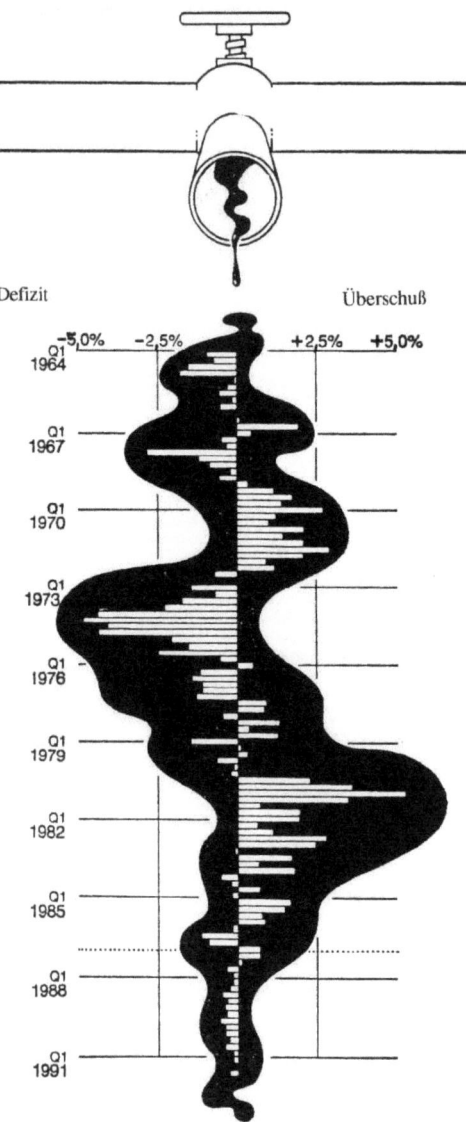

Quelle: Financial Times, 8. 9. 1987, S. 5.

d) ein Transfer von Kapital aus privaten Ölgewinnen ins Ausland, wo profitablere Anlagemöglichkeiten als in Großbritannien zu finden waren

e) der Gewinntransfer der multinationalen Gesellschaften, die das Ölgeschäft und die Ölförderung kontrollieren und den Löwenanteil am Nordseeölreichtum für sich zu sichern vermochten, in andere Länder.

Vor Ort wirkten sich die Ölbohraktivitäten vor allem auf den lokalen Arbeitsmarkt und auf die dortigen Arbeits- und Lebensbedingungen aus. Wenn von der Ölwirtschaft neue Arbeitsplätze in erster Linie in Schottland geschaffen wurden (die internationalen Ölgesellschaften brachten in der Regel die Führungsmannschaften für ihre Nordseeoperationen ohnehin meist aus dem Ausland mit. Viele Ölplattformen wurden außerhalb Schottlands, beispielsweise in Norwegen, Frankreich und Holland produziert), so entstanden sie aus der Perspektive der schottischen ökonomischen Notwendigkeiten „am falschen Platz". Sie entstanden nämlich nicht, im Bevölkerungszentrum Glasgow mit dem höchsten schottischen Arbeitslosenanteil, sondern im Hochland und im Nordosten, wo der kleinste Teil der schottischen Arbeitslosen lebt.

Der Grund dafür ist vordergründig natürlich die Lage der Ölfelder. Es gibt aber auch das weitergehende Problem, daß nämlich die technischen Kapazitäten und das in der Glasgower Region konzentrierte „know how" von den Ölgesellschaften nicht mobilisiert werden. Die Ölmultis „transplantieren" zeitweise ihre Technologie, um sie dann am Ende ihrer Operationen wieder abzuziehen. Am Aufbau einer schottischen Konkurrenztechnologie und -industrie können sie kein Interesse haben.

Öljobs sind so in der Regel nicht strukturell in die schottische Ökonomie eingebunden, sondern kurzfristig hinzugefügte Beschäftigungsmöglichkeiten. Deren rascher Anstieg (1979: 41450, 1985: 65000, 1987 nur noch 51000) in starkem Maße konjunkturellen Schwankungen unterlag und heute angesichts schrumpfender Ölmärkte bereits deutlich rückläufig ist.

Im Zentrum der Ölproduktion — in Aberdeen — wird der temporäre Charakter der Öljobs besonders deutlich. 77 % aller neugeschaffenen Arbeitsplätze sind außerhalb des Industriesektors, zumeist im Dienstleistungssektor entstanden. Hinzu kommt, daß der Ölboom für Aberdeen eine ganz neue Wirtschaftslage geschaffen hat. Ließen sich ausländische Unternehmen hier früher aufgrund der relativ niedrigen Löhne und des Überangebots an qualifizierten Arbeitskräften nieder, so gehören aufgrund der überlegenen Finanzkraft der Ölmultis diese beiden „Vorzüge" des Aberdeener Arbeitsmarkts der Vergangenheit an. Für die Stadt und die Beschäftigten bedeutet die „Ölzeit" zwar eine Boomperiode und höhere Löhne, wenn aber die entscheidende Ressource Öl in absehbarer Zeit nicht mehr zur Verfügung steht, werden für Aberdeen die Probleme der Arbeitslosigkeit und der Industrieansiedelung größer sein als je zuvor. Nicht nur die Ölindustrie wird eingestellt werden, auch Arbeitsplätze in anderen Industriezweigen werden nicht mehr zur Verfügung stehen.

Weitere Probleme entstehen, wenn durch den Ölboom neuindustrialisierte Gebiete von nur wenigen Firmen abhängig sind. Ein Beispiel hierfür ist das Moray Firth-Gebiet im Hochland. Schließen solche Firmen, so bedeutet das den sofortigen Kollaps der lokalen ökonomischen Basis und durch die vorherige Zuwanderung von Arbeitskräften noch mehr Arbeitslosigkeit als vor der „Ölzeit". Die in diesen Gebieten ansässigen Firmen handeln quasi als Monopolisten, denen eine Reihe außerökonomischer Druckmittel (Drohung mit der lokalen Wirtschaftskrise, Entzug von Sozialleistungen an ihre Arbeiter, wie Essen und Wohnung) es ermöglichen, die Arbeitsbedingungen im schottischen Vergleich eindeutig zu ihren Gunsten zu verschärfen und sogar Lohnkürzungen durchzusetzen. Die Moray Firth-Unternehmen werden aber bei Beendigung ihrer kurzen Aktivität im Plattformbau nicht nur Arbeitslosigkeit zurücklassen, sondern auch ein beträchtliches Ausmaß durch Großproduktion verursachter Landschaftszerstörung, die die zukünftige touristische Nutzung dieses Gebietes erschwert und damit einen Weg zur Schaffung alternativer Beschäftigungsmöglichkeiten blockiert.

Die Arbeit auf den Bohrinseln ist für ortsansässige Schotten alles andere als attraktiv. Die leitenden Positionen („tool pushers" usw.) sind in der Regel Amerikanern (aus den Südstaaten) vorbehalten, die aus ihrer gewerkschaftsfeindlichen Haltung keinen Hehl machen und alles tun, um Gewerkschaften von den Plattformen fernzuhalten. Die Arbeitsbedingungen entsprechen dann auch bei weitem nicht britischen Standards. Die Chancen, auf einer Bohrinsel zu sterben, sind fünfzig Mal höher als die eines Unfalltodes in der britischen Industrie. Arbeiter der unteren Gruppen („roustabouts" und „roughnecks") unterzeichnen eine Übereinkunft, die keine Extras für schmutzige oder gefährliche Arbeit oder Krankengeld vorsieht und als Kündigungsfrist eine Woche nennt. Der gezahlte Lohn ist niedriger als in den ölbezogenen Tätigkeiten auf dem Lande. Die „Offshore"-Ölbohrtätigkeit vermochte angesichts dieser Arbeitsbedingungen keinen wesentlichen Beitrag zur Schaffung heimischer Arbeitsplätze in Schottland zu leisten.

Der Ölboom hat für die Einheimischen in den „Ölzentren" auch die Situation auf dem Wohnungsmarkt völlig verändert. Preise für Häuser und Wohnungen liegen über dem Londoner Niveau. Ein Haus, das in Aberdeen 1972 £5000 kostete, war 1976 nicht mehr unter £20000 zu haben. Einheimische haben unter diesen Umständen große Probleme, neue Häuser und Wohnungen zu finden bzw. zu finanzieren und wandern deshalb teilweise ab.

Aus gesamtwirtschaftlicher Sicht wurde in der Regierungszeit Thatcher mit den Öleinnahmen in erster Linie eine „Verschnaufpause" für die britische Wirtschaft erkauft. Diese sollte nach dem Willen der konservativen Regierung für einen Selektionsprozeß durch den Markt genutzt werden. Am Ende des harten Weges der Rezession und der Massenarbeitslosigkeit sollte spätestens gegen Ende der 80er Jahre eine neuformierte Industrielandschaft mit international wettbewerbsfähigen Unternehmen und einer ökonomischen Notwendigkeiten aufgeschlossenen Erwerbsbevölkerung stehen, die auch ohne die finanzielle Unterstützung des Wirtschaftsfaktors Nordseeöl eine ausgeglichene Handels- und Zahlungsbilanz garantiert.

Diese minimalistische Erwartungshaltung gegenüber den Möglichkeiten der Nutzung der Öleinnahmen unterscheidet sich deutlich von den Steuerungsversuchen vorheriger Labour-Regierungen, die bereits im Produktionsbereich ansetzten.

Die 1975 gegründete BNOC („British National Oil Company") war Hauptinstrument der Labour Party in ihrer Regierungszeit, um Einfluß auf die Ölförderung zu erhalten. Sie erwarb selbständig Lizenzen („equity stakes") und durch „participation agreements" wurde ihr teilweise im Nachhinein das Recht eingeräumt, 51 % des von anderen Gesellschaften geförderten Öls zu Marktpreisen aufzukaufen. (Im Nachhinein deshalb, weil es vor 1975 keine Regierungsstrategie für den Ölsektor gab und bereits 65 % dieses Sektors ohne jede Auflage an die Ölgesellschaften vergeben war.)

Diese begrenzten Ansätze zur Beteiligung des britischen Staates an der Ölförderung in der Nordsee wurden nach dem Wahlsieg Margaret Thatchers — wenn auch weniger stark als sie dies im Wahlkampf, während dessen sie die Abschaffung der BNOC erwogen hatte — durch die Politik der konservativen Regierung eingeschränkt. Die BNOC wurde verändert (Verkauf eines Teils der Offshore-Interessen der BNOC/Abschaffung ihrer Privilegien bei der Vergabe von Bohrlizenzen/Veränderung der gesetzlich festgelegten Beraterrolle der BNOC bei Regierungsentscheidungen in der Ölpolitik) ganz im Sinne der für eine „marktwirtschaftliche" Reform der BNOC plädierenden Ölmultis. Damit gab die konservative Regierung den ohnehin nicht sehr hohen ex ante-Anteil des britischen Staates an der Ölförderung teilweise auf und setzte auf die steuernde Wirkung einer Abgabenpolitik.

Die Regierung, die ursprünglich daran gedacht hatte, 500 bis 600 Millionen Pfund durch Aktienverkäufe der BNOC zu erzielen, zögerte zunächst noch mit diesem Vorhaben, als sich Anfang der 80er Jahre herausstellte, daß die Gewinnentwicklung bei der BNOC ohnehin jährlich entsprechende Summen zur Verfügung stellen würde. Zudem gewann innerhalb der Regierung der Gedanke die Oberhand, daß die marktregulierenden Funktionen der BNOC auch angesichts der internationalen Lage beim britischen Staat verbleiben sollten. 1982 entschloß sie sich, aus dieser Überlegung Konsequenzen zu ziehen und den in der Ölproduktion engagierten Teil der BNOC unter dem Namen Britoil von den administrativen Funktionen der Gesellschaft abzutrennen (Oil and Gas (Enterprise) Bill). Damit stand der Privatisierung der staatlichen britischen Ölgesellschaft nichts mehr im Wege. In mehreren Schritten wurden bis Mitte der achtziger Jahre alle Anteile des Unternehmens, ebenso wie die verbleibenden Staatsanteile an dem Privatunternehmen British Petroleum auf den Markt gebracht. Damit zog sich der britische Staat endgültig aus dem Bereich der Förderung und Vermarktung des Nordseeöls zurück.

6. Öffentliche Unternehmen und Privatisierungspolitik

Die Übernahme von Privatunternehmen in Staatseigentum provozierte zumeist dann innenpolitische Konflikte, wenn es sich bei den für die Nationalisierung vorgesehenen Unternehmen um gewinnträchtige handelte. Aus diesem Grund umstritten war bereits der letzte Schritt der Verstaatlichungsmaßnahmen Labours nach dem II. Weltkrieg, die Nationalisierung der Eisen- und Stahlindustrie. Die Behandlung der Eisen- und Stahlindustrie, die von einer konservativen Regierung (Churchill) 1953 zusammen mit dem Transportwesen auf der Straße wieder denationalisiert, von einer Labour Regierung

(Wilson) 1967 gegen erhebliche Widerstände auch in der eigenen Partei erneut in öffentliches Eigentum überführt wurde, wird häufig als Paradebeispiel für die kontroverse ideologische Grundhaltung der beiden großen britischen Parteien in der Nationalisierungsfrage angeführt.

Auch wenn in diesem konkreten Fall ideologische Symbolik sicherlich eine wichtige Rolle spielte, sollte aber nicht übersehen werden, daß beide Parteien in den dreißig Jahren zwischen 1950 und 1980 keinen Ehrgeiz entwickelten, den erreichten Grad der öffentlichen Wirtschaft stark auszudehnen oder zurückzudrängen. Die Labour Party verzichtete auf die in der Parteisatzung im berühmten Clause 4 geforderte Überführung von Produktion, Distribution und Handel in Gemeineigentum. Die Konservative Partei erkannte die Funktion öffentlicher Unternehmen an. Der konservative Regierungschef Heath, der mit einem Privatisierungsprogramm (u.a. Verkauf des Reisebüros Thomas Cook, der Ziegeleien des National Coal Board und der Hotels von British Rail) angetreten war und versprochen hatte, keine „lahmen Enten" (lame ducks) im industriellen Wettbewerb mehr zu unterstützen, sah sich 1971 vor die Alternative gestellt, den Konkurs des renommierten auch in der Rüstungsproduktion des Landes engagierten Rolls Royce Konzerns zu akzeptieren oder einzugreifen. Er entschied sich für die Nationalisierung von Rolls Royce.

Aufgrund des Nebeneinanders von öffentlichen und privaten Unternehmen hat man die britische Wirtschaft bis Ende der achtziger Jahre als Mischwirtschaft (mixed economy) bezeichnet. Strategische Überlegungen der Labour-Linken auf dem Höhepunkt der Wirtschaftskrise Mitte der 70er Jahre, die Gewichte zwischen öffentlichem und privatem Sektor dauerhaft zu verschieben, dadurch, daß der öffentliche Sektor eine Steuerungsfunktion gegenüber dem privaten übernehmen sollte, setzten sich nicht durch. Teilen des öffentlichen Sektors haftete trotz mehrfacher Reorganisation, beispielsweise der Automobilindustrie, hartnäckig das Image geringer Effizienz und der Dauerbeanspruchung des Staatshaushaltes an.

Die Regierung Thatcher, die in ihrer Haltung zunächst da anknüpfte, wo die Regierung Heath einzugreifen beabsichtigt hatte, kündigte den innenpolitischen Konsens über die bestehende Form der Wirtschaftsverfassung auf. Die Absicht, der Privatinitiative Raum zu schaffen, vertrug sich nicht mit der Existenz eines relativ großen Staatssektors.

Der Anteil öffentlicher Unternehmen an den wichtigsten Wirtschaftszweigen (Hell = 0; dunkel = über 75 %) (1980)

	Posts	Telecommunications	Electricity	Gas	Oil production	Coal	Railways	Airlines	Motor industry	Steel	Shipbuilding	
Australia											na	Australia
Austria											na	Austria
Belgium					na							Belgium
Brazil												Brazil
Britain												Britain
Canada												Canada
France					na							France
West Germany												West Germany
Holland					na	na						Holland
India												India
Italy					na	na						Italy
Japan					na							Japan
Mexico												Mexico
South Korea					na							South Korea
Spain					na							Spain
Sweden					na	na						Sweden
Switzerland					na	na					na	Switzerland
United States												United States

Quelle: C. Veljanovski: Selling the State. Privatisation in Britain, London 1987, S. 50.

Im Vergleich zu anderen westlichen Demokratien nimmt Großbritannien heute eine Vorreiterrolle im Bereich der Privatisierungspolitik ein. Auch wenn zum Zeitpunkt der Amtsübernahme der Konservativen Partei 1979 diese noch über keine ausgefeilte Privatisierungsstrategie verfügte und die britische Privatisierungspolitik erst nach dem zweiten Wahlsieg Margaret Thatchers ihren entscheidenden Impetus erfuhr, so wurde dennoch zu Recht der langfristig wirkende qualitative Wandel der durch die Privatisierungspolitik in der britischen Wirtschaft und Gesellschaft herbeigeführt wurde, betont. Das Privatisierungskonzept fiel aus einer Reihe von Gründen in Großbritannien auf besonders fruchtbaren Boden:

— die Regierung Thatcher betrachtet die Privatisierungspolitik als Ausdruck ideologischer Ent- und Geschlossenheit, als, wie Margaret Thatcher dies 1986 auf dem Jahresbankett des Lord Mayor of London ausdrückte, „Traum, auf diesem Wege dem Volk Macht, Verantwortlichkeit und Unabhängigkeit zurückzugeben".

— Großbritannien hatte zu Beginn der achtziger Jahre einen vergleichsweise großen, aber wenig effizienten Staatssektor.

— Die Bemühungen der Regierung Thatcher, die Probleme der Staatsunternehmen durch das Setzen von Finanzlimits *(External Financing Limits)* zur Entlastung des Haushalts und durch das Heranziehen aus der Privatindustrie kommender Manager zu lösen, waren weit weniger erfolgreich als erhofft.

— mit der Privatisierung von Unternehmen bot sich ein willkommenes Instrument zur Schwächung der Gewerkschaften in einem ihrer Machtzentren, dem öffentlichen Sektor, und zur Abkoppelung staatlicher Verantwortung von diesem militanten Konfliktpotential in Verbindung mit der Hoffnung, daß das mögliche Scheitern von privatisierten Unternehmen auf dem Markt den Gewerkschaften mehr Lohndisziplin auferlegen würde.

— Privatisierungspolitik wurde als Einnahmenpolitik zur Verbesserung der Ausgangssituation der Jahreshaushalte eingesetzt. Um dieses Ziel zu erreichen, zögerte man nicht, auch die Privatisierung „natürlicher Monopole", wie der Wasser- und Gasversorgung einzuleiten, bzw. zur Debatte zu stellen, auch wenn dies dazu zwang, wie beispielsweise im Bereich der Telekommunikation mit dem *Office of Telecommunications*, zu — dem neoliberalen Denken eigentlich fremden — Regulierungsmaßnahmen zur Durchsetzung öffentlicher Interessen zu greifen. Auch indirekt entsprach die Privatisierung dem Ziel der Haushaltskonsolidierung, weil sie die Kreditaufnahme staatlicher Firmen, die sich auf die Höhe der jährlichen Nettokreditaufnahme auswirkt, verminderte.

Die Liste der Privatisierungen der achtziger Jahre ist lang. Nicht immer gingen diese in einem Schritt vor sich. Rücksichten mußten

Die wichtigsten alten und durch die Regulierungserfordernisse der Privatisierungspolitik hinzugekommenen neuen Regulierungsbehörden der britischen Wirtschaft

	Budget (£ Mio.)	Personal	seit	Eigenfinanzierung
alte				
Office of Fair Trading	8,3	315	1973	nein
Monopolies and Mergers Commission	2,5	105	1941	nein
Independent Broadcasting Authority	66,1	1438	1954	nein
Civil Aviation Authority	225,0	6691	1971	ja
neue				
Office of Telecommunications	3,9	100	1984	ja
Office of Gas Supply	1,2	15	1986	ja
Cable Authority	0,4	5	1984	ja
Securities and Investment Board	6,0	100	1985	ja
Self-regulatory Organisations (auf den Finanzmärkten)	14,6	ca. 300	1986	ja

Quelle: C. Veljanovski: Selling the State. Privatisation in Britain, London, 1987, S. 168.

nicht zuletzt auch auf die Aufnahmefähigkeit der Börse für neue Aktienpakete genommen werden. Die wesentlichen Bereiche, die 1988 noch als öffentliche Unternehmen im Haushalt berücksichtigt wurden und entsprechend positive (= Zuschüsse) oder negative (= Abführungen an den Staatshaushalt) External Financing Limits erhielten, sind Kohle, Elektrizität, Stahl, die Post (ohne den Bereich Telekommunikation), die Bahn, die Wasserversorgung und ein Teil der Transportwirtschaft. Interne Reorganisationen der Staatsbetriebe, vor allem ein deutlicher Abbau der Beschäftigten in diesem Bereich, haben die Produktivität der verbleibenden öffentlichen Unternehmen deutlich erhöht. Sie liegt über dem Durchschnitt der britischen Wirtschaft und auch über dem der privaten Industrie.

Dennoch hält die Regierung Thatcher an der Notwendigkeit weiterer Privatisierungen fest. Von den oben genannten Bereichen soll nur die nach der Privatisierung des Telekommunikationsbereiches 1984-86 verbliebene Rest-Post von weiteren Privatisierungsbestrebungen ausgenommen werden. In der Regierungserklärung (Queen's Speech) für das Jahr 1987/88 wurde die Privatisierung

Das Privatisierungsprogramm

	Erlös in £ Mio.	jeweiliger Jahreserlös
1979/80		
British Petroleum	276	
Andere	94	370
1980/81		
British Aerospace	43	
North Sea Oil Licences	195	
Andere	167	405
1981/82		
British Sugar Corporation (24 %)	44	
Cable and Wireless (49 %)	181	
Amersham International (100 %)	64	
Andere	204	493
1982/83		
Britoil (51 %)	334	
Associated British Ports (51 %)	46	
International Aeradio (100 %)	60	
British Rail Hotels (67 %)	30	
North Sea Oil Licences	33	
Andere	75	578
1983/84		
British Petroleum (7 %)	543	
Cable and Wireless (31 %)	263	
Britoil (41 %)	293	
Andere	58	1157
1984/85		
Associated British Ports (49 %)	51	
British Gas (Wytch Farm Oil) (100 %)	82	
Enterprise Oil (100 %)	382	
Sealink (61 %)	40	
Jaguar (100 %)	297	
National Enterprise Board Holdings	142	
North Sea Oil Licences	121	
British Telecom (34 %)	1396	
Andere	40	2551
1985/86		
British Aerospace	346	
Cable and Wireless (68 %)	576	
Britoil (59 %)	426	
British Telecom	1307	
Warship yards	54	
Andere	78	2787
1986/87		
British Airways (51 %)	431	
British Gas (35 %)	1796	
British Gas debt	750	
British Telecom (34 %)	1387	
Andere	125	4489

Quelle: OECD: United Kingdom (Economic Surveys), Paris, 1987, S. 68.

Grenzen für Staatszuschüsse an öffentliche Unternehmen
(External Financing Limits), Haushalt 1988 / 89

	£ Millionen
British Coal	670
Electricity (England and Wales)	−1 040
North of Scotland Hydro-Electric Board	−2
South of Scotland Electricity Board	131
British Steel Corporation	−100
Post Office	−97
National Girobank	−8
British Railways Board	753
British Waterways Board	47
Scottish Transport Group	2
British Shipbuilders	80
Civil Aviation Authority	21
Water (England and Wales)	10
London Regional Transport	221
Insgesamt	687

Quelle: Herbstgutachten des Schatzamtes, Financial Times, 4. 11. 1987, S. 12.

der Wasserwirtschaft angekündigt. Im Stadium der anwendungsorientierten Diskussion waren 1987 und 1988 die Privatisierung des Snack Service von British Rail, der Autofirma Austin Rover, der Stahl- und der Kohlewirtschaft, der Elektrizitätswirtschaft und von Naturschutzgebieten. Untersucht wurde auch das amerikanische Modell der Übergabe von Gefängnisverwaltungen an Privatunternehmen.

Die Privatisierungspolitik der konservativen Regierung hat in erster Linie einen wesentlichen Beitrag zur Haushaltskonsolidierung geleistet. Bedenken gegen den „Ausverkauf des Familiensilbers" (so der frühere Premierminister Harold Macmillan (Earl of Stockton) im Oberhaus), des Notgroschens der Nation also, sind heute in der konservativen Parlamentsfraktion verstummt. Die Labour Party hat zwar angekündigt, daß sie bei einer Regierungsübernahme mindestens die Privatisierung der natürlichen Monopole, wie Wasser und Gas, rückgängig machen werde. Dies wird angesichts der damit verbundenen Entschädigungszahlungen allerdings nicht leicht zu bewerkstelligen sein. Die Hoffnung der Konservativen, das Denken der Briten, ihr persönliches Interesse an Privatisierungen und Kapitalismus durch einen weitgestreuten Aktienbesitz nachhaltig zu beeinflussen, ist nur teilweise in Erfüllung gegangen. Überall wo Ver-

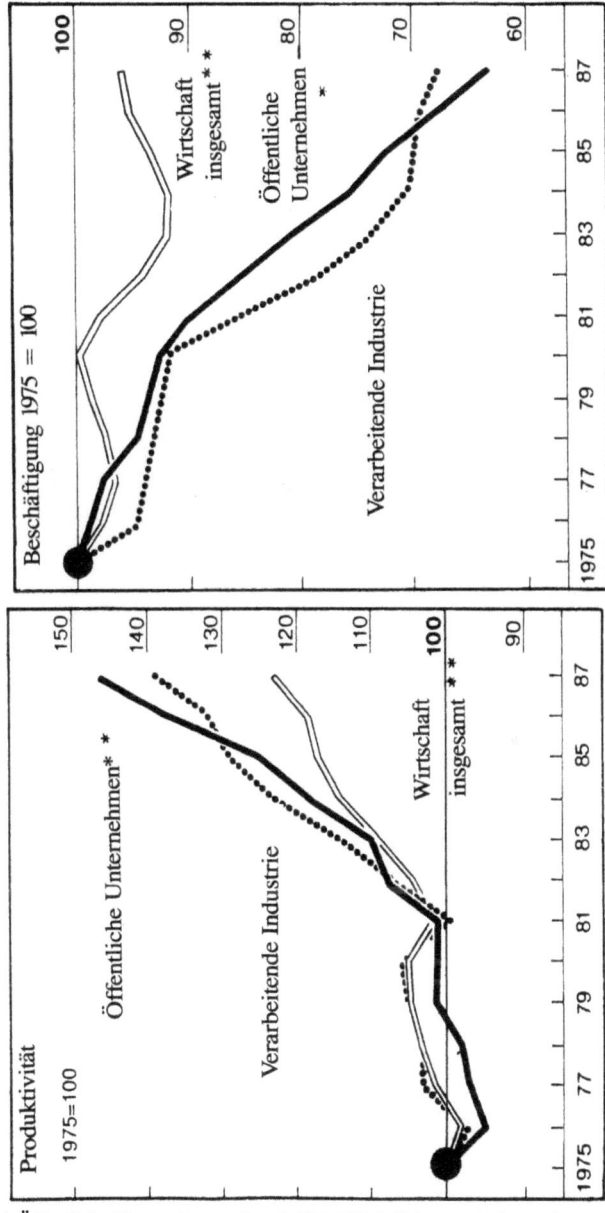

Beschäftigung 1975 = 100

Wirtschaft insgesamt**

Öffentliche Unternehmen*

Verarbeitende Industrie

Produktivität 1975=100

Öffentliche Unternehmen*

Verarbeitende Industrie

Wirtschaft insgesamt**

* Öffentliche Unternehmen ohne British Shipbuilders und Girobank
** ohne Nordseeöl und öffentlichen Sektor außerhalb des Bereichs öffentlicher
   Unternehmen.

Quelle: The Economist, 19. 12. 1987, S. 25.

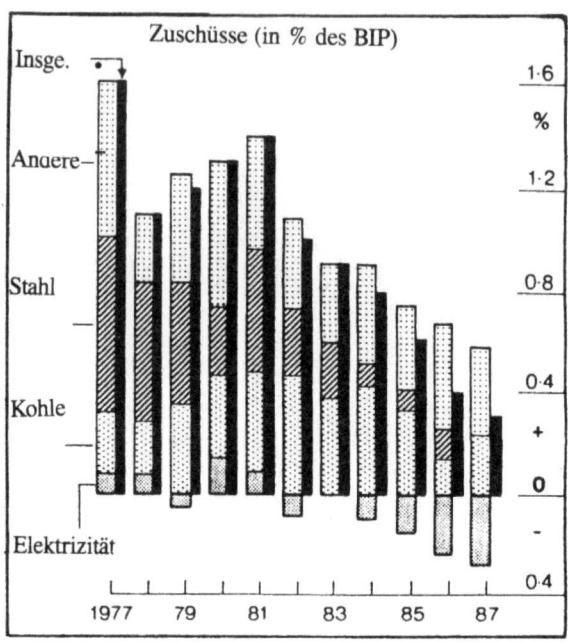

Quelle: The Economist, 19. 12. 1987, S. 25.

gleichszahlen vorliegen, läßt sich beobachten, daß die Zahl der
Kleinaktionäre zurückgeht, beispielsweise von 2,3 Millionen beim
Verkauf von British Telecom (1984) auf 1,6 Millionen (Oktober 87);
von 4,5 Millionen beim Verkauf von British Gas (Dez. 86) auf 3
Millionen (Oktober 87) oder 1 Million beim Verkauf von British
Airways (Febr. 87) auf 400000 (Okt. 87).

Gesellschaft

7. Bevölkerung

7.1 Bevölkerungsstruktur

a) Altersgliederung

Nach dem letzten Zensus des Jahres 1981 beträgt die Bevölkerungszahl des Vereinigten Königreichs 55,848 Millionen. Die im Statistischen Jahrbuch des Landes 1988 genannte Zahl für das hier letzte erfaßte Jahr 1986 ist eine geschätzte Bevölkerungsgröße von 56 763 300. Damit hält der über die Zensusjahre im zehnjährigen Abstand hinweg zu beobachtende Wachstumstrend der Bevölkerung an.

Wie in anderen westlichen Ländern auch, ist im Vereinigten Königreich in historischer Perspektive sowohl die Geburten- als auch die Sterberate zurückgegangen. Dies hatte den bekannten Effekt der Verringerung des Anteils junger und der Erhöhung des Anteils älterer Menschen an der Gesamtbevölkerung. Während sich die Sterberate (Todesfälle pro 1 000 Einwohner) in den letzten zehn Jahren stabilisierte (bei Männern: 1975: 12,2; 1980: 12,1; 1986: 11,8), erreichte die Geburtenrate (Geburten pro 1 000 Einwohner) 1978 mit 12,12 einen Tiefstand und bewegt sich seitdem um die Marke 13 (1980: 13,4; 1985: 13,3; 1988; 13,8).

Die Altersgliederung der britischen Bevölkerung hat sich zwischen dem Zensus von 1971 und dem des Jahres 1981 im Rahmen des historischen Trends gehalten. Leichte Zunahmen verzeichnen der Anteil der 10-19jährigen, der um ca. 2 % auf 16,4 % der Gesamtbevölkerung des Vereinigten Königreichs wuchs, der Anteil der 30- bis 39jährigen (von 11,6 auf 13,8 %), sowie der Anteil der über 70jährigen (von 8,3 auf 9,8 %). Kaum Veränderungen gibt es in der relativen Größenordnung der Gruppe der 20-29jährigen (1971 wie 1981: ca. 14,1 % der Gesamtbevölkerung). Abgenommen hat der Bevölkerungsanteil der bis zu neun Jahre alten (von 16,5 % auf 12,8 %), der 40-49jährigen (von 12,4 auf 11,3 %), der 50-59jährigen (von 12,3 auf 11,6 %) und der 60-69jährigen (von 10,7 auf 10,1 %).

Bevölkerungszensus

Jahr	Vereinigtes Königreich			England und Wales			Wales	Schottland			Nordirland		
	S	m	w	S	m	w	S	S	m	w	S	m	w
1801				8 893	4 255	4 638	587	1 608	739	869			
1851	22 259	10 855	11 404	17 928	8 781	9 146	1 163	2 889	1 376	1 513	1 442	698	745
1901	38 237	18 492	19 745	32 528	15 729	16 799	2 013	4 472	2 174	2 298	1 237	590	647
1911	42 082	20 357	21 725	36 070	17 446	18 625	2 421	4 761	2 309	2 452	1 251	603	648
1921	44 027	21 033	22 994	37 887	18 075	19 811	2 656	4 882	2 348	2 535	1 258	610	648
1931	46 038	22 060	23 978	39 952	19 133	20 819	2 593	4 843	2 326	2 517	1 243	601	642
1951	50 225	24 118	26 107	43 758	21 016	22 742	2 599	5 096	2 434	2 662	1 371	668	703
1961	52 709	25 481	27 228	46 105	22 304	23 801	2 644	5 179	2 483	2 697	1 425	694	731
1971	55 515	26 952	28 562	48 750	23 683	25 067	2 731	5 229	2 515	2 714	1 536	755	781
1981	55 848	27 104	28 742	49 155	23 873	25 281	2 792	5 131	2 466	2 664	1 562	765	797

S = Summe; m = männlich; w = weiblich. Bevölkerung in Tausend.

Quelle: Central Statistical Office: Annual Abstract of Statistics, London 1988, S. 6.

Der historische Trend von Geburten und Sterbefällen
(bezogen auf 1 000 Einwohner / nur England und Wales)

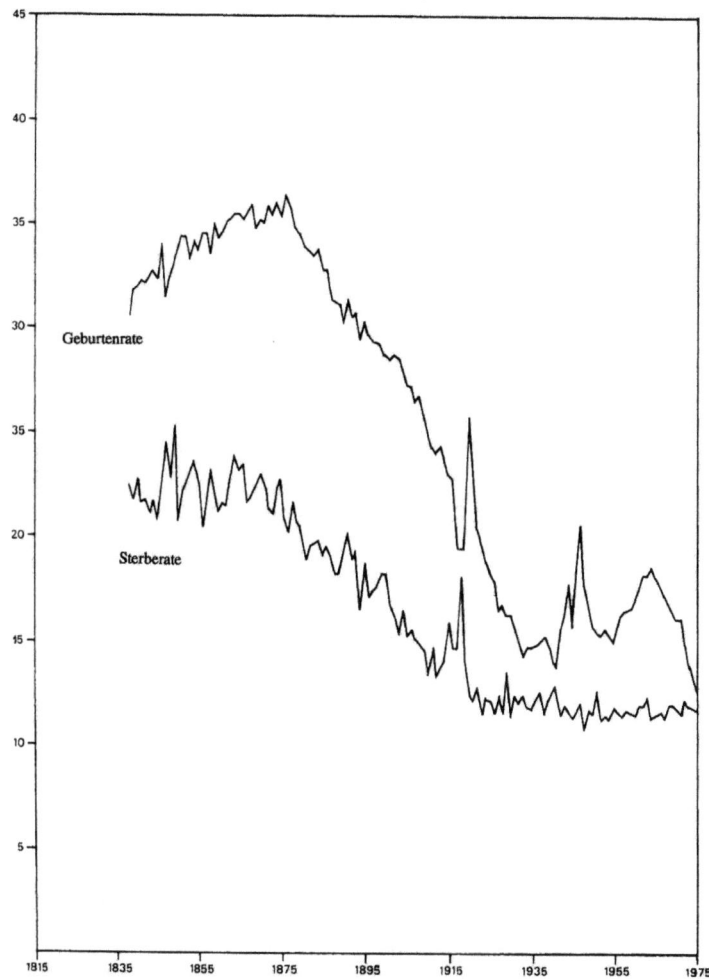

Quelle: P. Flora et al.: State, Economy, and Society in Western Europe 1815 - 1975,
Vol. II, Frankfurt / M. etc. 1987, S. 33.

Altersgliederung (Altersgruppen in % der Gesamtbevölkerung)
(nur England und Wales)

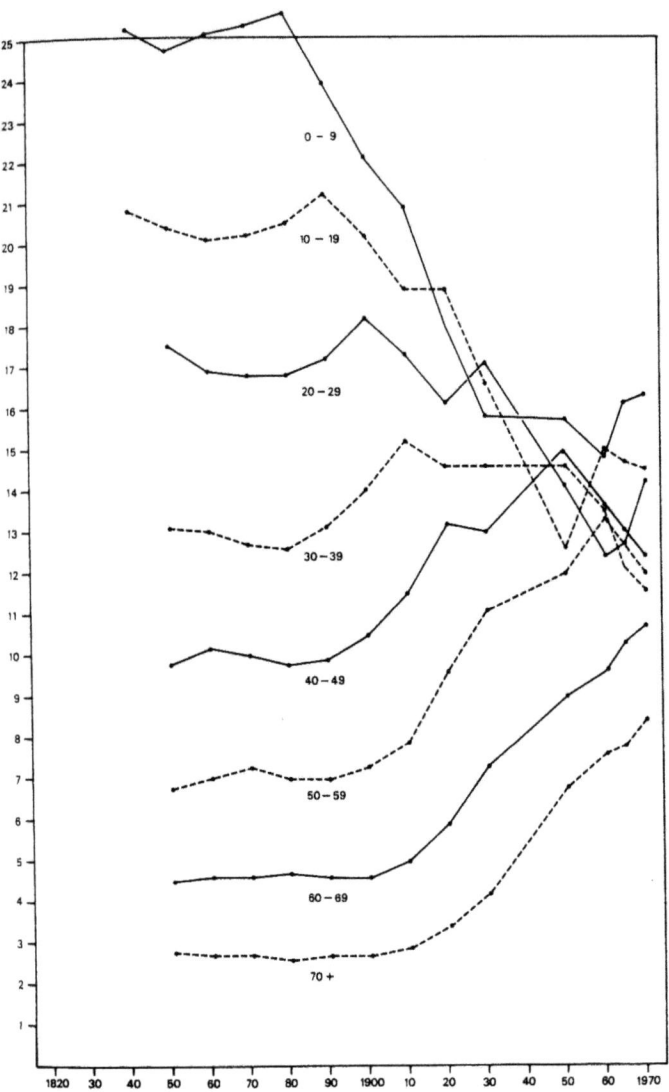

Quelle: Flora et al., a.a.O., S. 139.

102

b) Regionale Gliederung

Die britische Bevölkerung wuchs zwischen 1979 und 1984 insgesamt um 0,5 %. Die regionale Entwicklung des Bevölkerungswachstums weist jedoch deutliche Ungleichgewichte auf. Grob gesprochen läßt sich ein Bevölkerungszuwachs im prosperierenden Süden des Landes (South-east, East Anglia, South-west) feststellen, während der Norden an Bevölkerung verlor. Die reale Entwicklung verläuft wohl noch eindeutiger als dies die Zahlen angeben, z.b. wenn man die „Wanderarbeiter" einbezieht, die aus dem Norden kommen, im Süden Beschäftigung finden und nur noch gelegentlich an ihren eigentlichen Wohnort zurückkehren können. Nach dem Zensus von 1981 waren dies ca. 10 000 Personen. Der Bevölkerungszuwachs in Nordirland verdankt sich der höheren Geburtenrate in diesem Landesteil und den erschwerten Bedingungen der Auswanderung in andere Länder.

Mit einem weiten Abstand der größte Teil der britischen Bevölkerung, ca. 17 Millionen Menschen, lebt heute im Südosten. 1984 waren dies 30 % der britischen Gesamtbevölkerung und 35 % der Bevölkerung Englands. Die Bevölkerungsdichte des Vereinigten Königreichs beträgt heute 233 Personen pro qkm. England ist am dichtesten besiedelt (362 Personen pro qkm, Greater London: 4 288), Schottland im Durchschnitt am geringsten (65 Personen pro qkm). Dazwischen liegen mit 136 und 111 Personen pro qkm Wales bzw. Nordirland.

Regionale Bevölkerungsentwicklung

	Bevölkerung insges. in Tsd.	Veränderung 1979-84 in %
South-east	17 112	0,9
North-east	6 395	-1,6
West Midlands	5 176	-0,1
Yorkshire & Humberside	4 904	-0,3
South-west	4 461	2,9
East Midlands	3 874	1,5
North	3 093	-1,2
East Anglia	1 940	4,1
Scotland	5 146	-0,4
Wales	2 807	-0,1
Northern Ireland	1 578	1,7
United Kingdom	56 488	0,5

Quelle: S. Winyard: Divided Britain, in: A. Walker / C. Walker (Hg.): The Growing Divide. A. Social Audit 1979-1987, London 1987, (39-49), S. 40.

c) *Konfessionen*

Im Laufe der Geschichte haben sich in den vier Nationen des Vereinigten Königreiches unterschiedliche religiöse Loyalitäten herausgebildet. In *England* ist die anglikanische Kirche die Staatskirche. Diese Verbindung von Staat und Kirche entstand im 16. Jahrhundert (Suprematsgesetz von 1534) als Folge des Bruches Heinrich VIII. mit Rom. Die Glorious Revolution des Jahres 1689 hat mit ihrer antikatholischen Ausrichtung die Verbindung Krone-anglikanische Kirche endgültig festgeschrieben. Der britische Monarch muß seit dem 17. Jahrhundert der anglikanischen Kirche (Church of England) angehören. Er ernennt — auf Vorschlag des Premierministers — die beiden Erzbischöfe der Kirche und 42 weitere Bischöfe für die Diözesen.

Die *schottische Nationalkirche*, die Church of Scotland bzw. Kirk, wie sie auch genannt wird, behielt auch nach dem Abschluß des Vereinigungsvertrages zwischen England und Schottland im Jahre 1707 ihre Autonomie. Der presbyterianischen Kirk, die vor allem im 19. Jahrhundert auch als politische Stimme Schottlands fungierte, gehören ca. 40 % der Erwachsenenbevölkerung als aktive Mitglieder an.

Die Herausbildung einer eigenständigen religiösen Identität war für *Wales* erst das Ergebnis langwieriger Auseinandersetzungen mit dem britischen Staat. Ende des 17. Jahrhunderts begannen englische protestantische Sekten, auf Wales Einfluß zu nehmen. Ihre Missionstätigkeit ging von Südwales aus und zeitigte im 18. Jahrhundert große Erfolge. Schnell verbreitete sich der calvinistische Methodismus (heute: „Presbyterian Church of Wales") im Lande. Die führenden Köpfe dieser Bewegung waren Engländer, aber theologische Differenzen mit den englischen Methodisten führten bald zu einem eigenständigen Gepräge des walisischen Methodismus. Obwohl auch der calvinistische Methodismus von Südwales ausging, gelang es ihm, bis zum Ende des 18. Jahrhunderts in Nordwales (Merioneth) ein starkes Zentrum zu errichten.

Als letzte dieser protestantischen Sekten kam der Wesley Methodismus nach Wales. Er unterschied sich in seiner walisischen Ausprägung, ebenso wie die anderen walisischen nonkonformistischen Bewegungen von der entsprechenden englischen Glaubensrichtung, durch sein Enagement für die walisische Sprache und die Interessen der Unterschichten. Der Wesley-Methodismus breitete sich v.a. im walisischen Nordosten aus. Wenn er auch weniger erfolgreich war als die calvinistische Variante des Methodismus, so erlangte er durch die Verbreitung des Nonkonformismus auch in abgelegenen ländlichen Gebieten seine besondere Bedeutung.

1850 waren drei Viertel aller Waliser Nonkonformisten. Deren Zahl stieg nach einer neuen religiösen Begeisterungswelle von 1859 noch an. Entscheidend war, daß der Nonkonformismus sich in Wales in einem in England nie erreichten Maße und unter Ausprägung eines spezifisch walisischen Charakters als Religion der übergroßen Mehrheit des walisischen Volkes herausbildete. Sieht man einmal von der winzigen Oberschicht des Landes ab, so war der Nonkonformismus, die Zugehörigkeit zur „chapel", zum einigenden neuen nationalen Band geworden, das Sprachendifferenzen und zumindest anfangs auch ein gewisses Ausmaß sozialer Differenzen überbrückte.

Ende des 19. Jahrhunderts erreichte die gesellschaftliche Bedeutung der „chapels" ihren Höhepunkt und verband sich auch mit politischen Forderungen. „Home Rule" für Wales, v.a. unter Hinweis auf Gladstones Engagement für Irland wurde gefordert. Der spätere britische Premierminister Lloyd George führte mit Tom Ellis, die „Cymru Fydd" (Junges Wales) — Organisation (1886-1895), die sich die Errichtung eines walisischen Parlaments zu einem ihrer Ziele machte. „Cymru Fydd" war die erste nationalistische Gruppierung des modernen Wales. 1881 wurde als Reaktion auf den politischen Druck der „chapels" für Wales ein Alkoholverbot an Sonntagen erlassen. 1914 erreichten sie ihr Hauptziel: Die anglikanische Kirche verlor in Wales den Status der Staatskirche („Welsh Disestablishment Act"). Wales ist deshalb heute die einzige Nation Großbritanniens, die keine offizielle Kirche hat.

In *Nordirland* ist Religionszugehörigkeit bis heute eine Scheidelinie der Gesellschaft geblieben. Die katholische Kirche und die protestantischen Kirchen sind gesamtirisch organisiert, sofern sie auch Anhänger in der Republik haben. Sowohl das Oberhaupt der katholischen Kirche Irlands als auch das der anglikanischen Church of Ireland haben ihren Sitz in der nordirischen Grafschaft Armagh. Beiden Kirchen gehören etwa eine halbe Million Nordiren an. Die Church of Ireland hat im Unterschied zur Church of England den Status der Staatskirche im Laufe der Auseinandersetzungen um die irische Unabhängigkeit (Church Act von 1869) verloren. Neben der anglikanischen Kirche gibt es in Nordirland weitere protestantische Religionsgemeinschaften. Die bedeutendsten sind die Presbyterianer, denen ca. 400000 Nordiren angehören und die ca. 70000 Anhänger zählenden Methodisten.

Zweidrittel der Briten, die sich zu einer Religionsgemeinschaft bekennen, bezeichnen sich als Angehörige der Church of England, ca. 15 % gehören nonkonformistischen protestantischen Religionsgemeinschaften, wie den Presbyterianern, den Methodisten oder Baptisten an, und um die zehn Prozent sind Mitglied der katholischen Kirche. Die anglikanische Kirche hat trotz ihrer weiterhin dominanten Stellung in den letzten zehn Jahren etwa 20 % ihrer Gläubigen verloren. In den letzten dreißig Jahren wurden ca. 2000 der 16000 anglikanischen Kirchengebäude geschlossen. Sie werden als Immobilien in zentraler Lage immer häufiger an Geschäftsunternehmen, Diskotheken etc. verpachtet oder verkauft, um die Finanzlage der Kirche zu verbessern. Die anglikanische Kirche ist heute, noch stärker was sie bereits vorher war, eine Kirche der aufgeklärten Mittelschichten, die eine liberale Haltung zu den Fragen der Priesterschaft von Frauen und der Homosexualität einnimmt. Ihr soziales Engagement in der Gesellschaft hat die Kirche und ihre Bischöfe häufig in Konflikte mit der Regierung Thatcher gebracht, die die Tatsache besonders erboßt, daß die englische Staatskirche zum Forum politischer Opposition gegen die Regierungspolitik werden konnte. Trotz ihres Eintretens für die gesellschaftlichen Randgruppen organisieren sich diese eher außerhalb der anglikanischen Kirche. Sei es in politischen Organisationen, sei es, wie dies insbesondere bei den großen Zulauf verzeichnenden von Schwarzen geführten Kirchen der Fall ist, in eigenen Kirchen.

d) Verstädterung

17 % der Fläche von England und Wales, 1,7 % der Fläche Schottlands und 1,8 % der Fläche Nordirlands sind städtische Gebiete. Die größten städtischen Agglomerationen sind Greater London mit nach dem Zensus des Jahres 1981 6,7 Millionen Einwohnern, die West Midlands (2,2 Millionen Einwohner), South East Lancashire (2,2 Millionen Einwohner), Central Clydeside in Schottland (1,7 Millionen Einwohner), West Yorkshire (1,7 Millionen Einwohner), Merseyside (1,1 Millionen Einwohner) und Tyneside (738 Tausend Einwohner). Der Bevölkerungstrend ist heute nicht mehr, wie dies noch in der Nachkriegszeit der Fall war, auf ein weiteres Wachstum der Großstädte ausgerichet. Städte über 250000 Einwohner erleiden heute durchweg Bevölkerungsverluste. Städte in der Größenordnung zwischen 70000 und 250000 Einwohner behaupten sich weit besser und verzeichnen insbesondere im Süden und den Midlands Bevölke-

rungsgewinne. Relativ am stärksten aber ist der Zuwachs der Bevölkerung in Kleinstädten und in ländlichen Gebieten.

Bevölkerungsverlagerungen in den Städten (1971 - 1985, in Prozent)

	Süden	Midlands	Industrieller Norden	Peripherie	UK
Agglomerationen (über 500 000 Einwohner)	-11,1	- 6,0	- 7,4	-14,8	- 9,2
Großstädte (250 000 bis 500 000 Ew.)	- 8,5	- 4,7	- 0,8	-13,8	- 6,1
Größere Städte (70 000 bis 250 000 Ew.)	+ 3,0	+ 8,8	- 0,6	- 8,2	+ 1,5
Kleinstädte und ländl. Gebiete	+13,5	+10,6	+10,5	+ 5,7	+10,4
Insgesamt	+ 3,9	+ 3,7	- 1,6	- 0,4	+ 1,8

Quelle: Financial Times: Survey Urban Renewal, 6. 11. 1987, S. II.

e) Einwanderung

Im Laufe der britischen Geschichte hat es mehrere Einwanderungsschübe gegeben. Nach den französischen, jüdischen und irischen Einwanderern vergangener Jahrhunderte kamen in diesem Jahrhundert zunächst aus Nazi-Deutschland fliehende jüdische Bürger in größerer Zahl nach Großbritannien. Nach dem Zweiten Weltkrieg dominierte die Einwanderung aus den früheren britischen Kolonialgebieten. In den fünfziger Jahren stammte ein Großteil der Neubürger von den Westindischen Inseln (vor allem aus Jamaika). Es begann allerdings auch bereits die Einwanderung vom indischen Subkontinent, die ein konstanter Faktor bis heute geblieben ist. Die frühen Commonwealth-Einwanderer aus der Dritten Welt waren als Arbeitskräfte für schmutzige und manuelle Arbeiten in der Zeit der relativen Blüte der Wirtschaft höchst willkommen. Sie fanden Beschäftigung u.a. bei den Verkehrsbetrieben in- und außerhalb Londons, der Bahn und in der Stahlindustrie, sowie im National Health Service. Das wachsende wirtschaftliche Gefälle zwischen dem Lebensstandard in den neuen Staaten der Dritten Welt und dem ehemaligen britischen Mutterland, aber auch gesellschaftliche Unterdrückung und politische Übergriffe gegen bestimmte Volksgruppen bis hin zu ihrer Vertreibung aus ihren Heimatländern (so z.B. der

Asiaten aus Uganda Anfang der 70er Jahre durch den Diktator Idi
Amin), führten zu immer neuen Zuwandererwellen.

Heute ist, teilweise auch als Ergebnis der britischen Einwande-
rungspolitik die Kurve der Zuwanderung aus den ehemaligen Kolonialgebieten, dem sogenannten New Commonwealth abgeflacht.
Trotz dieses seit Mitte der 70er Jahre anhaltenden Trends stellen die
Einwanderer aus dem New Commonwealth und Pakistan noch gut
die Hälfte aller jährlich verzeichneten Einwanderer. Heute leben
etwa 2,4 Millionen Farbige (4,4 % der Gesamtbevölkerung) in
Großbritannien. Nach wie vor von großer Bedeutung für die Einwanderungsbilanz sind die Angehörigen des alten Commonwealths

Einwanderung in das Vereinigte Königreich (ausgewählte Länder)

	1982	1983	1984	1985	1986
Insgesamt	53 870	53 460	50 950	55 360	46 820
aus EG-Ländern	3 600	3 550	3 530	3 490	2 880
übriges					
Westeuropa	2 860	2 440	2 370	2 240	1 950
Osteuropa	630	520	470	540	380
USA	3 350	3 940	3 750	4 170	3 740
Südafrika	800	840	690	790	730
Kanada	940	1 140	1 400	1 500	1 200
Australien	2 410	2 680	3 590	3 780	2 850
Neuseeland	1 800	1 980	2 460	2 880	2 510
Hongkong	1 070	1 050	1 040	950	860
Iran	1 500	1 980	1 670	2 210	1 640
Bangladesh	7 020	4 870	4 180	5 330	4 760
Indien	5 410	5 380	5 140	5 300	4 140
Pakistan	7 750	6 440	5 510	6 680	5 530
Japan	930	1 010	1 100	1 010	890
altes Commonwealth	5 160	5 800	7 440	8 160	6 560
neues Common- wealth und Pakistan	30 380	27 550	24 800	27 050	22 520

Quelle: Central Statistical Office: Annual Abstract of Statistics, London 1988,
S. 23.

(Australien, Neuseeland, Kanada) und die Neubürger aus den USA.
Die wachsende Industrieansiedelung japanischer Konzerne bzw. das
gewachsene Engagement der Japaner in der britischen Industrie
spiegelt sich in erhöhten Zuwandererzahlen wider, ebenso wie die

stärker gewordene Bindung des Vereinigten Königreichs an Europa. Eindeutig politische Gründe hat die verstärkte Einwanderung aus dem Iran, die in den achtziger Jahren zu beobachten ist. Vorhersehbar ist auch eine größere Ansiedelungswilligkeit von Hongkong-Chinesen, wenn zu Ende dieses Jahrhunderts Hongkong in den Besitz der Volksrepublik China übergehen wird.

Abgesehen von politischen und sozialen Faktoren der Entwicklung in den Ursprungsländern der Einwanderer geht, wie erwähnt, auch von der *Einwanderungsgesetzgebung* ein Steuerungseffekt für die Einwanderungsbilanz aus. Der British Nationality Act des Jahres 1948 bestätigte das Recht aller Bürger des Commonwealths, seien es Angehörige der Kolonien oder unabhängiger Staaten, sich in Großbritannien niederzulassen und hier zu arbeiten. Diese freizügige Regelung wurde 1962 geringfügig eingeschränkt. Die Einreise nach Großbritannien war nun nur noch Commonwealth Bürgern im Besitz einer Arbeitserlaubnis garantiert (Commonwealth Immigrants Act), bzw. den Familienangehörigen der bereits in Großbritannien wohnenden Einwanderer. Eine Arbeitserlaubnis konnte relativ leicht beschafft werden.

Mit einer Neufassung des Commonwealth Immigrants Acts, die 1968 in drei Tagen durch das Parlament gebracht wurde, wurde das alleinige Ziel verfolgt, eine Massenzuwanderung der verfolgten Kenia-Asiaten, denen die Labour Regierung ursprünglich ihre Unterstützung zugesagt hatte, zu verhindern. Der übliche Weg zu den Gerichten, um Einspruch gegen einen negativen Einwanderungsbescheid zu erheben, wurde 1969 durch den Immigration Appeals Act verbaut, der ein eigenes Anhörungsverfahren vor Sondertribunalen für diese Fälle einführte. Mit dem Immigration Act des Jahre 1971 wurde erstmals deutlich zwischen unterschiedlichen Kategorien von Commonwealth Bürgern unterschieden. Das Gesetz erfand die Bezeichnung „patrials" für alle Briten mit mindestens einem britischen Großelternteil bzw. für naturalisierte Einwanderer und solche Einwanderer, die mindestens fünf Jahre in Großbritannien gelebt hatten. Den Patrials und ihren Angehörigen sollte die freie Einreise, ebenso wie den EG-Bürgern, gestattet bleiben. Alle anderen Einreisewilligen benötigte nun zur Einreise eine spezielle Erlaubnis. Umstritten blieb trotz solcher Regelungen der Begriff der Familie (z.B. im Falle von Heiratsversprechen im Kindesalter). Das Gesetz von 1971 erlaubte nur noch den Zuzug von Frauen und Kindern für Commonwealth Immigranten, die bis 1973 ins Land gekommen waren.

Einwanderer nach Großbritannien (in Tsd.)

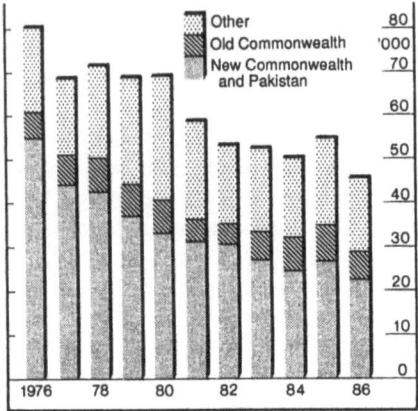

Quelle: The Economist, 14. 11. 1987, S. 30.

Die Regierung Thatcher verschärfte die Einwanderungsbestimmungen noch dadurch, daß sie mit dem British Nationality Act des Jahres 1981 eine Drei-Klassen-Staatsangehörigkeit schuf. Uneingeschränkt britische Bürger sind nach diesem seit dem 1. Januar 1983 geltenden Gesetz nur bereits in Großbritannien lebende Bürger bzw. die im Ausland geborenen Kinder von Familien, deren einer Elternteil die britische Staatsangehörigkeit besitzt. Zweiter Klasse Briten sind die Bürger der abhängigen Gebiete, wie der Kronkolonie Hongkong. Diese Dependent Territory Citizens haben kein automatisches Einreiserecht. Pikanterweise waren auch die Bewohner der Falkland Inseln Bürger solch minderen Rechts. Nachdem Großbritannien im Krieg mit Argentinien seinen Anspruch auf dieses Territorium behauptet hatte, wurde 1983 auch das Staatsbürgerschaftsgesetz angepaßt (British Nationality (Falkland Islands) Act) angepaßt und den Falkländern die volle britische Staatsangehörigkeit gegeben. Dritter Klasse Briten sind diejenigen, die keine Verbindung zum heutigen Großbritannien haben und in früheren britischen Kolonien leben. Der Status dieser British Overseas Citizens ist de facto ohne Wert.

Selbst diese scharfen Trennungslinien haben die Diskussion um die Zuwanderung nicht Weißer nach Großbritannien in den achtziger Jahren nicht zum Verstummen gebracht. Als Hintertür für illegal Einreisende wurde der Tourismus ausgemacht. Dies führte 1986 zur

Einführung eines Visumzwangs für Touristen aus Indien, Bangladesh, Pakistan, Ghana und Nigeria. Einreisevisa werden zur Entlastung der britischen Behörden nur in den Heimatländern von den dortigen britischen Paßstellen ausgefertigt, deren Etat um über 40 Millionen DM aufgestockt wurde. Der 1988 im Parlament verabschiedete Immigration Act zielt darauf ab, den Zuzug von engen Familienangehörigen zu begrenzen. Der Gesetzentwurf verlangt Beweise dafür, daß angegebene Eheverhältnisse echt sind und daß für die einwandernden Frauen und anderen Angehörigen durch den Ehemann auch gesorgt werden kann.

7.2 Integrationsprobleme und Jugendunruhen

Die farbige Einwanderung nach Großbritannien hat zu einer Reihe von Integrationsproblemen geführt. Ein Indikator für solche Probleme ist der Anteil der schwarzen Briten an der Gefängnisbevölkerung, der bei einem Bevölkerungsanteil aller Farbigen von ca. 4 % 12 Prozent beträgt. Ein weiterer Indikator für Integrationsprobleme sind Meinungsumfragen, die die Dauerhaftigkeit rassischer Vorurteile bestätigen. Mehr als 90 Prozent der in den British Social Attitudes Surveys Befragten meinten, es gebe in Großbritannien rassistische Vorurteile. Ein Drittel dieses Personenkreises gab zu, selbst solche Vorurteile zu haben. Bemerkenswerterweise sind solche Vorurteile stärker unter jüngeren Briten zu finden. Knapp zwei Drittel der Befragten glaubten, daß Asiaten und West Inder bei der Arbeitssuche benachteiligt werden. Über 60 Prozent wandten sich gegen ein weitere Zuwanderung von Asiaten und West Indern.

Die vergleichsweise schlechtere Ausgangsposition der farbigen Einwanderer in der britischen Gesellschaft läßt sich an ihrer höheren Arbeitslosigkeit, geringeren Schulbildung und dem Leben in Ghettovierteln ablesen. Die Arbeitslosigkeit bei den Indern ist im Durchschnitt knapp höher als die der weißen Briten, die Arbeitslosigkeit unter Pakistanis und Bangladeshis ist über, die der West Inder knapp dreimal so hoch. Diese Gesamtsicht verdeckt allerdings die dramatische Situation der Arbeitslosigkeit unter den farbigen Briten in Problemgebieten und bei Jugendlichen. So erreichte beispielsweise die Arbeitslosigkeit unter männlichen West Indern in Handsworth (Birmingham), einem schwarzen Ghetto, die Größenordnung von 95 %.

Die West Inder und Asiaten leben meist in den Innenstädten Englands im Südosten, den West Midlands, South East Lancashire und

North Yorkshire, wo sie jeweils mehr als 5 % der Erwerbstätigen stellen. Birmingham ist die größte „schwarze Stadt" Großbritanniens. Ihre 113 000 schwarzen Bewohner bilden 15 % der Stadtbevölkerung.

Die Assimilationsbereitschaft der verschiedenen farbigen Einwanderergruppen ist unterschiedlich stark ausgeprägt. Die Asiaten, mit einer gewissen Ausnahme der Pakistanis, haben rasch die ökonomische Integration in die britische Gesellschaft vorangetrieben. Sie eröffneten kleine Geschäfte und Fabriken und etablierten sich im Dienstleistungssektor. Ihr Streben nach ökonomischem Erfolg verbinden sie mit einem finanziellen Engagement für die Aus- und Weiterbildung ihrer Kinder, denen so Aufstiegsmöglichkeiten eröffnet werden sollen. Andererseits aber schirmen sich auch die jungen Asiaten weit mehr in ihrem Privatbereich von den weißen Briten ab als dies die aus der Karibik stammenden Einwanderer tun. Während über ein Viertel der Männer unter 30 Jahren westindischer Abstammung mit weißen Partnern zusammenleben, sind dies in der gleichen Altersgruppe bei Briten vom indischen Subkontinent nur fünf Prozent. Trotz der relativen Öffnung westindischer Familien für Weiße haben die aus der Karibik stammenden Einwanderer weit weniger als die Asiaten den westlichen Wertehorizont internalisiert. Sie sind häufig weder von der propagierten protestantischen Arbeitsethik beseelt, noch teilen sie die traditionell gängigen Gesellschaftsdeutungen. Ihre Kulte, wie die aus Jamaika stammende Rastafari-Bewegung, die Ganja (Haschisch) für ein heiliges Kraut hält und Heile Selassie von Äthiopien als König der Könige (Ras Tafari) und damit als Erlöser verehrt, sind ethnozentrisch angelegt. Um dazuzugehören, gehört man insbesondere als schwarzer Jugendlicher seiner wie auch immer definierten Clique an, hier macht man „Karriere" und nicht, wie die Asiaten, in der weißen Gesellschaft.

Gegen die alltägliche Rassendiskriminierung hat der Staat versucht, mit gesetzgeberischen Maßnahmen Stellung zu beziehen. Der Race Relations Act von 1965 führte ein Race Relations Board zur Schlichtung von Streitfällen ein, für die Betroffene eine Diskriminierung aus rassischen Gründen glaubhaft machen konnten. Erstmals wurde die Anstachelung zum Rassenhaß („incitement to racial hatred") strafbar. In der Praxis führten die neuen Gesetzesbestimmungen zunächst nur zu wenigen Strafverfahren. Der weitergehende Race Relations Act von 1968 verstärkte die Kompetenzen des Race Relations Board. Dieses Gremium erhielt nun das Recht, Untersuchungen durchzuführen und die Gerichte aufzufordern, seinen

Erkenntnissen über Diskriminierungsmethoden in den Bereichen Beschäftigung, Wohnen, Dienstleistungen oder Werbung nachzugehen. Mit dem Gesetz von 1968 wurde auch eine Kommission für die Verbesserung der Beziehungen zwischen den ethnischen Gemeinschaften auf lokaler Ebene (Community Relations Commission) eingerichtet. Ihre Aufgabe war es, die Regierung in Integrationsfragen zu beraten, den Abbau ethnischer Spannungen zu fördern und ein Netzwerk lokaler Community Relations Councils zu unterhalten. Aber auch das Gesetz von 1968 erwies sich als inadäquat. Der Race Relations Board konnte nur auf individuelle Klagen reagieren, eine generelle Handhabe gegen Rassismus in der Gesellschaft hatte er nicht. Nur wenige Klagen wegen Diskriminierung am Arbeitsplatz, dem Bereich, wo Rassendiskriminierung am häufigsten vorkommt, wurden vorgebracht, und es ergaben sich große Schwierigkeiten selbst bei offensichtlichen Mißständen den Nachweis zu erbringen. Ein neuerliches Gesetzgebungswerk, der Race Relations Act von 1976, verbot auch alle Formen der indirekt wirkenden Diskriminierung. Er verschmolz den Race Relations Board mit der Community Relations Commission zur Commission for Racial Equality (CRE). Die CRE wurde in die Lage versetzt, auch ohne eine eingegangene Klage Diskriminierungspraktiken zu untersuchen und die notwendigen gerichtlichen Schritte anzuregen. Die CRE berät die Regierung wie ihre Vorgängerorganisation in Integrationsfragen und führt das Netz von über 100 Community Relations Councils fort. Außerdem gibt die CRE kleine Finanzhilfen an Kultur- und sozialintegrative Gruppen. Wie ihre Vorgängerorganisation klagt die CRE aber über die mangelnde Effektivität ihrer Arbeit. Es fällt ihr beispielsweise außerordentlich schwer, in den von ihr identifizierten Fällen die Gerichte zum Handeln zu bewegen.

Chronologie der Gewaltausbrüche in britischen Innenstädten

2. April 1980: Bristol. Straßenschlachten jugendlicher Farbiger mit der Polizei nach einer Razzia, die sich gegen die lokale Drogenszene richtete.

10. April 1981: Brixton (London). Nach einem Versuch mehrerer Polizisten, einem durch Messerstiche verletzten farbigen Jugendlichen zu helfen, der von hinzukommenden schwarzen Jugendlichen als Verhaftung interpretiert wird, kommt es zu schweren Unruhen, die drei Tage andauern. Im Auftrag des Innenministeriums wird zur Klärung der Hintergründe eine Untersuchung durchgeführt (Scarman Report, November 1981).

---

3. Juli 1981: Southall (London). Unruhen werden ausgelöst durch von weißen Skinheads provozierte Straßenkämpfe mit asiatischen Jugendlichen. 135 Unbeteiligte werden verletzt, darunter 105 der die Unruhen schlichtenden Polizisten.

5. Juli 1981: Toxteth (Liverpool). Konfrontation Jugendlicher mit der Polizei. In den zweitägigen Auseinandersetzungen setzt die Polizei erstmals CS-Gas ein. 128 Polizeibeamte werden verletzt, 152 Personen werden verhaftet.

8. Juli 1981: Moss-side (Manchester). Aggressive Jugendliche versuchen, die Polizeistation zu stürmen. Die folgenden Straßenschlachten dauern zwei Tage.

10. - 12. Juli 1981: Weiterer Aufruhr in über 30 Städten, u.a. in Birmingham, Leicester, Derby, Leeds, Wolverhampton, Bradford, Blackburn und London.

26. Juli 1981: Toxteth (Liverpool). Zwei weitere Tage der Gewalttätigkeit.

9. September 1985: Handsworth (Birmingham) und *12. September 1985: Toxteth (Liverpool).* Erneute Unruhen im Anschluß an Polizeirazzien in Jugendzentren.

29. September 1985: Brixton (London).

September 1986: Bristol. Straßenschlachten nach Drogenrazzia der Polizei. Weitere Auseinandersetzungen in anderen Städten.

Politisch und rassistisch motivierte Militanz gegen farbige Briten, wie sie in den 70er Jahren vor allem von den kurzfristig relativ erfolgreichen rechtsradikalen Gruppierungen National Front oder British Movement ausging, hat in den achtziger Jahren als organisierter Faktor des politischen Lebens deutlich an Bedeutung verloren. Als dumpfer Haß, z.B. unter den, den Rechtsradikalen nahestehenden Skinheads, die ihre Anhänger nicht zuletzt unter den Gewalttätern (Hooligans) in den Fußballstadien rekrutieren, lebt die rassistisch motivierte Militanz fort. Die Ghettosituation in den Innenstädten englischer Großstädte im Verein mit der Hoffnungslosigkeit der Lage der Jugend der britischen Unterschichten und einer allgemein gestiegenen Gewaltbereitschaft in der britischen Gesellschaft führten vor allem 1981, aber auch erneut 1985 und 1986 zu eruptiven Gewalteskalationen, in deren Verlauf sich Jugendliche (z.T. auch in Konfrontation mit Jugendlichen anderer ethnischer Zugehörigkeit) tagelange Straßenschlachten mit der Polizei lieferten. Auslöser für die urplötzlich auftretende Gewaltanwendung waren jeweils spezifische lokale Umstände. Auch die unmittelbar Beteiligten hatten keine umfassende Erklärung. Als allgemeinere Erklärungen für die Gewaltbereitschaft wurden u.a. genannt: die Wirtschaftskrise und ihre sozialen Folgen, der Zerfall der Innenstädte, Rassismus und Kriminalität. Vor allem die These von den dem Verfall anheimgegebenen Innenstädten als Brutstätten der Gewalt wurde von der Regierung Thatcher ernstgenommen. Diese Erkenntnis war Anlaß für die Regierung, sich in ihrer Wirtschaftsförderungspolitik auf die lokale Ebene und die Innenstädte zu konzentrieren (Heseltine Initiative). Auch die anglikanische Kirche hat 1986 mit einer eigenen Stellungnahme (Faith in the City) versucht, die Öffentlichkeit für das bis heute ungeklärte Problem der Entschärfung des sozialen Konfliktpotentials in den Innenstädten zu sensibilisieren.

Ursachen des Gewaltausbruchs in Handsworth 1981 nach Meinung der örtlichen Bevölkerung (Mehrfachantworten möglich)

Arbeitslosigkeit	43 %
Nachahmungseffekt (Vorbild Unruhen in anderen Städten)	23 %
Langeweile	22 %
Politische Agitation	14 %
Rassenspannungen	10 %
Polizeiübergriffe	9 %
Rowdytum	5 %
Armut / Inflation	4 %
Schlechte Infrastruktur	3 %
Fehlende Disziplin in Schule und Elternhaus	3 %
Wohnungsnot	2 %
Politischer / sozialer Protest	2 %
Angestaute Spannungen / Gerüchte	2 %
Entschuldigung für Plünderungen	2 %
Allgemeine Atmosphäre in Großbritannien	1 %
Laute Partyfeiern	1 %

Quelle: Financial Times, 12. 9. 1985, S. 14.

8. Sozialstruktur

8.1 Soziale Klassen

a) Strukturmodelle

Das klassische Schichtungsmodell der britischen Gesellschaft basiert auf einer Typologie von sechs Gruppen, die als A, B, C1, C2, D und E bezeichnet werden. A steht für die obere Mittelschicht, d.h. der Haushaltsvorstand ist ein erfolgreicher Geschäftsmann oder Akademiker, Spitzenbeamter oder sehr vermögend. Mit B wird die Mittelschicht bezeichnet, der es finanziell sehr gut geht, die aber eher gediegen als im Luxus lebt. C1 ist die untere Mittelschicht. Damit sind Familien der Kleinhändler und mittleren Angestellten gemeint. C2 steht für Facharbeiter und D für die an- und ungelernten Arbeiter. E bildet eine Restkategorie aus Rentnern, Witwen und ihren Familien, Gelegenheitsarbeitern und denjenigen, die auf Sozialhilfeleistungen angewiesen sind.

Diesem klassischen Schichtungsmodell der britischen Gesellschaft wird neuerdings ein Modell gegenübergestellt, das über unterschiedliche Einkommenserwartungen hinaus das Maß der sozialen Kontrolle einbezieht, das der einzelne Schichtangehörige über seine Arbeitsbedingungen hat und das das jeweilige Arbeitsplatzrisiko berücksichtigt. Auch wenn beispielsweise das Einkommen mancher Facharbeiter mit dem von Selbständigen übereinstimmen mag, definiert, so die Argumentation, die Art der ausgeübten Tätigkeit ein unterschiedliches wirtschaftliches Interesse. Auch dieser Ansatz kommt zu einer Kategorienbildung. Er unterscheidet zwischen:

— „salariat". Das sind Manager und Verwalter, die Planer und Akademiker, alles Berufe mit sicherem Arbeitsplatz und hohem Einkommen. Alle, die dieser Kategorie angehören, haben eine Anordnungsbefugnis gegenüber ihren Mitarbeitern.
— „routine manual". Hierunter werden gefaßt: Büroarbeiter, Verkäufer, Sekretärinnen. Es handelt sich um untergeordnete Positionen mit ziemlich niedrigem Einkommen im Angestelltenbereich.
— „petty bourgeoisie". Darunter versteht man die Gruppe der Landwirte, Kleineigentümer und der Leute, die auf eigene Rech-

116

nung arbeiten. Ihnen ist gemeinsam ihre relative Unabhängigkeit, aber auch die direkte risikoreiche Einbringung ihres Kapitals auf dem Markt.

— „foremen and technicians". Hier handelt es sich um eine Art „Arbeiteraristokratie". Die Vorarbeiter und Techniker üben eine Überwachungsfunktion gegenüber den anderen manuell tätigen Mitarbeitern aus.

— „working class". Manuell arbeitende Bevölkerung in der Landwirtschaft und der Industrie. Auch wenn, insbesondere bei Ableistung von Überstunden, die Bezahlung hier gelegentlich hoch sein kann, sind die Arbeitsplätze relativ unsicher und der Arbeitsablauf verbleibt in der Kontrolle anderer.

Ganz gleich, welches dieser beiden Klassenschemata man benutzt, besteht Übereinstimmung darüber, daß sich die britische Gesellschaft in den letzten 20 Jahren von einer von der manuellen Arbeit dominierten Gesellschaft (blue-collar society) zu einer mehrheitlich auf nicht-manueller Arbeit beruhenden Gesellschaft (white-collar society) gewandelt hat. Nach den Daten, die auf dem zweiten Schichtungsmodell beruhen, ist der Anteil der „working class", der Mitte der 60er Jahre noch knapp 50 % der Erwerbstätigen umfaßte, auf ca. ein Drittel der Erwerbstätigen gesunken. Die Social Mobility Group des Nuffield College, Oxford, hat festgestellt, daß obwohl die „working class" schrumpft, sie ihre innere Kohäsion behält. In den letzten fünfzig Jahren hat sie sich in zunehmendem Maße aus sich selbst erneuert. Den sozialen Aufstieg schaffen Angehörige der „working class" in der Regel bereits zum Beginn ihrer beruflichen Laufbahn. Etwa 20 Prozent der Angehörigen der freien Berufe und der Spitzenkräfte der technischen Berufe, der Verwaltung und des Managements kommen aus der „working class". Die in dieser sozialen Formation verharrende Gruppe ist in ihrer Homogenität neuerdings zunehmend durch die anhaltende Massenarbeitslosigkeit bedroht.

Die Aufstiegschancen der Unterschichten sind trotz wohlfahrtsstaatlicher Politik deutlich geringer geblieben, als die der Mittelschichten (etwa im Verhältnis 30:1). diese Chancenungleichheit wurde verdeckt durch eine Verbesserung der sozialen Lage aller Briten in den letzten Jahren. Verglichen mit der Vätergeneration ging es auch der britischen „working class" ständig besser. Dennoch bleiben Konsumstandard und Sozialverhalten der Angehörigen der „working class" von den Gewohnheiten der Mittelschichten

Die Struktur der Arbeitslosigkeit

a) Langzeitarbeitslose (länger als ein Jahr arbeitslos)

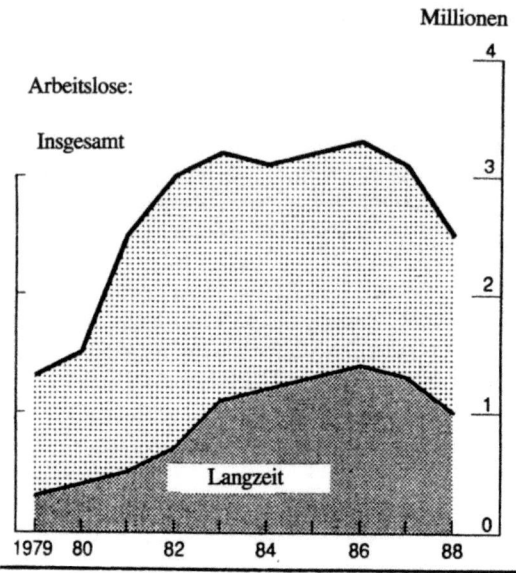

b) Altersstruktur der Arbeitslosigkeit

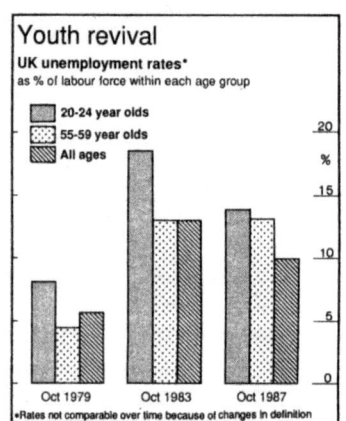

Quelle: The Economist, 19. 12. 1987, S. 27.

deutlich verschieden. Während 86 Prozent der beiden oberen sozialen Gruppen (A, B) 1985 Hauseigentum besaßen, traf dies nur auf 33 Prozent der ungelernten, manuell Tätigen (D) zu. 58 Prozent der D-Gruppe lebte in Sozialwohnungen (4 % der A, B-Gruppe) und 9 Prozent hatte eine Wohnung auf dem freien Wohnungsmarkt gemietet (10 % A, B-Gruppe). Über die Hälfte der D, E-Gruppen konnte sich 1986 keinen Urlaub leisten, während aus der A, B-Gruppe nur 20 Prozent auf ihren Jahresurlaub verzichteten. Ca. 40 Prozent der Angehörigen dieser Gruppen gingen zweimal und öfter in Urlaub (D, E: ca. 10 %). Seit 1971 ist der Anteil der Bevölkerung ohne Jahresurlaub mit 40 Prozent gleich geblieben.

b) Selbsteinordnung

Studien zur Selbsteinordnung der britischen Bevölkerung bestätigen das Vorhandensein und die Fortdauer des Bewußtseins, in einer sozial gespaltenen Bevölkerung zu leben. Der jährlich erscheinende Bericht „British Social Attitudes" hat wiederholt festgestellt, daß ca. 70 % der Briten glauben, daß ihre Mitbürger ihre Umgebung nach dem Kriterium „class" einordnen. Es fällt deshalb in Großbritannien auch relativ leicht, eine entsprechende Selbsteinordnung der Bürger abzufragen. Für die achtziger Jahre ergab sich auf dieser Grundlage folgendes Bild:

	1983 %		1984 %		1985 %	
„upper middle class"	1	25	2	27	2	28
„middle class"	24		25		26	
„upper working class"	23	69	19	67	19	66
„working class"	46		48		47	
arm	3		3		4	
weiß nicht	3		2		2	

Quelle: R. Jowell / Sh. Witherspoon / L. Brook (Hg.): British Social Attitudes. The 1986 Report, Aldershot 1986, S. 151.

Auffällig ist der hohe Anteil der Bevölkerung der sich zur „working class" im weiteren Sinne zählt. Dieser Anteil ist über die Jahre konstant geblieben und stimmt beispielsweise auch mit den Umfrageergebnissen von Wahlstudien der 60er Jahre überein.

Eng mit der Selbsteinordnung in das Schichtungsmodell verbunden sind spezifische Lebensbedingungen (z.B. korrespondiert der Bezug auf „working class" mit dem Wohnen in Sozialwohnungen) und politische Einstellungen (u.a. Verbindung „working class" — Labour Party-Nähe), Zusammenhänge, die von der Wahlforschung mit anderen Fragestellungen schon immer untersucht wurden. Überraschender ist sicherlich, daß die subjektive soziale Einordnung der Bürger deutlich die objektiven Befunde der sozialen Mobilitätsforschung bestätigt, ja diese noch überspitzt. Wo die Mobilitätsforschung ein Akzeptieren des Klassencharakters der britischen Gesellschaft durch Beharren in der sozialen Gruppe feststellt, findet die Einstellungsforschung das Gefühl der aktiven Diskriminierung. In allen sozialen Gruppen herrscht die Meinung vor, daß „social class" die Chancen des Einzelnen, in der Gesellschaft Erfolg zu haben, beeinflußt. Nicht nur gilt diese Meinung im Verlaufe unterschiedlicher Umfragen jährlich fort, es zeigt sich tendenziell auch, daß sich die relative Position der Angehörigen der „working class" zu verschlechtern scheint.

8.2 Einkommens- und Vermögensverteilung

In historischer Perspektive hat sich die ungleiche Vermögensverteilung in Großbritannien seit dem Beginn des Jahrhunderts deutlich reduziert. Besaßen die Angehörigen der 10 % Spitzengruppe vor dem Zweiten Weltkrieg noch über 80 % des gesamten Volksvermögens, so reduzierte sich deren Besitzanteil in der Nachkriegszeit auf eine Größenordnung von 70 %. Nicht zuletzt die Steuerpolitik der Labour-Regierungen der 70er Jahre hat den Vermögensvorsprung der wohlhabendsten Briten weiter reduziert. Diese Entwicklung wurde durch die gegensteuernde Politik der Regierung Thatcher abgebremst und in ihrer Tendenz umgekehrt, wobei die steuerpolitischen Beschlüsse des Jahres 1988 (z.B. Senkung des Spitzensteuersatzes) die redistributive Komponente der Steuerpolitik weiter zuungunsten der schwächeren Einkommen beeinflussen dürfte.

Seit 1948 war der Anteil des reichsten ein Prozent der Bevölkerung am Nationaleinkommen stetig gesunken. Seit 1978/79 wächst er kontinuierlich. Statt damals 5,3 % betrug er 1984/85 6,4 %. Vergleichbares gilt für die Spitzengruppe der 10 Prozent mit dem höchsten Einkommen (1978/79 Anteil: 26,1 %; 1984/85: 29,5 %). Während die Einkommensumverteilung die schwächsten Einkommens-

Entwicklung der Anteile (in %) am Volksvermögen

	England and Wales			United Kingdom		
	Top 1 %	Top 5 %	Top 10 %	Top 1 %	Top 5 %	Top 10 %
1923	61	82	89			
1924	60	82	88			
1925	61	82	88			
1926	57	80	87			
1927	60	81	88			
1928	57	80	87			
1929	56	79	86			
1930	58	79	87			
1936	54	77	86			
1938	55	77	85			
1950	47	74	—			
1951	46	74	—			
1952	43	70	—			
1953	44	71	—			
1954	45	72	—			
1955	45	71	—			
1956	45	71	—			
1957	43	69	—			
1958	41	68	—			
1959	41	68	—			
1960	34	60	72			
1961	37	61	72			
1962	31	55	67			
1964	35	59	71			
1965	33	58	72			
1966	31	56	69	33	56	69
1967	31	56	70	—	—	—
1968	34	58	72	—	—	—
1969	31	56	68	—	—	—
1970	30	54	69	—	—	—
1971	28	52	68	31	52	65
1972	32	56	70	—	—	—
1974	—	—	—	23	43	57
1975	—	—	—	24	44	58
1976	—	—	—	24	46	61
1977	—	—	—	23	44	58
1978	—	—	—	23	44	58
1979	—	—	—	24	45	59
1980	—	—	—	23	43	58

Quelle: A.F. Shorrocks: UK Wealth Distribution: Current Evidence and Future Prospects, in: E.N. Wolff (Hg.): International Comparisons of the Distribution of Household Wealth, Oxford, 1987, (29-50), S. 32.

gruppen weniger dramatisch benachteiligte, war es vor allem der Bereich mittlerer Einkommen, der zugunsten der Spitzenverdienste schrumpfte. Diese Umverteilung des Nationaleinkommens ist nicht zufällig. Sie ist politisch gewünscht, denn sie ist aus der Sicht der konservativen Regierung nicht nur eine adäquate Reaktion auf die Forderungen der ihr nahestehenden Interessengruppen, sondern vor allem als wirtschaftspolitische Strategie einsetzbar, um den Spielraum für Investitionen bei den Beziehern höherer Einkommen zu erweitern.

Einkommensumverteilung in der Regierungszeit Thatcher
(Anteile am Nationaleinkommen in %, in Klammer nach Abzug der Steuern)

	1978/79	1981/82	1984/85
Top 1 %	5,3 (3,9)	6,0 (4,6)	6,4 (4,9)
2-5 %	10,7 (9,8)	11,6 (10,7)	12,1 (11,1)
6-10 %	10,1 (9,7)	10,7 (10,3)	10,9 (10,5)
Top 10 %	26,1 (23,4)	28,3 (25,6)	29,5 (26,5)
11-20 %	16,5 (16,3)	16,7 (16,4)	16,8 (16,6)
21-30 %	13,5 (13,5)	13,2 (13,2)	13,0 (13,0)
31-40 %	11,2 (11,3)	10,7 (10,8)	10,3 (10,4)
41-50 %	9,2 (9,3)	8,6 (8,8)	8,2 (8,6)
51-60 %	7,3 (7,7)	7,0 (7,3)	6,6 (7,1)
61-70 %	5,8 (6,4)	5,8 (6,3)	5,4 (6,0)
71-80 %	4,5 (5,1)	4,4 (5,2)	4,4 (4,9)
81-90 %	3,5 (4,1)	3,5 (4,0)	3,5 (4,2)
91-100 %	2,4 (2,9)	2,0 (2,4)	2,3 (2,7)

Quelle: Financial Times, 18. 12. 1987, S. 6.

Die zehn größten britischen Vermögen

1. Die Königin		£ 3,34 Mill. (geschätzt)
2. Sir John Moores und Familie	Fußballwetten/ Einzelhandel	£ 1,7 Mill.
3. Garry Weston	Nahrungsmittelkette	£ 1,5 Mill.
4. Duke of Westminister	Landbesitzer	£ 1,4 Mill.
5. Sir James Goldsmith	Finanzierungen	£ 1 Mill.
6. Sainsbury Familie	Supermärkte	£ 1 Mill.
7. Vestey Familie	Fleisch/Immobilien	£ 1 Mill.
8. Robert Maxwell	Verlagswesen	£ 700 Mio.
9. Cayzer Familie	Schifftransporte/ Immobilien	£ 600 Mio.
10. Clark Familie	Schuhe	£ 500 Mio.

Quelle: Financial Times, 25. 2. 1988, S. 8

Die Einkommen, die im öffentlichen Sektor erzielt werden, bleiben weiterhin hinter den Einkommen der Privatindustrie zurück. In den 80er Jahren war auch der Einkommenszuwachs für die Beschäftigten im öffentlichen Sektor insgesamt gesehen geringer als in der Privatindustrie (66 % im Vergleich zu 79 %), auch wenn 1987 / 88 die Lohnsteigerungsrate im öffentlichen Sektor erstmals wieder diejenige des Privatsektors übertraf.

Lohnentwicklung (in % im Vergleich zum Vorjahr)

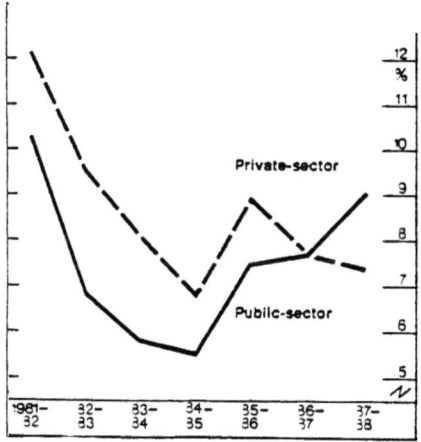

Quelle: The Economist, 22. 8. 1987, S. 24.

9. Gesundheits- und Sozialpolitik

9.1 Der National Health Service

Die staatliche Organisation des Gesundheitswesens, wie sie im National Health Service (NHS) verwirklicht wurde, ist eine Ausnahmeerscheinung in der Gesundheitspolitik westlicher Demokratien. Bereits während des II. Weltkrieges bildete sich der im Bericht von Lord Beveridge von 1942 formulierte Konsens heraus, das unzureichende Versicherungswesen der Vorkriegszeit durch einen umfassenden staatlichen Gesundheitsdienst zu ersetzen. Die mit dem National Health Service Act von 1946 geschaffene Struktur des NHS

123

stellte einen Kompromiß zwischen den im Gesundheitswesen engagierte Kräften dar und war damit schon ein Stück von dem zuerst avisierten Ziel eines einheitlichen und verstaatlichten Gesundheitssystems entfernt.

So verzichtete das Gesetz darauf, die Ärzte zu Staatsangestellten zu machen. Stattdessen wurde ein Vertragszustand zwischen den meisten Ärzten und dem NHS hergestellt, der ihrem Spitzenverband, der British Medical Association, das Treffen von Sondervereinbarungen ermöglichte. Kein Arzt muß sich dem NHS anschließen. Ärzte, die für den NHS arbeiteten, konnten jederzeit Privatpatienten behandeln. Die Hausärzte (family practioners) wurden nicht den Kommunalbehörden unterstellt, sondern wurden den direkt vom Gesundheitsminister finanzierten Executive Councils verantwortlich. Die Kommunalverwaltungen als Local Health Authorities blieben für die Aufgaben von Gesundheitsämtern zuständig. Die wichtigste Veränderung, die das NHS Gesetz mit sich brachte, war die Zusammenfassung aller Krankenhäuser in der Aufsicht von 14 (später 15) Regional Health Boards, deren Zentrum jeweils eine Universitätsklinik bildete. Die Krankenhausverwaltung vor Ort wurde lokalen Hospital Management Committees überlassen, Universitätskliniken wurden von eigenen Verwaltungsgremien (Boards of Governors) geleitet.

Die von der konservativen Regierung auf den Weg gebrachte und von der neuen Labour Regierung zunächst übernommene Gesetzesinitiative zur Reform des NHS führte 1974 zu einer umfassenden Reorganisation des Gesundheitswesens. Ziel der Reform war in erster Linie die Vereinheitlichung des Organisationsaufbaus des NHS, die die Trennung in unterschiedliche Zweige der Gesundheitsdienste (z.B. von niedergelassenen Ärzten und Krankenhäusern) überwinden sollte. So sollten die aufgetretenen Koordinierungsschwierigkeiten zwischen den Teilbereichen der Gesundheitsversorgung verringert und damit auch unnötiges Leiden von Patienten vermieden werden. Durch einen einheitlichen Organisationsaufbau sollten aber auch die Voraussetzungen für die Stärkung der Planungskomponente in der Gesundheitspolitik geschaffen werden. Nicht durchgesetzt werden konnte eine Verbindung dieses Reformvorhabens mit der zeitgleich in Angriff genommenen Reform der Struktur der Kommunalverwaltung. Vor allem die Ärzteschaft wehrte sich gegen die direkte Verbindung der Organisation beider Bereiche, die zwar ein höheres Maß demokratischer Kontrolle lokaler NHS-Gremien durch die gewählten Mitglieder der Stadt- und Gemeinderäte erlaubt

Reformen der Organisation des National Health Services

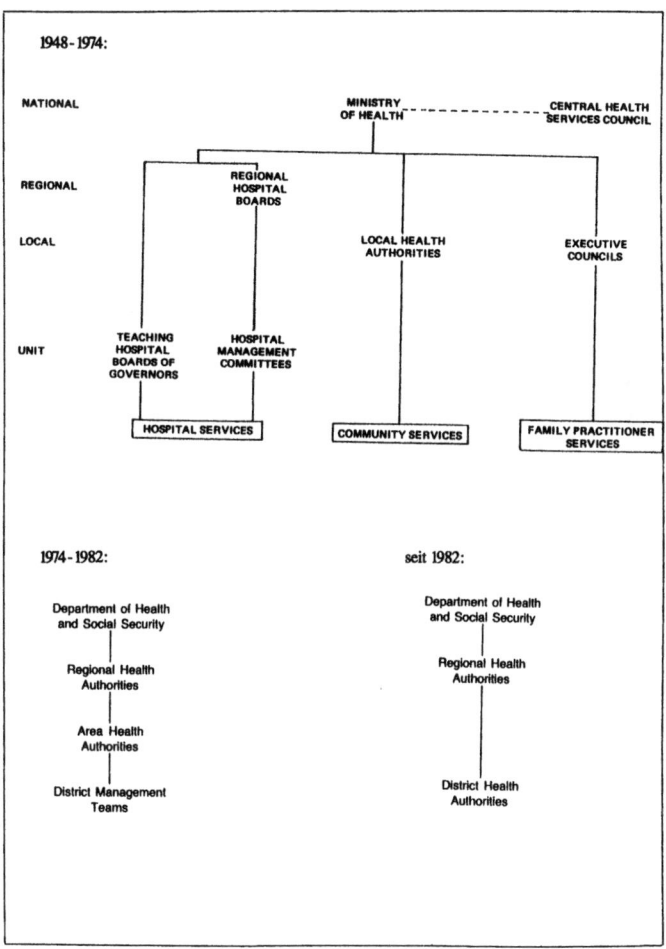

Quellen: R. Levitt: The Reorganised National Health Service, London 1976, S. 18 und Ph. Norton: The British Polity, New York, etc. 1984, S. 222.

hätte, aber auch Schluß gemacht hätte mit der NHS-Sonder-verwaltung durch ihre Integration in die allgemeine Staatsverwaltung.

Nach der Reform von 1974 wurde der NHS, wie bisher, vom zuständigen Ministerium, dem 1968 eingerichteten Department of Health and Social Security (DHSS) geführt. (1988 wurde das DHSS aufgelöst und die Verantwortung für den Gesundheitsdienst einem eigenen Gesundheitsministerium übertragen.) Die Verantwortung im Detail wurde von den dem DHSS unterstehenden Ebenen der Gesundheitsverwaltung übernommen. Die neugeschaffenen Regional Health Authorities (RHAs, 14 in England) übernahmen neben den früheren Aufgaben der Regional Hospital Boards weitere, vor allem Planungsaufgaben (z.B. im Bereich Krankenhausbau, Personalentwicklung) und Koordinierungsfunktionen (zentrale Dienstleistungen, Aus- und Weiterbildung des Personals). Die Verantwortung für den Routinebetrieb des NHS wurde den Area Health Authorities (AHAs, 90 in England; 8 in Wales) übertragen. Auf dieser Ebene wurden NHS und Kommunalverwaltungen formal durch Mitwirkungsrechte der Kommunalbehörden verbunden und so Möglichkeiten der Kooperation hergestellt. Die Grenzlinien der AHAs wurden den Distriktgrenzen der Kommunalverwaltungen angepaßt. Die AHAs richteten District Management Teams ein (in England 205, in Wales 17), die die Aufgabe der früheren Krankenhausleitungen und der örtlichen Gesundheitsämter übernahmen. Die District Management Teams wurden in die Lage versetzt, für die Gesundheitsversorgung in allen Teilbereichen des Gesundheitswesens für die Bevölkerung vor Ort in der Größenordnung von 100 000 bis 500 000 Einwohnern zu sorgen. 1975 besserte die Labour Regierung, die aus ihrer Sicht zu einseitig technokratisch angelegte NHS-Reform nach. Sie legte fest, daß in Zukunft ein Drittel der Leitung der RHAs und der AHAs mit Vertretern der Kommunen besetzt werden sollten, um die Kontrolle des NHS durch gewählte Volksvertreter und die Partizipation der Kommunen zu verstärken.

Die Kritik an dieser neuen Organisationsstruktur des NHS bezog sich in den 70er Jahren in erster Linie auf bürokratische Auswüchse. Bis 1977 war die Zahl des nun neu eingestellten Personals auf 16 400 Mitarbeitern angewachsen. Die sich entwickelnde Entscheidungsautonomie auf der Ebene der RHAs und der AHAs schien zudem zentral, aus der Sicht des DHSS, kaum mehr kontrollierbar. Eine Untersuchungskommission (Royal Commission), die mit einer Analyse der Reformfolgen beauftragt worden war, empfahl 1979 die Ab-

Quelle: Ph. Norton: The British Polity, New York etc. 1984, S. 221.

schaffung einer der neu eingerichteten Verwaltungsebenen. Diese Empfehlung wurde von der Regierung Thatcher aufgegriffen und führt 1982 zur Auflösung der Area Health Authorities und zum Ersetzen der District Management Teams durch District Health Authorities. Neben einer Verstärkung der lokalen Dimension der Gesundheitsversorgung sollte diese erneute Reform auch einen — der haushaltspolitischen Ausrichtung der Regierung Thatcher besonders entsprechenden — Einspareffekt in der Größenordnung von £ 30 Millionen haben. Allerdings verzichtete die Regierung Thatcher darauf, die so frei gewordenen Mittel an anderer Stelle wieder im Gesundheitswesen zu investieren und nutzte den neugewonnen Finanzspielraum zur Sanierung des Staatshaushaltes.

Weitergehende Vorstellungen zur NHS-Reform, die in der Debatte innerhalb der Konservativen Partei eine nicht unbedeutende Rolle spielten und spielen, haben bisher nur in geringem Umfange Einfluß in die politische Praxis der Regierung Thatcher finden können. Anders als von den neoliberalen Ideologen erwartet, haben die Pläne konservativer Think tanks für eine Abschaffung des NHS und für das Ersetzen des NHS durch ein System privater Krankenversicherungen in der Bevölkerung bisher kaum positiven Widerhall gefunden. Dies gilt auch für modifizierte Versionen konservativer Planspiele, wie beispielsweise das Schaffen eines Gutscheinsystems, das dem einzelnen Bürger erlauben würde, zur Finanzierung seiner Krankheitskosten jährlich einen fixen Betrag in der Form eines vom Staat ausgestellten Gutscheins entweder beim NHS oder bei privaten Anbietern einzutauschen. Die über den durch Gutschein garantierten Beträge hinausgehenden Kosten wären dann von den Patienten jeweils selbst zu tragen. Als solche Ideen als Bestandteile eines angeblichen Strategiepapiers der Regierung vor den Parlamentswahlen 1983 bekannt wurden, beeilte sich die Regierung Thatcher, sich von diesen zu distanzieren, um ihre Wiederwahlchancen nicht zu gefährden.

Meinungsumfragen haben immer wieder gezeigt, daß die Idee des National Health Service weiterhin große Unterstützung in der Bevölkerung findet. Dies schließt eine zunehmende öffentliche Kritik an den Leistungen des NHS nicht aus. Von 1983 bis 1986 wuchs der Anteil der Kritiker der Organisation und des Managements des NHS von 42 auf 63 %. Der British Social Attitudes Report von 1987 verdeutlicht, daß diese Kritik in erster Linie dem Krankenhauswesen gilt. Als Ausweg sehen die Befragten aber nicht die Abschaffung der privaten Krankenversicherung, sondern eine finanzielle Stärkung

des NHS, der nach überwiegender Meinung zu sehr unter der Sparpolitik der Regierung Thatcher gelitten habe.

Als eigentliches Problem des NHS wird also dessen Finanzkraft
gesehen. 86 Prozent der Ausgaben des NHS stammen direkt aus Mitteln des Staatshaushaltes. Die Finanzprobleme der britischen Regierungen der 70er und 80er Jahre haben das Vereinigte Königreich im
internationalen Vergleich zu einem Schlußlicht gemacht, was das finanzielle Engagement für das Gesundheitswesen betrifft. Während
die anderen europäischen Länder etwa 9 Prozent ihres BIPs für diesen
Sektor ausgeben, stehen in Großbritannien nur 6 % des BIP zur Verfügung. Die Warteschlangen für Krankenhausbehandlungen — ein
Hauptgrund für die öffentliche Unzufriedenheit mit den Krankenhausleistungen — halten sich seit 10 Jahren unvermindert im Bereich
der Größenordnung von über 700000 Patienten.

Ein Tropfen auf den heißen Stein in der Finanzierung ist das von
unterschiedlichen Regierungen immer wieder durchgespielte Drehen
an der Gebührenschraube. Seit 1979 wurden beispielsweise die Rezeptgebühren jährlich erhöht. 1979 betrug die Gebühr für ein Rezept
20p, 1987 bereits £ 2,40. Bei der Zahnbehandlung stieg der Anteil der
von den Patienten zu tragenden Kosten von 1978/79: 19,7 % auf 1983/
84: 27,7 %, bei Arzneimitteln im gleichen Zeitraum von 3,2 % auf
7,7 %.

Die Finanzierung des National Health Service

a) Entwicklung der Ausgaben (1973 = 100)

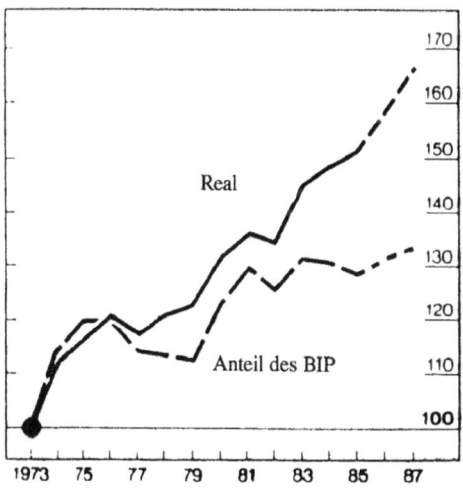

b) Ausgabenentwicklung im Vergleich der OECD-Länder (1984)

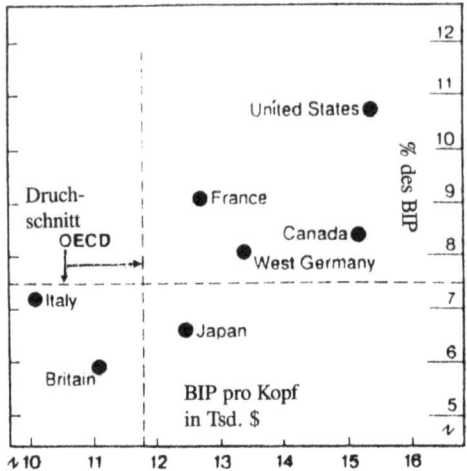

Quelle: The Economist, 22. 8. 1987, S. 21.

Die Regierung Thatcher weigert sich jedoch das Problem der Unterfinanzierung des NHS anzuerkennen. Stattdessen machte sie sich auf die Suche nach dessen marktwirtschaftlichem Potential. 1983 ernannte sie den Londoner Manager in der Privatindustrie, Roy Griffith, zum Vorsitzenden einer kleinen Arbeitsgruppe, der zur Aufgabe gemacht wurde, das Management des NHS zu überprüfen. Der im gleichen Jahr veröffentlichte Griffith-Bericht kritisierte insbesondere die NHS-Praxis des Konsens-Managements, also der Entscheidungsabstimmung aller beteiligten Gruppen (der Verwaltung des NHS, der gewählten Laien und des medizinischen Personals) in den jeweiligen Entscheidungsgremien und plädierte für die Einrichtung eines alleine entscheidungsfähigen General Managers für die NHS-Gremien. Die Entscheidungen des General Managers sollten auf nationaler Ebene durch ein Health Service Supervisory Board (HSSB) koordiniert werden. Mit geringen Modifikationen wurden 1984 die Vorschläge der Griffith Kommission in die Praxis umgesetzt.

Als Reaktion auf eine Streikbewegung im NHS, die das Problem der Unterfinanzierung, vor allem was die Bezahlung des medizinischen Hilfspersonals betrifft, erneut der Öffentlichkeit vor Augen führte, hat die Regierung Thatcher 1988 als Aufgabe ihrer dritten Amtszeit noch einmal eine Überprüfung der NHS-Struktur initiiert. Das Hauptinteresse dieser Überprüfung gilt dem kostenintensiven Krankenhaussektor. Eine der in diesem Zusammenhang entstandenen Ideen, die auch breite Unterstützung in Meinungsumfragen findet, ist die flexiblere Handhabung des Zugangs zu Krankenhäusern. Patienten soll erlaubt werden, auch Krankenhausleistungen außerhalb des Gebietes ihrer zuständigen NHS-Verwaltung in Anspruch zu nehmen, wenn sie dies wünschen, beispielsweise um die Wartezeit für eine Krankenhausbehandlung zu verkürzen. Das Ende Januar 1989 veröffentlichte Weißbuch „ Working for Patients" machte deutlich, wie sich die Regierung Thatcher die Zukunft des NHS vorstellt. Seine Organisationsform soll als „Hülle" erhalten bleiben, während intern Marktregeln sein Funktionieren bestimmen. So ist vorgesehen, die Krankenhäuser nach amerikanischem Vorbild mit einem eigenen Haushalt auszustatten und sie zu einem nach dem Gewinnprinzip arbeitenden Teilnehmer auf dem Gesundheitsmarkt zu machen. Eine entsprechende Regelung für die niedergelassenen Ärzte löste so heftige Proteste aus, daß die Regierung sich zu einem Teilrückzug ihrer Vorschläge gezwungen sah.

In der Form indirekter Hilfen ist auch die Stärkung des Privatsektors im Gesundheitswesen und die dadurch erhoffte Entlastung des NHS wieder ins Gespräch gekommen. Erwogen wird die Möglichkeit von merklichen Steuererleichterungen für diejenigen Bürger, die bereit sind, sich privat zu versichern bzw. für alle Zeiten ihren Verzicht auf Leistungen des NHS erklären (opting-out). Bis heute ist der Privatsektor außerhalb des NHS klein geblieben. Von 1979 bis 1988 wuchs der Kreis der privat versicherten Personen zwar von fünf auf zehn Prozent der Bevölkerung. Es wird allerdings vermutet, daß damit — ohne weiteren Anreize durch staatliche Förderung — bereits so etwas wie eine Sättigungsgrenze erreicht wurde.

Deutlicher im Interesse der Stärkung privater Initiative sind eine Reihe von Maßnahmen, die die Regierung Thatcher innerhalb des Rahmens des NHS ergriff. So wurde u.a. die Ausweitung der Vergabe von Dienstleistungen an Privatfirmen (Kantinen, Wäschereien, Gebäudereinigung in Krankenhäusern beispielsweise) durchgesetzt. Für die Ärzteschaft wurden die Möglichkeiten verbessert, Privatpatienten in NHS-Einrichtungen und unter Einsatz der dortigen Geräte zu behandeln. Für die vorherigen Labour-Regierungen waren Privatbetten in Krankenhäusern (sogenannte pay beds) Relikte einer Zweiklassenmedizin, deren Abschaffung in den 70er Jahren von der damaligen Labour Regierung erneut in Angriff genommen wurde. Diese Politik wurde von der neugewählten Regierung Thatcher sofort nach ihrem Regierungsantritt in ihr Gegenteil verkehrt. Die Verbesserung der Möglichkeit zur Behandlung von Privatpatienten in NHS-Einrichtungen führte aber paradoxerweise (aus der Sicht der Regierung) zur Stärkung der Konkurrenzfähigkeit von NHS-Kliniken gegenüber den Privatkrankenhäusern, deren Förderung die Regierung durch deren Herausnahme aus der möglicherweise bremsend wirkenden kommunalen Planungshoheit ebenfalls betreibt.

Leistungen des National Health Service (England und Wales)

	1978	1980	1982	1984	1985	1986
Bettenkapazität in Tsd.	395	383	378	357	348	338
Personen auf der Warteliste in Tsd.	716	678	787	732	723	718
Ärzte in den Krankenhäusern	33 926	36 302	37 745	38 935	39 583	39 975
Niedergelassene Ärzte	22 363	23 184	24 217	25 132	25 558	26 007
Zahl der Patienten pro niedergel. Arzt	2 032	2 238	2 147	2 080*	2 068*	k.A.
Zahlungen an die niedergel. Ärzte in Mio. £	412,1	658,6	878,5	1 077,4	1 178,8	1 264,5
Zahl der ausgeschriebenen Rezepte in Mio.	330,9	327,0	355,3	345,5	343,7	347,6
daraus entstandene Kosten in Mio. £ a) für die Patienten	24,2	62,5	94,5	110,5	121,2	132,7
b) für die Staatskasse	684,1	904,1	1 174,3	1 402,8	1 508,1	1 630,5

* = nur in England.

Quelle: Central Statistical Office: Annual Abstract of Statistics, London 1988, S. 63

9.2 Sozialpolitik

Der Begriff der Sozialpolitik wird in Großbritannien weiter gefaßt als in der Bundesrepublik. Er umfaßt auch die bei uns als eigenständige Politikfelder betrachteten Programme in der Erziehungs-, Gesundheits- und Wohnungspolitik. Der statistische Überblick zeigt, daß die Ausgaben für die Sozialpolitik ungleich auf die verschiedenen Politikfelder verteilt sind und deutlich ungleiche Zuwachsraten aufweisen. Auch in den letzten zehn Jahren hat sich der Nachkriegstrend des besonderen Wachstum des Bereichs der Sozialversicherungsleistungen fortgesetzt. Verdankte sich dessen Expansion zunächst der Erweiterung entsprechender sozialpolitischer Programme und der Einrichtungen neuer Leistungen, so ist das Übergewicht dieses Bereichs von Sozialpolitik trotz Programmeinschränkungen in der Regierungszeit Margaret Thatchers auf die Kosten einer anhaltend hohen Arbeitslosigkeit und der Verschärfung der Armut in der britischen Gesellschaft zurückzuführen. Nicht zufällig wachsen die Zahlungen für Nahrungsmittelhilfe sogar noch doppelt so schnell wie diejenigen für die Sozialversicherungsleistungen. Am wenigsten schritthalten konnten das Erziehungswesen und der Wohnungssektor mit der allgemeinen Entwicklung, wobei für letzteren 1986/87 weniger und bei Berücksichtigung der Preisentwicklung deutlicher weniger als vor zehn Jahren ausgegeben wurde.

Es ist kein Zufall, daß die im Wachstumstrend zurückbleibenden beide Bereiche der Sozialpolitik jene sind, die in der hauptsächlichen Verantwortung bzw. Mitverantwortung der Städte und Gemeinden liegen. Während ihre finanzielle Situation nur etwa eine Verdoppelung ihrer Ausgaben für Sozialpolitik zuließ, steigerte die Zentralregierung ihr Sozialbudget um das Dreifache. Während 1966 noch weniger als die Hälfte des Jahresbudgets für Sozialpolitik ausgegeben wurde (48,1 %), überstiegen die Ausgaben für diesen Bereich in den achtziger Jahre die Fünfzig-Prozent-Marke deutlich (1981: 54,7 %). Für die Regierung Thatcher, die angetreten war, die öffentlichen Ausgaben zu begrenzen, wurden somit die Sozialabgaben logischerweise zum Hauptansatzpunkt einer effektiven Sparpolitik.

Staatsausgaben für Sozialpolitik (in Millionen Pfund)

	1976/77	1977/78	1978/79	1979/80	1980/81	1981/82	1982/83	1983/84	1984/85	1985/86	1986/87
Erziehungswesen	7859	8305	9169	10617	13049	14088	15158	16084	16681	17439	k.A.
National Health Service	6249	6896	7835	9195	11944	13267	14385	15383	16312	17344	18713
Personal social services*	1264	1249	1423	1785	2230	2420	2620	2829	3017	3477	3775
Nahrungsmittelhilfe	19	23	27	29	35	52	70	86	98	109	116
Sozialversicherungsleistungen	12068	14410	17080	20142	24426	29968	33946	37190	40236	43775	46934
Wohnen	4794	4587	4946	6109	6308	4761	4361	4742	4626	4295	4098
Insgesamt	32253	35470	40480	47877	57992	64556	70540	76314	80970	86439	k.A.
davon:											
Zentralregierung	21704	24841	28851	34000	41716	47932	52893	57220	61306	65932	k.A.
Gemeinden und Städte	10549	10629	11629	13877	16276	16624	17647	19094	19664	20507	k.A.

* = auf persönliche Probleme, wie zerrüttete Ehen, vernachlässigte Kinder, Drogensucht etc. bezogene Hilfen.

Quelle: Central Statistical Office: Annual Abstract of Statistics, London 1988, S. 43.

a) Sozialleistungen

Erst dreißig Jahre nach der Bismarckschen Sozialgesetzgebung in Deutschland wurde in Großbritannien ein Modell der Sozialversicherung eingeführt, das im wesentlichen selektiv auf besondere Risikogruppen zugeschnitten blieb. Erst in der unmittelbaren Nachkriegszeit wurden mit der allgemeinen Anerkennung der Notwendigkeit des Kampfes gegen die im Beveridge Report genannten „Fünf Giganten" Not, Krankheit, Unwissenheit, Schmutz und Müßiggang auch im Bereich der sozialen Absicherung die entscheidenden Schritte zum Ausbau des Wohlfahrtsstaates gegangen. An die Stelle ad hoc zur Verfügung gestellter sozialer Hilfen trat ein soziales Sicherungssystem. Die Sozialversicherung wurde nach dem Universalitätsprinzip aufgebaut — es sollte die gesamte Bevölkerung in der gleichen Weise umfassen.

Zentrale Leistungsangebote der 1946 eingerichteten Volksversicherung (national insurance) sind das Krankengeld, Unterstützung im Falle der Invalidität, die Altersrente, die Arbeitslosenunterstützung, das Mutterschaftsgeld sowie die Witwenrente. Bei der Finanzierung der Sozialleistungen, die alle aus einer Kasse kommen, dem Budget des Sozialministers (Department of Health and Social Security, DHSS bis 1988, seither Department of Social Security), wird zwischen beitragspflichtigen (contributory), also nach dem Versicherungsprinzip angelegten Leistungen und nicht beitragspflichtigen (non-contributory) Leistungen unterschieden. Nicht beitragspflichtig sind beispielsweise das Kindergeld und die Sozialhilfe, während beispielsweise für die Arbeitslosenunterstützung und die Altersrente Beiträge zu entrichten sind. Seit Ende der 50er Jahre wurden die zunächst einheitlichen Beiträge für Sozialversicherungsleistungen ersetzt durch nach der Einkommenshöhe gestaffelte Beiträge.

Die ökonomischen Probleme, die Mitte der 70er Jahre zu einem Anstieg der Arbeitslosigkeit führten, in Verbindung mit einer ungünstigen demographischen Entwicklung belasteten das Sozialbudget in extremem Maße. In Zeiten restriktiver Finanzpolitik konnten gerade für den größten Ausgabenblock im Staatshaushalt keine zusätzlichen Mittel aufgebracht werden, um dem durch die Inflationsentwicklung drohenden starken Verlust des Realwertes sozialer Leistungen zu begegnen. Trotz Verzichts auf einschneidende Budgetkürzungen in diesem Bereich hatte das niedrige Leistungsniveau zur Folge, daß ein wachsender Anteil der Sozialleistungsempfänger und hier in erster Linie der Arbeitslosen und der Rentner auf zusätzliche Sozialhilfeleistungen angewiesen war. Für deren Inanspruchnahme gelten Bedürftigkeitsregeln, für die durch ihre bürokratische Ausgestaltung in der Praxis erhebliche Zugangsbarrieren bestehen.

Die Sozialversicherungsgesetzgebung von ihren Anfängen bis 1980

1911 „National Insurance Act"
Es wurden zwei unabhängig verwaltete staatliche Versicherungssysteme eingeführt. Teil I umfaßte die Krankenversicherung, unter der eine Pflichtversicherung für (mit einigen Ausnahmen) alle abhängig beschäftigten manuellen Arbeiter zwischen 16 und 70 und für andere abhängig beschäftigte Personen bestand, die weniger als ein vorgeschriebenes Minimum verdienten. Sie sorgte für medizinische Behandlung und Geräte und für nicht abgestufte Geldleistungen bei Krankheit, Invalidität und Mutterschaft. Das Versicherungssystem wurde hauptsächlich durch unabhängige „approved societies" verwaltet, die Leistungen oberhalb der staatlichen Mindestgrenze erbringen durften. Teil II umfaßte die Arbeitslosenversicherung, nach der nicht abgestufte Geldleistungen für eine Arbeitslosenzeit von maximal 15 Wochen pro Jahr zu zahlen waren. Dies betraf nur Arbeiter aus sieben Industriebereichen, Verwaltung durch das „Board of Trade".

1920 „Unemployment Insurance Act"
Das Arbeitslosenversicherungssystem wurde (mit einigen Ausnahmen, vor allem der Landwirtschaft, der Hausarbeit und dem öffentlichen Dienst) auf alle manuellen Arbeiter und andere abhängige Beschäftigte ausgedehnt, die weniger als ein vorgeschriebenes Minimum verdienten.

1921 „Unemployment's Insurance Act"
Eine Sonderleistung, die nicht vertragsgebunden war, wurde nach Ermessen der Behörden an jene zahlbar, die bereits Mitglieder der Versicherung waren, jedoch die Beitragsbedingungen nicht erfüllen konnten.

1921 „Unemployed Worker's Dependants Act"
Zuschläge zu den nicht abgestuften Geldleistungen waren an Arbeitslose mit unterhaltsberechtigten Ehefrauen und Kindern zu zahlen.

1925 „Widow's, Orphans' and Od Age Contributory Pensions Act"
Die Krankenversicherung wurde derart erweitert, daß sie folgendes einschloß: Witwenrenten, die nach den Beiträgen des Ehemannes zu zahlen waren, mit Zusatzleistungen für Kinder unter 16. Waisenrenten, die an Vormunde für Waisenkinder versicherter Personen oder Witwen zu zahlen waren, Altersrenten, die zwi-

---

schen 65 (bei versicherten Frauen 60) und 70 Jahren zu zahlen waren, wenn der Anspruch auf eine nicht beitragsbezogene Rente, jedoch ohne Bedürftigkeitsnachweis übertragen wurde.

Nicht-Pflichtversicherte der Krankenversicherung konnten freiwillige Beiträge an die Rentenversicherung leisten. Die Krankenversicherung wurde durch das „Ministry of Health" verwaltet.

1927 „Unemployment Insurance Act"
Die „nicht vertragsgebundene Leistung" wurde durch eine „Übergangsleistung" ersetzt, auf die der Antragsteller einen rechtlichen Anspruch hatte, sofern er die Sonderbedingungen erfüllte.

1931 „Unemployment Insurance (National Economy) (No. 2) Order"
Die „Übergangsleistungen" wurden abgeschafft und durch „Übergangszahlungen" ersetzt, die vorbehaltlich eines Bedürftigkeitsnachweises, den die „Public Assistance Authorities" durchführten, zur Auszahlung kamen.

1934 „Unemployment Act"
Der Unterschied zwischen Arbeitslosenversicherung, die von Rechts wegen an jene zu zahlen war, die die Beitragsbedingungen erfüllten, und Arbeitslosenhilfe, die vorbehaltlich einem Bedürftigkeitsnachweises und weiterer Ermessensvollmachten der Behörden an jene zu zahlen war, die keinen Anspruch auf die Versicherungsleistung hatten, wurden durch die rechtliche und administrative Trennung der beiden Systeme konsolidiert.

1936 „Unemployment Insurance Act
Die Arbeitslosenversicherung wurde auf die Landwirtschaft ausgedehnt, obwohl hier Sondervorkehrungen getroffen wurden.

1946 „National Insurance Act"
Nach dem Beveridge-Bericht wurden die staatlichen Versicherungssysteme in einem einzigen System zusammengefaßt, das vom „Ministry of National Insurance" verwaltet wurde. Die wichtigsten der vielen anderen Änderungen waren folgende: Erweiterung der Pflichtversicherung auf alle Mitglieder der Bevölkerung im arbeitsfähigen Alter, jedoch eingeteilt in abhängig Beschäftigte, Selbständige, Nicht-Erwerbstätige und verheiratete Frauen; Zusatzleistungen für Mutterschaft (Verdienstunterbrechung) und Begräbniskosten; Ersetzen der medizinischen Leistungen durch den nationalen Gesundheitsdienst; Abschaffung der approved societies" und Verwaltung des Krankengelds durch das „Ministry of National Insurance"; Altersrenten ersetzt durch Ruhestandsrenten — zwischen 65 (Frauen 60) und 70 Jahren (Frauen 65) muß der Antragsteller eine Vollzeitbeschäftigung aufgegeben haben; Witwenrente, die, nach einer kurzen Anfangszeit, nur zahlbar ist, wenn die Antragstellerin Kinder versorgt oder das vorgeschrie-

bene Alter erreicht hat; Waisenrente ersetzt durch Vormund-schaftsgeld.

1946 *„National Insurance (Industrial Injuries) Act"*
Die „Workmen's compensation" Gesetzgebung wurde abgeschafft und durch ein neues staatliches Versicherungssystem für Arbeits-unfälle und Berufskrankheiten ersetzt, das unabhängig vom allge-meinen Versicherungssystem finanziert wurde. Leistungen waren zu zahlen bei Verletzungen (kurzzeitig, nicht abgestuft), Invalidität (langfristig, mit Zuschlägen bei Verlust der Einschränkung der Er-werbsfähigkeit) und Tod (an Witwen und andere unterhaltsberech-tigte Angehörige). Nur abhängig Beschäftigte waren gedeckt, es waren jedoch keine Beitragsbedingungen zu erfüllen.

1957 *„National Insurance Act"*
Eine neue Leistung, Child's Special Allowance genannt, war an die Frau beim Ableben eines früheren Ehemannes zu zahlen, der für eines oder mehrere Kinder, die bei ihr lebten, Unterhaltszahlungen geleistet hatte.

1959 *„National Insurance Act"*
Eine abgestufte Rentenversicherung wurde für Arbeitnehmer ein-geführt, wonach einkommensbezogene Beiträge zu zahlen waren. Eine Befreiung davon war möglich, wenn der Arbeitnehmer An-recht auf eine Betriebsrente hatte, die mindestens so hoch wie die staatliche war.

1966 *„National Insurance Act"*
Es war ein verdienstbezogener Zuschlag mit kurzzeitigen Leistun-gen bei Arbeitslosigkeit, Krankheit, Mutterschaft und Todesfall zu zahlen.

1970 *„National Insurance Act"*
Eine neue Leistung, die Invaliditätsbeihilfe, wurde für jene einge-führt, die für längere Zeit arbeitsunfähig waren. Die Zuschläge für unterhaltsberechtigte Angehörige bei langfristigen Leistungen wurden ebenfalls auf einen Betrag angehoben, der wesentlich hö-her lag, als die Zuschläge, die bei kurzzeitigen Leistungen gezahlt wurden.

1973 *„Social Security Act"*
Der separate Fonds für Arbeitsunfälle wurde abgeschafft. Fortan waren die Leistungen für Arbeitsunfälle aus dem allgemeinen na-tionalen Versicherungsfonds zu finanzieren.

1974 *„National Insurance Act"*
Das Parlament verpflichtete die Verwaltungsbeamten, bestimmte Leistungen entsprechend den Inflationsraten anzuheben.

1975 „Social Security Act"

Das System der nicht abgestuften Beiträge wurden durch ein verdienstbezogenes ersetzt, die Selbständigen zahlten auf der Basis ihres versteuerbaren Einkommens. Die Beitragsforderung wurde mit der Einkommensteuereinforderung gekoppelt.

1975 „Social Security Pensions Act"

Ein neues, verdienstbezogenes Rentensystem wurde für Alter, Invalidität und Todesfall (Witwenrente) eingeführt. Arbeitnehmer, die an einem anerkannten Betriebsrentensystem teilnahmen, hatten eine verminderte Beitragspflicht und trotzdem den Vorteil der Garantie des staatlichen Systems gegen Inflation. Die Sondervorschriften, wonach verheiratete weibliche Erwerbstätige verminderte Beiträge zahlten und verminderte Leistungen erhielten, wurden abgeschafft. Für Rentenzwecke gab es für Personen, die einen Teil ihres Arbeitslebens der Pflege von Kindern oder Verwandten widmeten, Sonderbefreiungsregelungen.

1980 „Social Security Act"

Gleichstellung von Frauen und Männern im Leistungsrecht.

1980 „Social Security (no. 2) Act"

Abschaffung des verdienstbezogenen Zuschlags gem. dem Nat. Ins. Act von 1966.

Quelle: A.I. Ogus: Landesbericht Großbritannien, in: P.A. Köhler / H.F. Zacher (Hg.): Ein Jahrhundert Sozialversicherung in der Bundesrepublik Deutschland, Frankreich, Großbritannien, Österreich und der Schweiz, Berlin 1981, (269-443), S. 281 ff.

Anders als die Labour Regierungen der 70er Jahre, die mit pragmatischem Manövrieren in der Finanzkrise versuchten, das System der Sozialleistungen in dessen traditioneller Form zu erhalten, hat die seit 1979 regierende konservative Premierministerin ein programmatisch begründetes Gestaltungsziel, das die Rolle sozialer Leistungen in der heutigen Gesellschaft neu definiert. Argumentiert wird u.a.

— gegen eine Kumulierung von Sozialleistungsanprüchen bzw. ein Sozialleistungsniveau, das dazu führt, daß Arbeitslose als Bezieher von Sozialleistungen höhere Einkommen erzielen als der Arbeitsmarkt bereitstellen würde. Dies vermindere den Anreiz zur Arbeitssuche bzw. zur Wiederaufnahme von Arbeit und führe zu künstlich aufgeblähter Arbeitslosigkeit (unemployment trap).
— gegen eine umfassende Absicherungspflicht des Staates und für private Initiativen zur Daseinsfürsorge. Hierzu gehört beispiels-

weise eine stärkere Inanspruchnahme privater Renten- und Krankenversicherungen aber auch die Übernahme von mehr Verantwortung durch die Familien.

— für die Privatisierung kollektiver Sicherungssysteme, also die Übertragung von Kassen, beispielsweise nach dem Selbstverwaltungsprinzip, um die teuere staatliche Sozialbürokratie anzubauen.

— für eine Durchforstung der Ansprüche und der Leistungsgewährung, um die wirklich Bedürftigen (deserving poor) von den Schmarotzern zu trennen.

— gegen eine Politisierung der Sozialleistungen durch ihren Einsatz als Ersatzstreikkasse.

— für eine Vereinfachung der Organisation der Verwaltung von Sozialleistungen und ein Entwirren des Knäuels der zahlreichen Leistungsgesetze.

Entsprechend dieser Grundprinzipien wurde das britische Sozialleistungssystem in der Regierungszeit Margaret Thatchers schrittweise verändert. Eingriffe erfolgten bisher wenig systematisch, aber kontinuierlich. Die wichtigsten Entscheidungen waren:

— Die ausbleibende Inflationsanpassung der Renten- und Sozialleistungen im Jahre 1979. Diese bedeutete eine reale Kürzung des Leistungsniveaus.

— Im Jahre 1980 stellte das Sozialministerium zusätzlich 1 050 Mitarbeiter ein, die Fälle von Betrug bei der Inanspruchnahme von Sozialleistungen aufdecken sollen.

— Im gleichen Jahr bleibt die Erhöhung des Kindergeldes hinter dem Inflationsausgleich zurück. Der Social Security Act von 1980 hat Kürzungen bei einer Reihe von Sozialleistungen (u.a. auch für Streikende) zur Folge. Die Rentenentwicklung und die Entwicklung des Niveaus anderer Sozialleistungen wird von der Einkommensentwicklung abgekoppelt und an die Preisentwicklung gebunden.

— Der Social Security Contributions Act von 1981 erhöht die Beiträge für die Sozialversicherung. Die Erhöhung der meisten Sozialleistungen bleibt in diesem Jahr zwei Prozent hinter der Inflationsrate zurück.

— Seit 1982 muß das Arbeitslosengeld versteuert werden.

— 1983 wird die Zahlung von Leistungen bei Arbeitsunfällen in der Industrie abgeschafft. Im April dieses Jahr erhält die Krankengeldneuregelung des Social Security and Housing Benefit Acts

Anzahl der Personen, die Sozialversicherungsleistungen erhalten (in Tausend)

	1976	1977	1978	1979	1980	1981	1982	1983	1984	1985	1986
Arbeitslose	617	589	561	503	753	1206 *	* 1041	987	926	901	956
Kranke und Invalide	45	**1068	1180	1238	1197	1156	1198	1202	45	**1098	49
Mutterschaftsgeld	658	622	638	674	680	587	670	687	662	776	715
Sterbegeld	580	581	597	607	606	604	611	14 **	13,7**	615	15 **
Vormundschaftszuschuß	5,6	5,0	5,0	4,9	4,6	4,4	4,1	3,9	3,3	3,2	2,9
Witwenrenten	501	500	473	467	15	433	426	420	414	398	389
Rentenempfänger (Beitragszahler) insgesamt	8510	8637	8785	8936	9108	9291	9386	9487	9528	9732	9865
Männer	3015	3069	3135	3199	3241	3280	3280	3280	3268	3353	3411
Frauen	5495	5568	5650	5737	5866	6.010	6105	6208	6259	6379	6455
Rentenempfänger (ohne Beitragszahlungen)	85	78	69	60	56	51	48	45	43	39	42
Männer	11	9	7	6	6	6	6	6	6	6	7
Frauen	74	68	62	54	50	45	42	39	38	34	36
Unfallgeld	1,3	47	51	51	43	36	36	30	—	—	—
Rente für Behinderte durch											
Industrieunfälle	205	205	204	202	201	197	194	191	186	191	k.A.
Kindergeld (Familien)	4592	7506	7390	7410	7397	7352	7261	7174	7097	7034	6979
Einkommenszuschuß	85	97	89	89	106	143	179	215	218	214	15 **
Sozialhilfe	3049	3106	3048	2970	3247	3873	4432	4524	4788	4771	5158
Kriegsrenten	413	397	382	367	355	341	327	314	302	291	275

* nur Großbritannien; ** nur Nordirland

Quelle: Central Statistical Office: Annual Abstract of Statistics, London 1988, S. 54.

141

von 1982 Gültigkeit. In den ersten acht Wochen ist nun der Arbeitgeber für die Zahlung des Krankengeldes verantwortlich. Dessen Höhe ist an die Höhe der individuellen Einkommen gebunden. Für das Krankengeld sind Steuern und Sozialabgaben zu zahlen.

— Im September 1983 startet das Sozialministerium eine neue Initiative zur Bekämpfung von Betrügereien bei der Inanspruchnahme von Sozialleistungen (Regional Benefit Investigation Teams).

— In diesem Jahr bleibt die Erhöhung der Sozialleistungen erneut hinter der Inflationsentwicklung zurück.

— Das Sozialministerium ordnet 1984 in 59 Regionen verstärkte Bemühungen zur Aufdeckung des Mißbrauchs von Sozialleistungen an. Auch in diesem Jahr bleibt für eine Reihe von Sozialleistungen der Inflationsausgleich aus.

— Streikenden wird 1985 die Familienhilfe gestrichen. Das Sozialministerium verlangt von den Arbeitslosen im Alter zwischen 16 und 25 Jahren, die ihre Wohnung verloren haben und in Pensionen und ähnlichen Unterkünften leben, je nach Wohngebiet alle zwei, vier oder acht Wochen umzuziehen. Falls sie dazu nicht bereit seien, drohe ihnen eine Kürzung der von ihnen in Anspruch genommenen Sozialleistungen (Das Oberste Gericht zwingt die Regierung zur Rücknahme dieses Erlasses).

— 1986 werden Beschränkungen bei der Finanzierung von Rechtshilfe für Bedürftige bekanntgegeben. Im gleichen Jahr wird der Zeitraum für Krankengeldzahlungen durch den Arbeitgeber von acht auf 28 Wochen ausgedehnt. Die Sperre für das Beziehen von Arbeitslosengeld bei freiwilliger Arbeitslosigkeit wird von sechs auf 13 Wochen verlängert. Hiermit verbunden ist die Bekanntgabe neuer Bewertungsmaßstäbe für die Beurteilung des Arbeitswillens gerade arbeitslos gewordener.

— 1987 werden weitere Verschärfungen für Sozialhilfeempfänger angekündigt, u.a. das Einfrieren staatlicher Zuschüsse für die Notunterbringung in Pensionen. Der Mutterschaftszuschuß von £ 25.— wird abgeschafft. Bedürftige, die weiterhin solche Zahlungen wünschen, sollen sich an den neu zu errichtenden Sozialfonds wenden. Die Aufgabe der Zahlung von Mutterschaftsgeld wird den Unternehmen übertragen. Das Sterbegeld wird ebenfalls abgeschafft, und die Sozialhilfeempfänger werden auch mit diesem Anliegen an den neuen Sozialfonds verwiesen.

— Das Inkrafttreten des Social Security Acts von 1986 im April 1988 hatte eine einschneidende Veränderung des Sozialleistungssystems zur Folge. Zum ersten Mal wird ein Teil der Sozialhilfe als rückzahlbarer Kredit ausgezahlt. Dazu wurde ein £ 200 Millionen Fonds eingerichtet, aus dem u.a. einmalige Leistungen und Anschaffungen, wie Kochherde oder Mäntel, für in Not geratene Familien finanziert werden können. Daneben koordiniert das neue Gesetzeswerk die Sozialleistungen für Familien mit arbeitenden und mit nicht arbeitenden Familienangehörigen in einer Weise, die letztere diskriminiert, um mögliche Anreize zur Arbeitsverweigerung auszuräumen, wovon in erster Linie alleinerziehende Frauen negativ betroffen sind. Die Regierung regte in Zusammenhang mit den Gesetzesänderungen verstärkt an, daß in Not geratene Personen oder Familien sich zuerst an wohltätige Organisationen wenden sollten bevor sie sich um staatliche Hilfe bemühen. Eine entsprechende Liste der Wohltätigkeitsorganisationen wurde bei den örtlichen Sozialämtern ausgelegt, die aus Sorge um aufgebrachte Reaktionen der Bürger neue Trennwände zum Publikumsverkehr in ihre Dienststellen einziehen ließen. Proteste wurden vor allem deshalb laut, weil die früher üblichen Nothilfezahlungen vor Ort und in bar, z.B. beim Verlust der Wohnung zum Anmieten von Ersatzwohnraum, völlig eingestellt wurden.

Die Sozialleistungen auf lokaler Ebene, die sich auf die Bedürfnisse bestimmter Klientelgruppen, wie der Drogenabhängigen, chronisch Kranken oder der zerrütteten Familien beziehen, haben zwar ständig an Bedeutung gewonnen. Die Kommunen sehen sich aber angesichts der Knappheit ihrer Mittel nicht in der Lage diesen, im Vergleich zu den zentralstaatlich zur Verfügung gestellten Leistungen kleineren Beitrag zur Ausgestaltung des Wohlfahrtsstaats angemessen auszustatten. Während dieser Bereich, die sogenannten persönlichen sozialen Dienstleistungen (personal social services) im Zeitraum 1960 bis 1980 jährlich durchschnittlich um etwa 9 Prozent gewachsen war, im Wachstumstempo nur noch übertroffen vom Wachstum der Ausgaben für Arbeitslosigkeit, sanken seine jährlichen Zuwachsraten für den Zeitraum 1980 bis 1983 auf 2,5 Prozent. Niedrigere Zuwachsraten gab es nur noch in den Bereichen Wohnen und Erziehungswesen.

b) Wohnen

Noch beim Ausbruch des Zweiten Weltkrieges wurde 58 % des Wohnraums von privaten Eigentümern verpachtet. Die Regulierung des Wohnungssektors nach dem Zweiten Weltkrieg, u.a. auch durch Mietpreiskontrollen, führte zu einem Nachlassen des privaten Engagements, das heute nur noch für ca. 10 % des Wohnungsangebots sorgt. Aufgefangen wurde die öffentliche Nachfrage nach Wohnraum durch den Ausbau des sozialen Wohnungsbaus (council houses) in der Regie der Gemeinden und Städte. Mitte der 70er Jahre versorgte dieser etwa ein Drittel des Gesamtbedarfs. Seit dem Regierungsantritt Margaret Thatchers ist vor allem die Bedeutung von Haus- und Wohnungseigentum gewachsen, der Sektor der Sozialwohnungen hat etwas an Bedeutung verloren, vor allem aber ist, entgegen den Vorstellungen der Regierung, das Gewicht von Mietwohnungen in Privatbesitz für die Wohnungsversorgung weiter zurückgegangen.

Ziel der Regierung Thatcher ist es, möglichst ohne zusätzlichen staatlichen Wohnungsbau und staatliches Wohnungseigentum auszukommen, den privaten Wohnungsbau und den Sektor der privaten Wohnungsvermietung zu beleben, sowie die Regelung von Konditionen und Preisen auf dem Wohnungsmarkt den Marktkräften zu überlassen. Auch wenn erste Schritte in diese Richtung gemacht wurden, erwies sich der eingeschlagene Weg als langwieriger und schwieriger als erwartet und zeitigte ein hohes Maß sozialer Not.

In den Jahren 1979 - 1983 sank das Tempo des Neubaus von Sozialwohnungen auf das Niveau von 1925. Im staatlichen Sektor wurden 1986 nur noch 30 000 Wohnungen errichtet, zehn Jahre vorher waren es noch 170 800. Gleichzeitig stieg aber die Nachfrage nach billigen Wohnungen. 1987 wurde die Zahl der Briten ohne Wohnung auf eine viertel Million geschätzt. Vier Millionen Häuser genügen dem heutigen Standard nicht und eine Million Häuser boten sogar menschenunwürdige Wohnverhältnisse. In solchen leben insbesondere viele alte Menschen. Jüngere Familien, die die gestiegenen Mietpreise nicht bezahlen können, wurden häufig von ihren Kommunalbehörden in „Bed and Breakfast"-Unterkünften untergebracht. Im September 1987 waren davon 11 250 Familien in England betroffen. Die Kommunalbehörden sind aber nicht verpflichtet, Wohnraum für alle in Not geratenen zur Verfügung zu stellen. Nach dem Housing (Homeless Persons) Act von 1978 können nur Familien mit Kindern, alte Leute und schwangere Frauen, die bereits auf der Straße liegen bzw. in 28 Tagen keine Wohnung mehr haben, Ansprüche anmelden. Familien ohne Kinder und Alleinstehende müssen selbst für ihre Unterkunft sorgen. In London gibt es alleine in der Gruppe der unter 20jährigen ca. 50 000 Personen ohne Arbeit, die auf der Straße in Kartonlagern, leerstehenden Häusern oder abgestellten Eisenbahnwaggons übernachten.

Entwicklung der Wohnverhältnisse

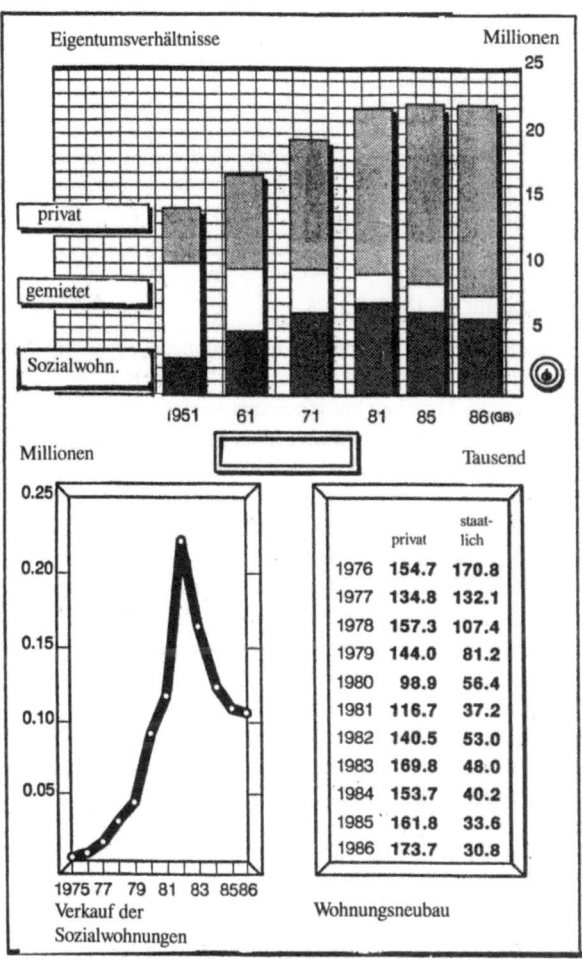

	privat	staat- lich
1976	154.7	170.8
1977	134.8	132.1
1978	157.3	107.4
1979	144.0	81.2
1980	98.9	56.4
1981	116.7	37.2
1982	140.5	53.0
1983	169.8	48.0
1984	153.7	40.2
1985	161.8	33.6
1986	173.7	30.8

Quelle: Financial Times, 30. 9. 1987, S. 6.

Wohnungsnot (in Großbritannien)

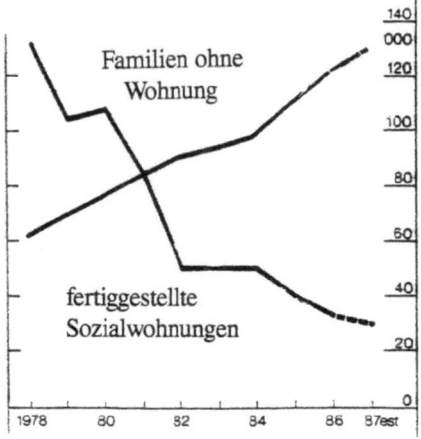

Quelle: The Economist, 26. 12. 1987, S. 26.

Das Zurückdrängen des Sektors Sozialwohnungen hat nicht, wie
erhofft, Raum für eine starke Ausweitung des Privatsektors geschaffen. Die Regierung Thatcher hat einerseits versucht, das Nutzen-
Kosten-Denken und die Privatinitiative auch in den staatlichen Wohnungssektor hineinzutragen und andererseits die Profitablität privaten Engagements im Wohnungssektor zu steigern. Ersterer Absicht
diente die Erhöhung der Mieten im Sozialsektor, bei gleichzeitiger
Beibehaltung der steuerlichen Abzugsfähigkeit von Hypothekenzin-
sen nach dem Regierungsantritt Margaret Thatchers 1979. Der gleichen Absicht diente der Housing Act von 1980, der den Bewohnern
von städtischen Wohnungen erlaubte, diese als Eigentum zu erwerben. Diese Politik erwies sich als äußerst populär und hat in den folgenden Parlamentswahlen das Wahlverhalten der Neueigentümer
deutlich zugunsten der Konservativen Partei beeinflußt. Bis 1987
wurden ca. eine Million der sieben Millionen Sozialwohnungen an
ihre ehemaligen Mieter verkauft. Die Regierung hofft auf den Verkauf einer weiteren Million städtischer Wohnungen bis zum Ende
dieses Jahrhunderts.

Der Belebung des privaten Wohnungsmarktes diente auch das
Aufheben der Mietpreisbindung für neuerrichtete Mietwohnungen.
Nach dem Housing Act von 1988 wird es für diese Mietwohnungen
zwei Formen des Mietverhältnisses geben. Zum einen sogenannte

„assured tenancies", die ein unbegrenztes Mietverhältnis mit einer ausgehandelten, am Marktpreis orientierten Miete verbinden, und „shortholds". Hier handelt es sich um ein zeitlich befristetes Mietverhältnis, aber der Mieter kann für dieses eine Mietvereinbarung durch den Mietenbeauftragten der Gemeinde verlangen, der gehalten ist, einen „fairen" Mietpreis zu finden.

Das neue Mietgesetz erlaubt den Bewohnern städtischer Sozialwohnungen auch, sich einen neuen Mietherrn zu suchen. Seien es private Vermietungsgesellschaften, Bausparkassen oder eine Kooperative früherer Mieter von Sozialwohnungen. Damit soll der Klage von Mietern in Sozialwohnungen ein Ventil geschaffen werden, die den Kommunalbehörden mangelnden Einsatz bei der Instandhaltung der Wohnungen vorwerfen. In diesem Zusammenhang sind allerdings einige Ungereimtheiten in der neuen Wohnungspolitik aufgetaucht. Zum einen hat der Probelauf für dieses Modell in den aufgelösten New Towns gezeigt, daß sich auch — entgegen der Regierungsintention — Mieter mehrheitlich für den Verbleib ihrer Wohnungen unter der Kontrolle der Kommunalverwaltung entscheiden. Die Regierung behält sich allerdings die Möglichkeit vor, auch gegen den Willen lokaler Interessen ihr Reformmodell durchzusetzen. Zum anderen bedeutet die Übertragung von Wohnungseigentum an private Wohnungsbaugesellschaften für diejenigen Mieter einen Rückschritt, die ihre Wohnungen kaufen wollen. Dieses Recht, das die Regierung allen Bewohnern von Sozialwohnungen gegeben hatte, verlieren sie, wenn das Wohnungseigentum von den kommunalen Behörden auf Privatgesellschaften übergeht.

Die neue Wohnungspolitik will nicht nur den kommunalen Sektor entmachten, sie will ihn auch finanziell entlasten. Eine solche Entlastung kann von der Privatisierung der Sozialwohnungen ausgehen. Sie soll aber auch durch die Reduktion der Hilfeleistung an die Bedürftigsten, die sich nicht selbst mit Wohnraum versorgen können, erreicht werden. Die Sozialgesetzgebung vom April 1988 hat die Wohngeldzahlungen, die seit 1983 den Kommunalbehörden übertragen worden waren, drastisch reduziert. Hatten bis 1988 die anerkannt Bedürftigen noch das Recht auf die volle Erstattung ihrer Monatsmieten, so wird nun der Mietzuschuß an die übliche Marktmiete und die Besitz- und Einkommensverhältnisse der Bewohner angepaßt. Personen mit einem Vermögen von £ 8 000.— und darüber werden ganz von Wohngeldzahlungen ausgeschlossen. Durch diese Neuregelung verloren eine Million der bisherigen Wohngeldempfänger ihren Anspruch völlig, fünf Millionen verloren einen Teil ihrer Ansprüche.

c) Arbeitsmarktpolitik

Einen Beitrag zur sozialen Absicherung leistet auch die Arbeitsmarktpolitik. Mit einer Reihe von Programmen, die von Arbeitslosigkeit bedrohten Erwerbstätigen die Möglichkeit der Arbeit, der Weiterbildung oder der frühzeitigen Pensionierung geben, wird der Arbeitsmarkt entlastet. Ende Oktober 1985 waren ca. 675 000 Briten in eines der folgenden Programme involviert:

— Youth Training Scheme (seit 1983, 350 000 Plätze). Ziel: Weiterbildung der Schulabgänger außerhalb und vor allem innerhalb der Betriebe, ähnlich einer deutschen Lehre.
— Community Programme (1983-88, 159 000 Plätze). Ziel: Beschäftigung junger Langzeitarbeitsloser für bis zu einem Jahr zum Nutzen kommunaler Aufgaben. Ersetzt 1988 durch Employment Taining, das durch die Qualifizierung von Langzeitarbeitslosen deren spätere Anstellung erleichtern soll.
— Young Workers Scheme (seit 1982, 54 000 Plätze). Ziel: Anreiz für Unternehmer, Schulabgänger zu geringem Lohn zu beschäftigen. Für eine Arbeitskraft, deren Wochenlohn im ersten Arbeitsjahr (Alter: unter 18 Jahre) £ 50.— nicht übersteigt erhält der Arbeitgeber ein Jahr lang einen Zuschuß von £ 15.—
— Job Release Schemes (seit 1983, 52 000 Betroffene). Ziel: Frühzeitige Pensionierung unter der Voraussetzung, daß der frei gewordene Arbeitsplatz neu besetzt wird. Staatliche Unterstützungsleistungen bis zum Erreichen des Pensionsalters für Männer im Alter von 62 bis 64 Jahren und Frauen ab 59 bzw. behinderte Männer im Alter von 60 und 61.
— Enterprise Allowance Scheme (seit 1983 auf nationaler Ebene, 50 000 Betroffene). Ziel: Unterstützung des Bemühens von Arbeitslosen, Unternehmen zu gründen. Wer länger als 13 Wochen arbeitslos ist und mindestens £ 1 000.— Investitionskapital besitzt, bekommt maximal für ein Jahr einen wöchentlichen Zuschuß von £ 40.—
— Community Industry (seit 1983, 8 000 Plätze). Ziel: Zeitlich begrenzte Beschäftigungsmöglichkeiten für junge gesundheitlich oder sozial benachteiligte Personen, die als Beschäftigte der Community Industry Ltd. Arbeiten in ihren Kommunen übernehmen.
— Training in Industry (seit 1983, 1 500 Plätze). Zusätzliches Ausbildungsprogramm für junge Leute mit Ausbildung aber ohne Arbeitsplatz.

— Job Splitting Scheme (seit 1983, 280 Betroffene). Ziel: Unternehmer sollen ermuntert werden, Arbeitsplätze in zwei Teilzeitarbeitsplätze umzuwandeln, bzw. auf andere Weise Teilzeitarbeitsplätze zu schaffen. Für Arbeitsplätze, die so entstehen und die mindestens ein Jahr erhalten bleiben ist ein Zuschuß von £ 840.— möglich.

Ausgabenentwicklung für die Beschäftigungspolitik (in Milliarden Pfund und 1985 / 1986er Preisen)

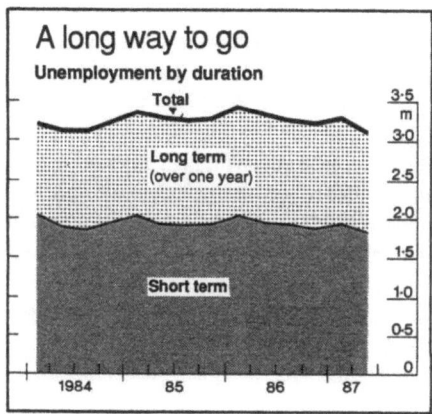

* Schätzungen

Quelle: The Economist, 29. 8. 1987, S. 20.

Die Regierung Thatcher hat den Ausgaben für die Arbeitsmarktpolitik bis Anfang der 90er Jahre eine Grenze von £ 1,3 Milliarden gesetzt. Die Arbeitsmarktpolitik, die bis 1988 drittelparitätisch verwaltet wurde, findet seither ohne Beteiligung der Gewerkschaften statt, die nicht mehr bereit waren, die unter dem Dach der Arbeitsmarktbehörde (Manpower Services Commission, jüngst in Training Commission umbenannt) formulierten Programme mitzutragen.

10. Das Bildungswesen

Mit dem Education Act von 1944 (Butler Act) sollte das Recht aller jungen Briten auf eine umfassende Bildung gesichert werden, ohne Ansehen der Person und vor allen Dingen unabhängig von Vermögen, Einfluß oder der sozialen Stellung der Eltern. Durch dieses Gesetz wurde erstmals auch ein Ministerium für das Erziehungswesen eingerichtet, dem aber in erster Linie eine Schieds- und Überwachungsfunktion auf dem Feld der Bildungspolitik zukommen sollte. Die eigentliche Schulverwaltung blieb in der Hand der Kommunen bzw. der lokalen Schulbehörden, der LEAs (Local Education Authorities).

Die LEAs bauen die Schulen, stellen die Lehrer ein und beschaffen die Lernmittel. Die Lehrpläne wurden in der Regel im Auftrag der LEAs von den leitenden Lehrkräften am Ort erstellt. Die Gehälter der Lehrer (und Hochschullehrer) wurden bis Mitte der 80er Jahre zwischen Vertretern der örtlichen Behörden, dem Ministerium und den Lehrergewerkschaften ausgehandelt. Die Regierung Thatcher setzte 1987 im Umfeld der Auseinandersetzungen um eine Erhöhung der britischen Lehrergehälter, die mit die niedrigsten in Europa sind, zunächst zeitlich befristet die Einsetzung einer nominell unabhängigen Kommission ein, die analog dem für Ärzte und Krankenschwestern geltenden Verfahren Empfehlungen für adäquate Lohnerhöhungen geben soll, die sich allerdings innerhalb der von der Regierung vorgegebenen Ausgabenlimits zu bewegen haben. Kommt es zu keiner Empfehlung hat die Regierung ohne Verhandlung mit den Betroffenen nun auch das Recht, die von ihr als akzeptabel betrachtete Einkommensentwicklung zu diktieren. Die Lehrer sind Angestellte der Kommunen. Ihre Verträge sind also kündbar, und sie haben das Recht zu streiken. Erst seit dem Education Act von 1980 besteht für Lehrer und Eltern die Möglichkeit, Mitglied der für die Schulleitung verantwortlichen Schulausschüsse zu werden.

In Großbritanniens 36 000 Schulen gingen 1987 ca. 9,5 Millionen Kinder. Für die Vorschul- und Grundschulausbildung gibt es 26 000 staatliche Schulen, für die weiterführende Schulbildung 5 000. Etwa sieben Prozent der Schüler gehen in Privatschulen, deren Besuch im Unterschied zur Schulausbildung an den staatlichen Schulen nicht kostenlos ist. Seit den fünfziger Jahren wurde der Bereich der Vorschulerziehung immer weiter ausgebaut. Heute besuchen in England und Wales 43 Prozent und in Schottland 38 Prozent der Drei- bis Vierjährigen die Vorschule.

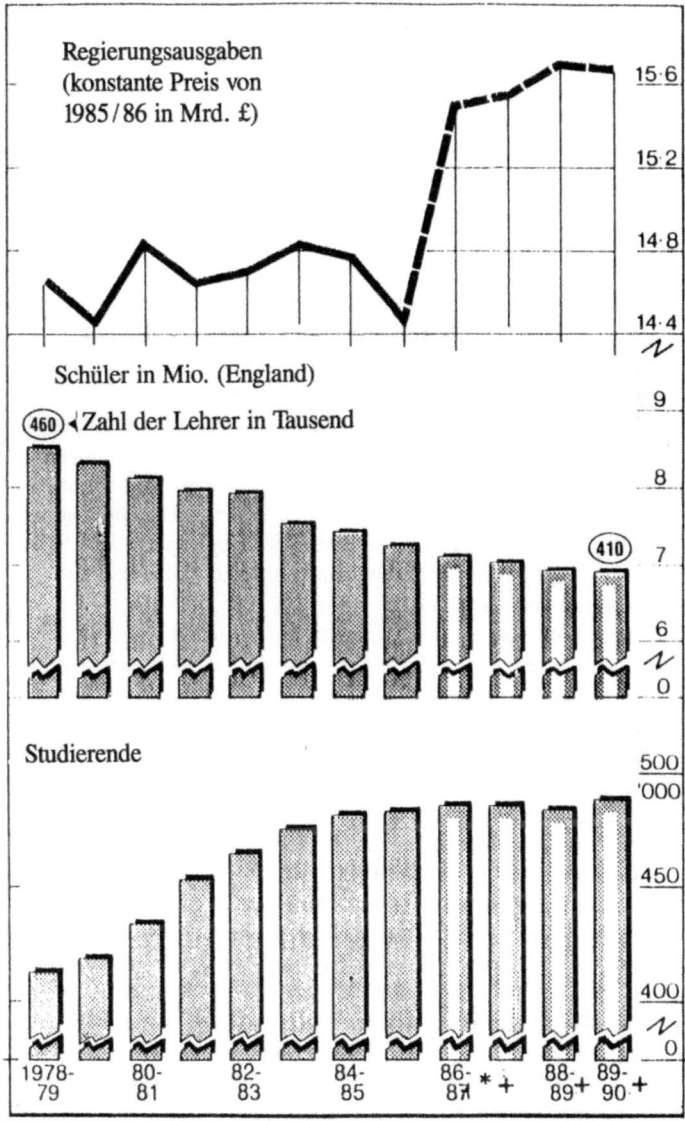

Regierungsausgaben (konstante Preis von 1985/86 in Mrd. £)

Schüler in Mio. (England)

460 ◄ Zahl der Lehrer in Tausend

Studierende

* geschätzt; + geplant

Quelle: Britain Survey, The Economist, 21. 2. 1987, S. 10.

Die allgemeine Schulpflicht beginnt im Alter von fünf Jahren. Bis zum Alter von in der Regel 11 Jahren besuchen die Kinder die Grundschule. Danach werden sie mindestens bis zum Alter von 16 Jahren an weiterführenden Schulen unterrichtet. Durch die politischen Initiativen der Labour Regierungen in den 70er Jahren sind heute über 90 Prozent der staatlichen weiterführenden Schulen Gesamtschulen (Comprehensive Schools). Daneben blieb in einigen wenigen Gemeinden, die sich entsprechenden Lenkungsversuchen des Londoner Erziehungsministeriums erfolgreich widersetzten, das gegliederte Schulwesen mit Gymnasium (Grammar Schools) bzw. Realschulen (Secondary Modern Schools) als weiterführende Schulen erhalten. Außerhalb des staatlichen Sektors sind die sogenannten Public Schools Träger der weiterführenden Bildung.

Die britischen Schulen sind Ganztagsschulen. Die Schüler nehmen hier ihre Mittagsmahlzeiten ein. Der Preis der Mahlzeiten wird von den Gemeindeverwaltungen subventioniert, wobei die Zentralregierung (in der Regierungszeit Margaret Thatchers in abnehmendem Maße) die Gemeinden durch zweckgebundene Zuschüsse unterstützt. In britischen Schulen hat eine Reihe von Traditionen bis auf den heutigen Tag hartnäckig überlebt. Diese reichen von Symbolen, wie dem Talar des Rektors oder den Schuluniformen der Kinder, bis hin zum Schulgebet.

Schulabschlüsse in Großbritannien wurden schon immer in weniger Fächern gemacht als in der Bundesrepublik. Prüfungen für das General Certificate of Education können seit 1951 in ausgewählten Fächern im Alter von 16 Jahren auf dem O-Level (ordinary level = mittlere Reife) und im Alter von 18 Jahren auf dem A-Level (advanced level = Abitur) abgelegt werden.

Das Bestehen von vier Fächern in einem O-Level Examen stellt einen guten Durchschnitt dar. Eine der Voraussetzungen für die Zulassung zum Studium an den Eliteuniversitäten Oxford und Cambridge sind drei sehr gut bestandene A-Levels. Diese Spezialisierung auf wenige Fächer, die bei den A-Levels zu einer über dem Abitur-Niveau liegenden Ausbildung der Schüler führt, aber gleichzeitig frühzeitig die Breite des Bildungsangebots vernachlässigt, ist in Großbritannien nicht unumstritten. Auf dem A-Level-Niveau wurden deshalb auch ergänzend sogenannte AS-Levels eingeführt. Pragmatisch sollen diese mit geringerem Zeitaufwand (die Hälfte eines A-Levels) es beispielsweise einem naturwissenschaftlich ausgerichteten Schüler ermöglichen, auch eine Sprache zu lernen.

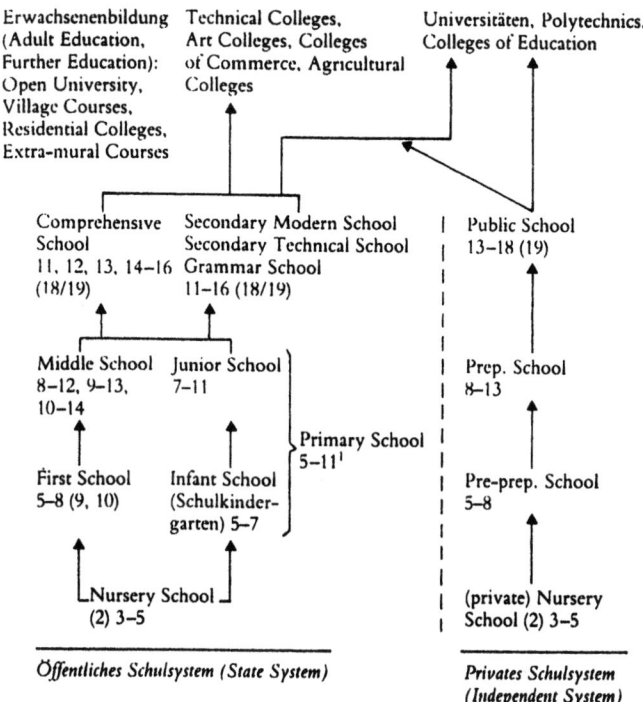

| Erwachsenenbildung (Adult Education, Further Education): Open University, Village Courses, Residential Colleges, Extra-mural Courses | Technical Colleges, Art Colleges, Colleges of Commerce, Agricultural Colleges | Universitäten, Polytechnics, Colleges of Education |

Comprehensive School 11, 12, 13, 14–16 (18/19)	Secondary Modern School Secondary Technical School Grammar School 11–16 (18/19)	Public School 13–18 (19)
Middle School 8–12, 9–13, 10–14	Junior School 7–11 ⎫ ⎬ Primary School ⎭ 5–11¹	Prep. School 8–13
First School 5–8 (9, 10)	Infant School (Schulkinder-garten) 5–7	Pre-prep. School 5–8
Nursery School (2) 3–5		(private) Nursery School (2) 3–5

Öffentliches Schulsystem (State System) | *Privates Schulsystem (Independent System)*

¹ Diejenigen Middle Schools, welche die Altersstufen 10–14 umfassen, werden meist zu den Sekundarschulen gezählt.

Quelle: I. Friebel/H. Händel: Großbritannien. Band 2: Wirtschaft und Gesellschaft, München 1982, S. 287.

Seit 1965 gab es für weniger begabte Schüler die Möglichkeit, ihr Examen nach den Standards des Certificate of Secondary Education (CSE) abzulegen. Damit sollte vermieden werden, daß 16jährige Schulabgänger ohne bestandene Prüfungen auf dem Arbeitsmarkt konkurrieren müssen. Die Bestnote des CSE entspricht in etwa einem O-Level Examen (Mittlere Reife). Von hundert britischen Schülern gelingt etwa 20 der Zugang zur Universität, 40 verlassen die Schule mit einem Zeugnis der Mittleren Reife und 40 kommen ohne jeden Schulabschluß auf den Arbeitsmarkt. Seit Herbst 1986

153

wurde der Mittlere Reife-Abschluß vereinheitlicht und der Abschluß so umstrukturiert, daß jeder Schulabgänger einen Leistungsnachweis erhält. Das neue General Certificate of Secondary Education (GCSE), ersetzt das CSE und die O-Levels. Das GCSE betont stärker künstlerische, technische und handwerkliche Fertigkeiten, eher wissenschaftsbezogene Qualifikationen treten in den Hintergrund. Hinzu kommt eine Einbeziehung der schulischen Leistungen im Unterrichtsjahr, die bei den extern gestellten Abschlußprüfungen früher keine Rolle spielten. Sie sollen nun ein Fünftel der Endnote ausmachen.

Neu ist auch eine Leistungsbewertung nicht nach den Kriterien der Prüfungsbehörden, sondern gemäß des Leistungsniveaus des Durchschnitts der betreffenden Altersgruppe. Differenzierungen im Leistungsniveau und in der Qualität der Prüfungen bleiben weiterhin dadurch möglich, daß die Schüler sich für bestimmte Teilbereiche und Schwierigkeitsgrade des Curriculums entscheiden können.

In der Regierungszeit Margaret Thatchers ist der Anteil der Privatschüler an der Gesamtschülerzahl von 1979: 5,5 % auf 1987: 7 % gewachsen, die absolute Zahl der Privatschüler hat sich in Folge des Geburtenrückgangs von 1980: 529 000 auf 1986: 430 000 reduziert. Die bekanntesten und bedeutendsten dieser 1 300 independent schools sind Charterhouse, Eton, Ampleforth, Fettes College, Winchester, Harrow, Stowe, Milton Abbey School und Wellington College. Das für die dortige Ausbildung zu entrichtende jährliche Schulgeld beträgt für Internate durchschnittlich etwa 14 000 DM, für Ganztagsschulen 6 000 DM. Die Privatschulen, von denen noch immer die Hälfte der Studienanfänger an den Renommieruniversitäten Oxford und Cambridge (Oxbridge) kommen, rekrutieren allmählich auch zunehmend Schüler außerhalb der traditionellen Oberschicht. Nach einer Untersuchung der sozialen Zusammensetzung der Schülerschaft des Jahres 1980 kommen ein Drittel der Privatschüler aus Elternhäusern, die nicht der Oberschicht zugerechnet werden können. Der Education Act von 1980 ermächtigt den Kultusminister, selektiv Zuschüsse für den Privatschulbesuch ausgewählter Schüler zu bezahlen, einschließlich der Übernahme des Schulgeldes.

Die Schulpolitik der konservativen Regierung hat als ihren Widerpart in erster Linie die Kommunalverwaltungen identifiziert, deren Einfluß auf das Schulleben es zu brechen gelte. Der Education Act des Jahres 1980 gab den Eltern das Recht zur Entscheidung darüber, in welche Schule ihre Kinder gehen sollten. Den LEAs wurde auferlegt, die Elternwünsche nach Möglichkeit zu berücksichtigen. Eine Studie der National Foundation for Educational Research hat gezeigt, daß ca. 54 % der Eltern solche Wahlmöglichkeiten wahrnahmen. Die neue Gesetzesinitiative im Bildungswesen, die 1987 ins Parlament eingebracht wurde, brachte eine weitergehende Entmachtung der Kommunalverwaltungen und eine Stärkung der Kompetenzen der Zentralregierung. Das neue Erziehungsgesetz sieht u.a. vor:

— ein nationales Curriculum für Schüler zwischen 5 und 16 Jahren. Damit würden die lokalen Schulbehörden hier ihren Einfluß verlieren. Es ist vorgesehen, die Schüler in den Altersstufen: 7 Jahre, 11, 14 und 16 Jahre einer Reihe von Tests und Bewertungen zu unterziehen. Um Kritik an der Zentralisierung der Lehrinhalte nicht zuletzt aus den Reihen der Konservativen Partei zu begegnen, hat der Erziehungsminister Baker seinen Reformvorschlag, der ursprünglich zentrale Vorschriften für die Gestaltung von 80 bis 90 Prozent des Stundenplans vorsah, inzwischen abgeschwächt und eingeräumt, daß auch eine Gestaltung des Unterrichts zu 70 Prozent gemäß dem vorgegebenen Nationalen Lehrplan noch vertretbar sei.

— die Einrichtung von sogenannten City Technology Colleges als Alternative im Bereich der weiterführenden Schulen, deren Ausbildungsschwerpunkt bei den neuen Technologien liegen soll und die im Unterschied zur traditionellen kommunalen Anbindung des Schulwesens direkt dem Londoner Erziehungsministerium unterstellt werden. Dieses hat seinen Einfluß geltend gemacht, um Firmen als Sponsoren der ersten CTCs zu gewinnen.

— eine Übertragung der Schulhaushalte von den örtlichen Schulbehörden, direkt in die Verantwortung der Schulen. Diese sollen damit in die Lage versetzt werden durch optimalen Mitteleinsatz in gegenseitige Konkurrenz um das beste Bildungsangebot zu treten.

— ein Einschreiten der Zentralregierung, wenn Kommunalbehörden versuchen sollten, beliebte Schulen zugunsten unbeliebterer unter ihrer möglichen Kapazität auszulasten.

— eine Möglichkeit für Schulen, durch das Votum ihres Leitungsgremiums sich der Unterstellung unter ihre lokale Schulbehörde zu entziehen.

— die Zentralisierung der Finanzierung der Polytechnics, der Technischen Hochschulen, deren Haushalt bisher noch in der Verantwortung der Gemeinden lag.

— eine Straffung der Universitätsfinanzen mit Sparzielen und Statusveränderungen, wie die Abschaffung des Professors auf Lebenszeit (academic tenure).

Die Universitäten wurden in der Regierungszeit Margaret Thatchers von behüteten akademischen Sanktuarien in Ansätzen zu Wirtschaftsunternehmen umgebaut. Es gibt heute 47 Universitäten in Großbritannien. Die traditionsreichen in Oxford und Cambridge stammen aus dem 12. und 13. Jahrhundert. Die schottischen Universitäten St. Andrews, Glasgow, Aberdeen und Edinburgh wurden im 15. und 16. Jahrhundert eingerichtet. Alle anderen Universitäten wurden im 19. und 20. Jahrhundert gegründet (30 nach 1945), wobei je nach Baustil zwischen den älteren „red brick"-Universitäten und den neueren „steel and glass"-Hochschulen unterschieden wird. Seit 1967 wurden daneben 30 Polytechnics (Technische Universitäten) eingerichtet, seit 1969 gibt es eine Fernuniversität (Open University), die für Berufstätige auch ohne formale Hochschulzugangsqualifikationen eine Chance der Universitätsausbildung durch Teilzeitkurse und Unterricht im Medienverbund bietet.

Einkommensquellen britischer Universitäten
(ausgewählte Beispiele, 1985/86 in %)

	Salford	War-wick	Cam-bridge	Hull	GB Durchschnitt
Regierungszuschüsse	49,2	54,8	54,1	62,7	57,2
Zuschüsse zur Forschungsförderung	4,2	8,7	12,5	5,5	7,0
Studiengebühren einheimischer Studenten	5,7	8,2	8,2	10,1	7,2
Regierungsquellen insgesamt	59,1	71,7	74,8	78,3	71,4
Studiengebühren ausländischer Studenten	7,9	4,7	5,6	4,9	5,4
Zuschüsse und Verträge auf privater Basis	7,1	4,6	3,8	1,1	4,5
Verkauf von Lehrveranstaltungen/andere Dienstleist.	17,4	10,5	1,4	1,0	5,5
Andere	8,5	8,5	14,4	14,7	13,2

Quelle: The Economist, 8. 8. 1987, S. 22.

Die Bemühungen der konservativen Regierung um eine Effizienzerhöhung der Universitäten ließ ihre traditionellen Organisationsformen unangetastet. So bestehen die Oxbridge Universitäten aus einem System weitgehend autonomer „residential colleges", die Universität London ist eine Föderation einer Vielzahl von Teil-Institutionen, in Wales wird die nationale Universität Wales von den vier Colleges Aberystwyth, Bangor, Cardiff und Swansea konstituiert, daneben gibt es in den meisten anderen Universitäten eine einheitliche Universitätsorganisation. Verändert hat die Regierung aber ihr in erster Linie vom University Grants Committee verwaltetes finanzielles Engagement. Ziel ist nicht nur eine Verbesserung der Produktivität der Universitäten, die beispielsweise durch Personaleinsparungen erreicht wird. Das Verhältnis Universitätsbedienstete-Studenten hat sich von 1979/80, 1: 10,9 auf 1983/84, 1: 11,6 erhöht. Ziel ist auch eine deutliche Erhöhung des Eigenbeitrages der Universitäten zu ihrer Finanzierung, sei es durch den Verkauf von Dienstleistungen, die Beratertätigkeit der Professoren oder das Anwerben ausländischer Studenten. Die immer wieder diskutierte Entlastung der Gemeindeetats durch eine teilweise oder völlige Umstellung der von den Kommunen zu tragenden Stipendien für Studierende aus ihrem Einzugsgebiet auf Darlehen ist bisher am Widerstand der hier als Vertreter ihrer Mittelschichtklientel agierenden Konservativen Parlamentarier gescheitert. Ein Gesetzesvorhaben zur Erhöhung der Studiengebühren wurde von der Regierung Thatcher nach einer Niederlage im Parlament 1984 aufgegeben.

Auch andere, weitergehende Vorhaben der konsequenten Marktanhänger in der Konservativen Partei haben bisher keine Mehrheit gefunden. Immer wieder diskutiert wurde die Umstellung des gesamten Erziehungswesens auf ein Gutschein (voucher)-System. Die Eltern könnten mit diesem Geldäquivalent, das sie vom Staat erhalten, unter den konkurrierenden Schulen (wozu auch die privaten gehören würden) frei das nach ihrer Meinung kostengünstigste und gleichzeitig effizienteste Bildungsangebot für ihre Kinder wählen. Für besonders begehrte Schulen, die einen entsprechend höheren Preis für ihr Bildungsangebot fordern könnten, wäre von den sich dafür interessierenden Eltern möglicherweise aus der eigenen Tasche der Differenzbetrag zwischen Gutscheinguthaben und der Rechnung für den Schulbesuch zu bezahlen.

Im Stadium der Gesetzesvorbereitung ist der Ersatz des Globalzuschusses der Regierung an die Universitäten durch zwei getrennte Zuschüsse für Forschung und Lehre. Maßstab für den gewährten Betrag soll nicht mehr die Studentenzahl, sondern die Qualität sein, die die jeweilige Universität nach den von der Regierung vorgegebenen Kriterien erreicht. Neben der Kontrolle der Forschungsschwerpunkte will die Regierung damit auch die Möglichkeit erhalten, Forschung zu konzentrieren und einige Universitäten zu reinen „Lehranstalten" zu machen.

11. Wirtschaftliche Interessenverbände

11.1 Die Arbeitgeberverbände

Die Organisationen der Arbeitgeber sind im Vergleich etwa zu den deutschen Arbeitgeberverbänden wenig schlagkräftig. Ihnen fehlt nicht nur selbst im eigenen Lager die unbestrittene Anerkennung als Spitzenverbände, sie haben auch in ihrem Außenverhältnis zur Regierung und zu den Gewerkschaften große Schwierigkeiten, für eine kontinuierliche Repräsentation der Arbeitgeberinteressen zu sorgen. Die wichtigsten nationalen Interessenvertretungen der Arbeitgeber sind die 1965 aus dem Zusammenschluß von FBI (Federation of British Industry, gegründet 1915), NUM (National Union of Manufacturers, gegr. 1916) und BEC (British Employers' Confederation, gegr. 1919) hervorgegangene Confederation of British Industry (CBI), das seit 1903 bestehende Institute of Directors (IoD) und die bereits 1860 gegründete Association of British Chambers of Commerce (ABCC).

Überblick über die finanziellen und personellen Ressourcen der Spitzenverbände der Arbeitgeber im Jahre 1980

Verband	Einkommen	Angestellte
CBI	£ 6 569 807	ca. 480
IoD	£ 2 775 000	92
ABCC	£ 231 153	12

Quelle: W. Grant: Business and Politics in Britain, Basingstoke / London 1987, S. 129.

Die Bemühungen um eine Organisation der britischen Arbeitgeber sahen sich mit einer Reihe von Umweltfaktoren konfrontiert, die eine einheitliche Interessenvertretung erschweren. Von hervorragender Bedeutung ist die Spaltung der Kapitalseite in Interessen der City, des Finanzkapitals also, und der restlichen Wirtschaft.

Erstere ist weit stärker an internationalen Märkten orientiert als letztere. Während die britische Industrie große Schwierigkeiten hatte und hat, ihre Konkurrenzfähigkeit zu behaupten, hat die City nie ihre internationale Vorrangstellung verloren. Entsprechend leichter fällt ihr das Rekrutieren von Spitzenkräften, die dem Management vor allem mittlerer Betriebe fehlen. Schon charakteristisch für die Gespaltenheit der Kapitalseite ist die Tatsache, daß auf dem CBI-Jahreskongreß 1987 an prominenter Stelle der Bericht einer CBI-Arbeitsgruppe zum Verhältnis City-Industrie debattiert wurde. Der Bericht war zu dem Ergebnis gekommen, daß die Finanzstrategien der City nicht für die Wirtschaftsprobleme einiger Betriebe in der letzten Zeit verantwortlich gemacht werden könnten.

Die CBI hat es nie geschafft, durch eine entsprechende Mitgliederrekrutierung das Image des Spitzenverbandes der Großindustrie abzulegen. Mit einem großangelegten Versuch der Mitgliederwerbung gelang es Ende der 70er und Anfang der 80er Jahre zwar, die Zahl der CBI-Mitglieder von 1972: 12000 auf 1982: 18000 zu erhöhen, diese quantitative Ausdehnung muß allerdings nicht unbedingt als Erfolg gelten. Die CBI-Bemühungen um eine kohärente Position der eigenen Organisation werden dadurch eher erschwert. Zum einen besteht das Problem, daß es neben den erwähnten individuellen Mitgliedschaften im CBI auch korporative Mitgliedschaften von Handels- und Arbeitgeberverbänden (trade associations, employers' associations) gibt, was das Gewichten von Interessen und ihre Artikulation erschwert.

Zum zweiten begründet das strukturelle Übergewicht der Großindustrie und damit auch der starke Einfluß gerade wettbewerbsschwächerer „alter" Industriezweige einen verdeckten Konflikt innerhalb der CBI um die optimale Strategie der wirtschaftlichen Wiederbelebung Großbritanniens. Die seit 1977 durchgeführten CBI-Konferenzen fassen keine bindenden Beschlüsse. Das Spektrum der Forderungen der CBI-Mitglieder entspricht ihren unterschiedlichen Interessenlagen und reicht vom Wunsch nach einer größeren Unterstützung der Industrie durch die Regierung bis hin zur gegenteiligen Aufforderung an die Regierung, sich einer aktiven Rolle in Wirtschaftsfragen zu enthalten. Konsens bestand immer wieder über die Notwendigkeit, etwas gegen die Wettbewerbsschwäche der britischen Wirtschaft zu tun. Vergleiche mit den wirtschaftlichen Erfolgen der Bundesrepublik und Japans führten regelmäßig zur Forderung nach einer Beschleunigung der technologischen Entwicklung und der Verbesserung des Ausbildungssystems und der Höherqualifizierung von Facharbeitern.

Drittens schließlich fehlt der CBI das Gegenüber eines durchsetzungsfähigen Spitzenverbandes auf Gewerkschaftsseite. Die Lohnverhandlungen finden primär auf betrieblicher Ebene statt. Den Spitzenverbänden fehlen damit die Grundlage und die Machtmittel für gesellschaftliche Aushandlungsprozesse und für die Regierungen entfällt die Notwendigkeit, mit solchen Spitzenorganisationen zu verhandeln. Die Gründung der CBI, die die Labour-Regierung Wilson gerade im Geiste dieses Wunsches nach gesellschaftlicher Steuerung förderte, hat am wenigsten auf dem Gebiet der gemeinsamen Lohnpolitik der Unternehmerseite bewirkt. Zwar gab es 1978 einmal eine kurzfristige Aktion gegen den Versuch der Regierung Callaghan, Unternehmen bei Regierungsverträgen an offizielle Lohnleitlinien zu binden, bis heute aber ließ sich eine gemeinsame Streikkasse der Unternehmen nicht durchsetzen. Sofort brachen an diesem Punkt der Institutionalisierung der Haltung der CBI Konfliktlinien auf. Die vor allem für die Finanzierung der gemeinsamen Streikkasse heranzuziehenden Großunternehmen fürchteten einen verantwortungslosen Umgang mit Streikkostengeldern durch die Kleinunternehmen. Einige der CBI-Mitglieder weigerten sich, die Idee zu unterstützen, weil sie annahmen, daß der sich so exponierende Teil der Unternehmen besonders ins Schußfeld der Gewerkschaften geraten müsse.

Am meisten Wirkung entfaltete der CBI als stiller Lobbyist für Industrieinteressen hinter den Kulissen von Regierung und Parlament. Besonders bei konservativen Regierungen fanden die CBI-Vertreter Zugang und Gehör. Ihr bisher wichtigster Erfolg in der Regierungszeit Thatcher ist die Abschaffung des Sozialversicherungsbeitrags (National Insurance Surcharge) der Unternehmer im Jahre 1984. Trotz dieses Entgegenkommens der konservativen Regierung und trotz der Tatsache, daß die Konservative Partei ihre Wahlkampfspenden in erster Linie aus dem Unternehmerlager erhält, gestalteten sich die Beziehungen zwischen CBI und Regierung keineswegs durchgehend positiv. Die CBI war zwar für eine Erhöhung der Konkurrenzfähigkeit der britischen Wirtschaft, wenn dafür die Mittel der Privatisierungspolitik und der Maßregelung der Gewerkschaften eingesetzt wurden. Mit Sorge und Protesten begleitete sie aber den Abbau steuerlicher Privilegien, die Strategie der Regierung, möglichst alle nicht konkurrenzfähigen Unternehmen durch Konkurse auszusortieren und die geringe Neigung der Regierung zu Interventionen angesichts steigender Arbeitslosenzahlen.

Von Anfang an ganz im Sinne der Regierung Thatcher argumentierte dagegen das Institute of Directors (IoD). Lange war das IoD nur eine Art von Club für Manager. Es hat nur Einzelpersonen als Mitglieder und keine Unternehmen als ganze. Mitglieder des IoD können auch als Firmenvertreter CBI-Mitglieder sein. Mit seinen ca. 30 000 Mitgliedern ist das IoD vor allem eine einflußreiche Lobbyorganisation. Ihre strikt marktwirtschaftlichen Stellungnahmen wurden von der Regierung Thatcher gerne als Argumente aufgenommen und haben dem IoD in den achtziger Jahren zu einem stark ausgeprägten öffentlichen Profil verholfen. Auch die Organisation der Handelskammern (ABCC) hat in der Regierungszeit Margaret Thatchers neue Beachtung gefunden, weniger wegen ihrer ideologischen Ausrichtung als wegen des Interesses, das die Regierung an Klein- und Mittelunternehmen als Motoren des wirtschaftlichen Aufschwungs hat. Oft haben aber gerade in dieser Beziehung die bedeutenderen der 835 lokalen Handelskammern mehr Gestaltungsmöglichkeiten als ihr Spitzenverband.

Die CBI ist, trotz seiner internen Probleme und möglicher Konkurrenz anderer Spitzenorganisationen, schon wegen seiner überlegenen Ressourcen weiterhin die einflußreichste Unternehmerorganisation. Er ist damit so etwas wie der Einäugige unter den Blinden. Andere Unternehmerorganisationen haben, wie der von CBI und ABCC in Auftrag gegebene Devlin-Report 1972 feststellte, in ihrer Mehrzahl nicht einmal den erforderlichen organisatorischen Unterbau, um eigenständig Interessen zu vertreten. Zum Teil sind sie nur Anlaufadressen, die eingerichtet wurden, weil die Regierung für bestimmte Sachfragen ein Gegenüber aus der Industrie suchte. Als Repräsentant in Ausschüssen und Gremien, in denen die wichtigsten gesellschaftlichen Gruppen mitwirken sollen, wird von der Regierung in der Regel die CBI zur Mitwirkung eingeladen. Unterhalb der nationalen Ebene sind Unternemerinteressen in zahlreichen sektoralen und lokalen Zusammenschlüssen repräsentiert.

II.2 Die Gewerkschaften

a) Trades Union Congress (TUC)

Im Vereinigten Königreich gab es 1985 373 Gewerkschaften mit 10,7 Millionen Mitgliedern. Fast 60 % aller Gewerkschaftsmitglieder sind in den Großgewerkschaften mit über einer viertel Million Mitgliedern organisiert, die 2,7 % der Gesamtzahl aller Gewerkschaften ausmachen. Die große Mehrheit der Gewerkschaftsmitglieder hat sich im 1868 gegründeten Trades Union Congress (TUC) zusammengeschlossen. Nach dem II. Weltkrieg wuchs die Zahl der Gewerkschaftsmitglieder nahezu kontinuierlich von 6,5 auf 1980: 12,2 Millionen alleine im TUC. Waren 1945 nur 39 % der Arbeitnehmer gewerkschaftlich organisiert, so waren es 1979: 55,4 %.

Die wirtschaftlichen Krisenerscheinungen Ende der 70er Jahre und der damit verbundene Beschäftigungseinbruch, sowie die reduzierte Rolle und das verminderte Prestige der Gewerkschaften in der Regierungszeit Margaret Thatchers führten auf der Seite der Gewerkschaften zu einem deutlichen Aderlaß. Hatte der TUC 1980 noch 109 Mitgliedsgewerkschaften mit 12,2 Millionen Mitgliedern, so waren es 1985 nur noch 91 Gewerkschaften mit 9,8 Millionen Mitgliedern, die sich im TUC organisierten. 1988 sank die Mitgliederzahl im TUC weiter auf 9,1 Millionen Gewerkschafter.

Diese Mitgliederverluste konnten auch nicht durch strukturbereinigende Gewerkschaftszusammenschlüsse aufgefangen werden, wie die Mitgliederentwicklung der zehn größten TUC-Gewerkschaften beweist. Die Infragestellung der Existenz vieler Gewerkschaften hat die traditionelle Gewerkschaftsstruktur noch deutlicher obsolet werden lassen. Immer noch lassen sich vier Typen von Gewerkschaften unterscheiden: a) die *crafts unions*, die aus Handwerkerverbänden hervorgegangenen Facharbeiter-Gewerkschaften; b) die *occupational unions*, die Berufsgruppen organisieren; c) die *general unions*, die für alle offenen Gewerkschaften und d) die *industrial unions*, die sich auf Industrien spezialisieren. Auch wenn es schon zu Zusammenschlüssen über Trennlinien hinweg kam, ist auch heute noch die Konkurrenz mehrerer Gewerkschaften in einzelnen Betrieben der Normalfall. Die deutsche Regel, eine Industrie — eine Gewerkschaft, die auf die Anregung der britischen Besatzungsmacht nach dem II. Weltkrieg zurückgeht, hat im Vereinigten Königreich kein Äquivalent.

Die Gewerkschaften werden heute allerdings weniger durch Abgrenzungsprobleme zu anderen Gewerkschaften in ihrem eigenen Wirkungskreis beeinträchtigt als durch die Tatsache, daß sie in bestimmten, ja den wichtigeren Bereichen der britischen Wirtschaft immer seltener eine starke Position behaupten können. Mit dem Niedergang von Kohle, Stahl und Schiffbau haben sie traditionelle Machtpositionen eingebüßt, die nur teilweise durch ihre starke Stellung im — durch den Ausbau des Wohlfahrtsstaates gewachsenen — öffentlichen Sektor wieder wettgemacht werden konnte. Im Wachstumszentrum des Landes, im Südosten, ist der gewerkschaftliche

Mitgliederentwicklung der zehn größten TUC-Gewerkschaften 1979-1985

	1979[b]	1985[b]	% Veränderung
TGWU	2086281	1434005	-31,3
AEU[a]	1298580	974904	-24,9
GMBATU	967153	839920	-13,2
Nalgo	753226	752131	- 0,1
Nupe	691770	663776	- 4,0
Usdaw	470017	385455	-18,0
ASTMS	491000	390000	-20,6
EETPU	420000	347635	-17,2
Ucatt	347777	248693	-28,5
AUEW-Tass	200954	251254	+25,0

a) Die Mitgliederzahl der AEU für 1979 ist die Summe der drei, erst formal 1985 vereinten Sektionen der Gewerkschaft, der Engineering, Construction und Foundry Section.

b) Die Zahlen für 1979 stammen aus dem TUC-Report 1980 und für 1985 aus dem TUC-Report 1986. In den Reports werden die gemeldeten Mitgliederzahlen per 31.12. des vorangegangenen Jahres bekanntgegeben.

TGWU   = Transport and General Workers' Union
AEU   = Amalgamated Engineering Union
GMBATU   = General, Municipal, Boilermakers' and Allied Trade Unions
Nalgo   = National and Local Government Officers' Association
Nupe   = National Union of Public Employees
Usdaw   = Union of Shop, Distributive and Allied Workers
ASTMS   = Association of Scientific, Technical and Managerial Staffs
EETPU   = Electrical, Electronic, Telecommunication and Plumbing Union
Ucatt   = Union of Construction, Allied Trades and Technicians
AUEW-Tass = Amalgamated Union of Engineering Workers (Technical, Administrative and Supervisory Section)

Quelle: K. Bielstein: Gewerkschaften, Neo-Konservatismus und ökonomischer Strukturwandel, Bochum 1988, S. 208.

Organisationsgrad am niedrigsten. Zwischen 1980 und 1984 hat in Großbritannien die Zahl der Betriebe ohne Gewerkschaftspräsenz bei den Arbeitern um 82,2 % und bei den Angestellten um 32,9 % zugenommen.

Im TUC selbst sind immer wieder Spannungen aufgetreten wenn es darum ging, eine einheitliche Strategie der Gewerkschaften gegenüber den Gewerkschaftsgesetzen der Konservativen Regierung festzulegen, aber auch wenn es darum ging, Position bei aktuellen Auseinandersetzungen, wie dem Bergarbeiterstreik, zu beziehen. Die Abspaltung der Union of Democratic Mineworkers von der von Arthur Scargill dominierten National Union of Mineworkers

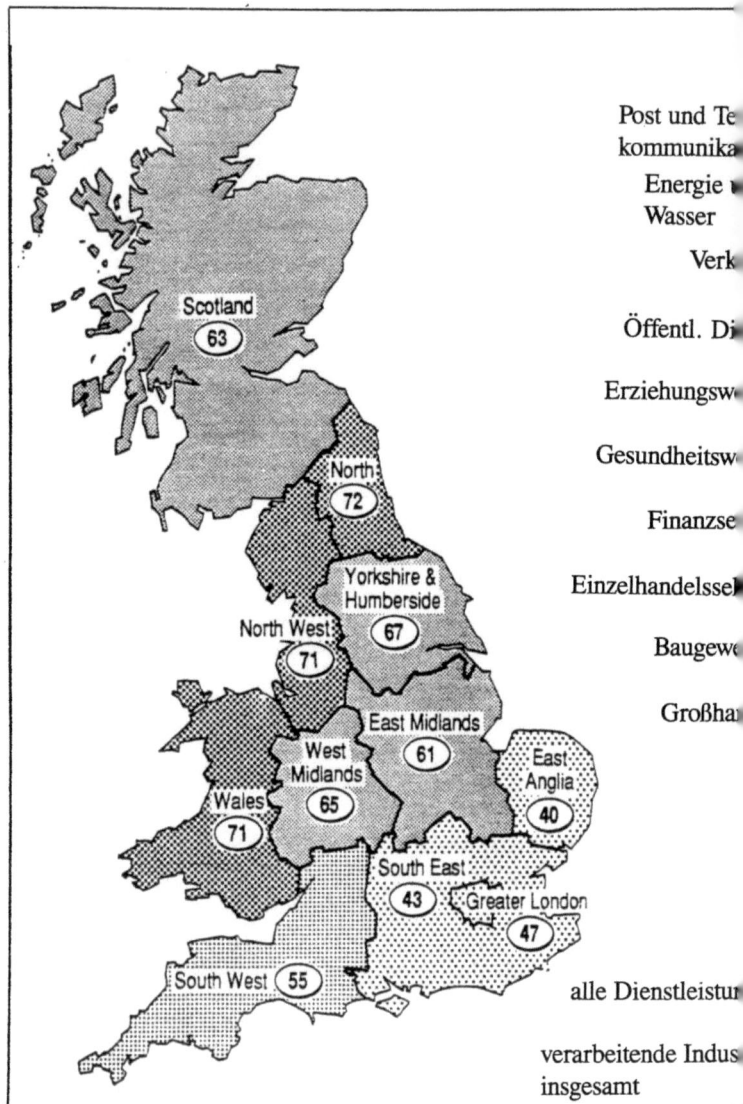

Quelle: The Economist, 7. 5. 1988, S. 29.

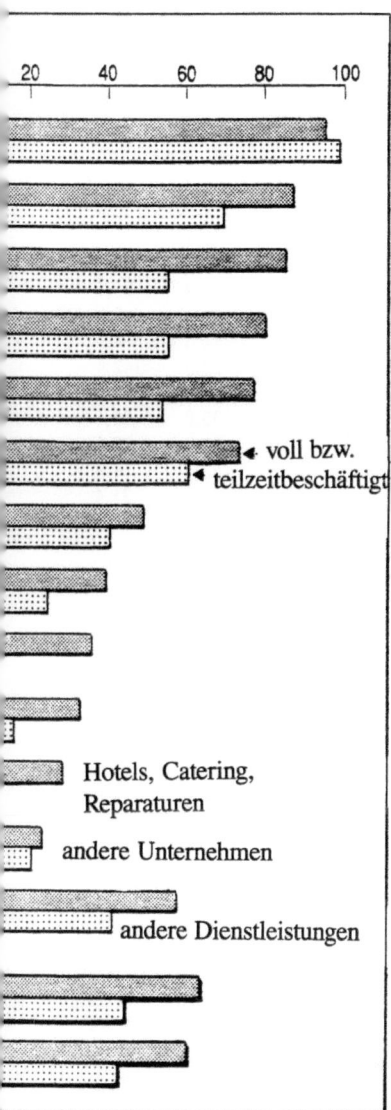

(NUM) als Konsequenz des Arbeitskampfes deutet auf die mögliche
Bedrohung der Gewerkschaftseinheit hin.

*Regionale Entwicklung des Zuwachses von Betrieben ohne gewerkschaftlich
organisierte Beschäftigte (in %)*

| | Betriebe | | | | | |
| | mit Gewerkschafts-mitgliedern | | | ohne Gewerkschafts-mitglieder | | |
	1980	1984	Veränder.	1980	1984	Veränder.
Arbeiter						
Schottland	85,4	67,2	-21,3	14,6	32,9	125,3
Wales	85,7	73,3	-14,5	14,2	26,7	88,0
North	91,5	84,1	- 8,1	8,6	15,8	83,7
North-West	89,4	83,6	- 6,5	10,6	16,2	52,8
Yorks & H'side	86,5	85,4	- 1,3	13,5	14,6	8,1
West Midlands	90,9	77,1	-15,2	9,2	22,3	142,4
East Midlands	93,0	63,1	-32,2	7,0	37,0	428,6
East Anglia	82,1	66,1	-19,5	17,9	33,9	89,4
South-West	79,2	61,2	-22,7	20,9	38,8	85,6
South-East	69,4	61,5	-25,8	30,6	48,6	58,8
London	75,8	68,3	- 9,9	24,2	31,8	31,4
GB	83,7	70,3	-16,0	16,3	29,7	82,2
Angestellte						
Schottland	62,5	46,5	-25,6	37,5	53,5	42,6
Wales	73,0	66,9	- 8,4	27,0	33,1	22,6
North	71,7	48,6	-32,2	28,3	51,5	8,2
North-West	68,6	64,6	- 5,8	31,4	35,4	12,7
Yorks & H'side	57,2	55,8	- 2,4	42,8	44,2	3,3
West Midlands	68,1	58,5	-14,1	32,0	41,5	29,7
East Midlands	74,2	56,8	-23,5	15,8	16,2	2,5
East Anglia	68,3	39,1	-42,8	31,8	60,9	91,5
South-West	67,7	43,0	-36,5	32,3	57,0	76,5
South-East	44,4	43,2	- 2,7	55,6	56,7	2,0
London	54,9	39,0	-30,0	45,0	61,1	35,7
GB	61,3	48,7	-20,6	38,6	51,3	32,9

Quelle: Financial Times, 3. 5. 1988, S. 11.

Der Spaltpilz im Gewerkschaftslager geht heute nicht zuletzt auf
Initiativen der Elektrikergewerkschaft (EETPU) zurück, die sich
weder davor scheute einen (erfolglosen) Mitgliedsantrag bei der
CBI zu stellen, noch davor, während des Druckerstreiks 1985/86
die Streikfront der Druckgewerkschaften zu unterlaufen und mit ihren Mitgliedern anstelle der entlassenen Gewerkschaftskollegen die
bestreikten Zeitungen herzustellen. Konnte letzterer Konflikt mit
taktischem Geschick des EETPU-Vorsitzenden Hammond, der sich

darauf berief, den neuen Gewerkschaftsgesetzen nicht zuwiderhandeln zu können, und einer kompromißbereiten Haltung des TUC noch beigelegt werden, so hatte der TUC weit größere Probleme haben, die EETPU-Bereitschaft, Arbeitsverträge zu schließen, die ein Streikverbot enthalten und die vorsehen, daß in einem Betrieb nur noch eine Gewerkschaft vertreten sein darf, als mit der TUC-Satzung in Übereinstimmung befindlich zu interpretieren. Im Herbst 1988 kam es zum Bruch zwischen der EETPU und dem TUC.

b) Gewerkschaftsorganisation im Betrieb

Die Machtbasis der britischen Gewerkschaften ist in den Betrieben. Anders als die gesamtgesellschaftliche Rolle der Gewerkschaften, die sich mit dem Regierungsantritt der konservativen Regierung Thatcher deutlich verringerte, ist die Position der gewerkschaftlichen Vertrauensleute (shop stewards) im Prinzip unverändert geblieben. Analog der Veränderung in der Wirtschaftsstruktur ging die Zahl der shop stewards in der Privatindustrie zurück, während sie im öffentlichen Sektor, vor allem im Angestelltenbereich, wuchs. Insgesamt hat sich die Zahl der gewerkschaftlichen Vertrauensleute von 317 000 (1980) auf 335 000 (1984) erhöht.

Gewerkschaftliche Vertrauensleute (in Tsd.)

Jahr	Ins-gesamt	Privatindustrie		Private Dienstleistungen		Öffentlicher Sektor	
		AR	AN	AR	AN	AR	AN
1980	317	95	35	26	14	62	86
1984	335	72	23	23	24	77	116

AR = Arbeiter; AN = Angestellte.

Quelle: J. MacInnes: Thatcherism at Work, Milton Keynes / Philadelphia 1987, S. 100.

Die British Workplace Industrial Relations-Studie über die Periode 1980 - 84 hat nachgewiesen, daß die traditionellen Aushandlungsstrukturen auf Betriebsebene, die die Lohnverhandlungen strukturieren, intakt blieben. Für ungefähr die Hälfte der Arbeiter fiel hier die Entscheidung über ihr Einkommen.

Zu Arbeitskonflikten kam es seltener, weil es die Ertragslage der wettbewerbsfähigen Unternehmen ermöglichte, Lohnforderungen aufzufangen. Rückschläge mußten die Gewerkschaften auf Betriebsebene in erster Linie bei Betriebsschließungen und umfassenden Rationalisierungsvorhaben nicht mehr konkurrenzfähiger Unternehmen in Kauf nehmen. Die Arbeitskonflikte in den achtziger Jahren waren weniger Lohnkämpfe als Auseinandersetzungen um den Erhalt traditioneller, aber wenig produktiver Arbeitsplätze, wie die Beispiele der Druckerstreiks 1983/84 bzw. 1985/86, des Bergarbeiterstreiks 1984/85 und des Seeleutestreiks (gegen Personalabbau zur Kostensenkung im Fährverkehr über den Kanal im Vorgriff auf die zukünftige Konkurrenz des Kanaltunnels im Jahre 1989) bewiesen. Neu ist das Bestreben des Managements einiger Betriebe, durch bessere Information der Beschäftigten und den Aufbau formalisierter Kommunikationsstrukturen (Qualitätszirkel, Joint Consultation Committees) das Interesse der Arbeitnehmer am Betriebsablauf und dem Produktionsergebnis zu erhöhen. Die britischen Gewerkschaften sehen diesen Abbau der klaren Trennlinie zwischen Arbeitnehmer- und Unternehmerverantwortung mit gemischten Gefühlen, da sie beim Übernehmen von Mitverantwortung einen Verlust ihrer Konfliktfähigkeit fürchten.

Streiks

Jahr	Anzahl	beteiligte Arbeiter (in Tausend)	verlorene Arbeits- tage (in Tausend)	
1977	2703	1165,8	10142	
1978	2471	1041,5	9405	
1979	2080	4607,8	29474	a)
1980	1330	833,7	11964	
1981	1338	1512,5	4266	
1982	1528	2102,9	5313	
1983	1352	573,8	3754	b)
1984	1206	1464,3	27135	
1985	903	791,3	6402	c)
1986	1074	720,2	1920	
1987	1016	887,4	3546	

a) letzte Regierungsjahre der Labour-Regierung Callaghan, einschließlich des „winter of discontent" 1978/79
b) erste Amtszeit Margaret Thatchers
c) Bergarbeiterstreik 1984/85

Quelle: International Labour Office: Yearbook of Labour Statistics, Genf 1988, S. 1085.

168

II.3 Die Reform der Gewerkschaftsgesetzgebung

In der britischen Nachkriegsgeschichte hat es immer wieder Versuche gegeben, den quasi rechtsfreien Raum, in dem sich die Gewerkschaften bewegten (Tradition des „Voluntarismus"), durch gesetzliche Maßnahmen einzuschränken. Selbst die von Harold Wilson geführte Labour-Regierung Ende der 60er Jahre veröffentlichte ein Weißbuch („In Place of Strife"), dem eine die Streikfreudigkeit der britischen Gewerkschaften dämpfende Gesetzgebung folgen sollte. Das Gesetzesvorhaben scheiterte am Widerstand der Gewerkschaften und der durch ihre Haltung gestärkten Gesetzesgegner innerhalb der Labour Party. In den 70er und 80er Jahren waren es jeweils die konservativen Regierungen, die sich für eine stärkere Regelung der Arbeitsbeziehungen einsetzten, während die Labour-Regierungen sich zum Garanten der Beibehaltung oder gar des Ausbaus gewerkschaftlicher Autonomie machten. Der von der konservativen Regierung Heath 1971 durchgesetzte Industrial Relations Act wurde von der 1974 ins Amt gekommenen Labour-Regierung Wilson ersetzt durch die Trade Union and Labour Relations Acts der Jahre 1974 und 1976, die nicht nur den gesetzlichen Rahmen zur Überwachung der Gewerkschaftsaktivitäten beseitigten, sondern auch den Gewerkschaften erweiterte Immunität bei vertragswidrigen Handlungen im Laufe von Streiks gewährten.

Die Regierung Thatcher war auf einer Woge antigewerkschaftlicher Stimmung im Lande als Reaktion auf den Streikwinter 1978/79 mit dem Wahlversprechen ins Amt gekommen, unverantwortliche Auswüchse gewerkschaftlicher Autonomie zu beschneiden und die politische Privilegierung der Gewerkschaften zu beschränken. Anders als die Heath-Regierung setzte die Regierung Thatcher ihre Gewerkschaftsreformgesetzgebung schrittweise durch mit den Employment Acts der Jahre 1980, 1982 und 1988 und dem Trade Union Act von 1984. Der Employment Act von 1980 brachte folgende Neuregelungen:

— die strikte Beschränkung der Möglichkeit von Solidaritätsstreiks in von einem Streik nicht betroffenen Unternehmen („secondary action"). Solche Streiks sollten nur noch erlaubt sein, wenn dadurch lediglich Zulieferer und Kunden des bestreikten Unternehmens betroffen sind und auch in diesem Falle nur im Hinblick auf die Produkte, die für den bestreikten Betrieb relevant sind. Eine ähnliche Regelung gilt bei Produktionsauslagerungen, die dem Unterlaufen von Streiks dienen. Für jede weitergehende Betriebsstörung kann der Verursacher einer solchen bzw. seine Gewerkschaft haftbar gemacht werden.

— das Verbot des sogenannten „secondary picketing", also des Auftretens von Streikposten vor anderen Betrieben als denjenigen, in denen sie beschäftigt sind. Streikposten dürfen nur den Versuch machen, ihre Kollegen mit friedlichen Mitteln zu überzeugen;

— die Begrenzung der absoluten Geltung des closed shop. In einem Betrieb mit closed shop-Regel bestand vor der Gesetzesregelung für jeden Mitarbeiter der Zwang zur Gewerkschaftsmitgliedschaft. Seit 1980 kann nicht mehr entlassen werden, wer sich diesem Zwang nicht fügt, weil er seiner persönlichen Gewissensentscheidung widerspricht, weil er bereits vor dem Inkrafttreten einer closed shop-Vereinbarung als Nichtgewerkschaftsmitglied beschäftigt war oder weil in einer geheimen Abstimmung sich nicht 80 Prozent aller Mitarbeiter für den closed shop aussprachen;

— eine Verlagerung der Beweislast für ungerechtfertigte Entlassungen bei Arbeitsgerichtsverfahren auf den Arbeitnehmer;

— ein Angebot der Regierung, zur Förderung der innergewerkschaftlichen Demokratie die Kosten für die Briefwahl bei Urabstimmungen, Gewerkschaftswahlen, Abstimmungen über Gewerkschaftsstatute und Gewerkschaftszusammenschlüsse zu übernehmen.

Der Employment Act des Jahres 1982 griff Thema und Tendenz des ersten Employment Acts auf und präzisierte bzw. verschärfte diese. Er legte fest,

— welche Kategorien von Arbeitsniederlegungen ungesetzlich sind, nämlich a) solche, die aus inner- und zwischengewerkschaftlichen Rivalitäten entstehen, b) solche, die sich nicht auf Auseinandersetzungen im eigenen Betrieb beziehen, c) solche, die auf Veranlassung von Gewerkschaften von außerhalb in den Betrieb hineingetragen werden, ohne daß die Betriebsangehörigen selbst sich im Konflikt mit ihrem Arbeitgeber befinden, d) solche, die sich nicht in erster Linie auf Lohn- und Arbeitsbedingungen beziehen, e) solche, die in Reaktion auf Ereignisse im Ausland, die die Betriebsangehörigen nicht unmittelbar betreffen, zustande kommen;

— daß zum ersten Mal seit 1906 die Gewerkschaftsvermögen herangezogen werden können, um für Schäden aufzukommen, die Gewerkschaftsmitglieder oder -funktionäre bei ungesetzlichen Handlungen verursachen, sofern ein entsprechender Beschluß oder eine entsprechende Entscheidung auf Gewerkschaftsseite besteht. Unternehmen, die durch ungesetzliche Streiks betroffen sind, können vor Gericht eine Entscheidung zur Beendigung der Streiks verlangen. Wird diese von den Streikenden mißachtet, drohen ihnen Geldstrafen oder Gefängnis. Unternehmen haben auch das Recht, Schadensersatz bei ungesetzlichen Streiks zu fordern. Die mögliche Höhe von Schadensersatzforderungen wurde folgendermaßen festgelegt: Gewerkschaften bis zu 4999 Mitglieder zahlen £ 10000, von 5000 bis 24999 Mitglieder: £ 50000, von 25000 bis 99999 Mitglieder: £ 100000 und von 100000 und mehr Mitgliedern: £ 250000;

— daß die Begrenzungen für closed shop-Vereinbarungen verschärft werden. Solche Vereinbarungen sind nur noch verbindlich, wenn in den fünf Jahren vor dem 1. November 84 eine geheime Abstimmung unter den Mitarbeitern stattfand, in der mindestens 80 Prozent der Betroffenen oder 85 Prozent der Abstimmenden dem closed shop zugestimmt haben;

— daß Verträge nichtig sind, die die Auftragsvergabe für Firmen an die Bedingung knüpfen, daß diese Gewerkschaftsmitglieder beschäftigen bzw. Gewerkschaften in ihrem Bereich als Verhandlungspartner anerkennen. Den Gewerkschaften wird das Recht genommen, durch Arbeitskonflikte entsprechende Verträge durchzusetzen;

— das Recht der Unternehmer, Streikende zu entlassen, sofern alle Streikenden gleich behandelt werden. Nach drei Monaten sind Wiedereinstellungen so entlassener Mitarbeiter möglich. Der Zwang zur Gleichbehandlung entfällt.

Das Gewerkschaftsgesetz von 1984 bezieht sich stärker als die beiden die Arbeitsbedingungen regelnden Gesetze auf die Verfassung der Gewerkschaften selbst und ihren Handlungsspielraum. Es regelt im einzelnen:

— daß die Gewerkschaftsspitze in geheimen Wahlen unter Beteiligung der gesamten Mitgliedschaft spätestens alle fünf Jahre durch Wahlen bestellt werden muß;

— daß die Gewerkschaften ihre Immunität bei Streikaktionen verlieren, wenn sie keine geheime Abstimmung unter allen Betroffenen vor der offiziellen Ausrufung eines Streiks abhalten;

— daß Gewerkschaften, die zu politischen Zwecken Fonds unterhalten, konkret zur Unterstützung der Labour Party in den meisten Fällen bzw. zur Finanzierung des Wahlkampfes gewerkschaftsnaher (Labour) Politiker, mindestens einmal in zehn Jahren die Zustimmung ihrer Mitglieder zu dieser Politik einholen müssen. Diese Lösung stellt einen Kompromiß dar. Sie modifiziert zwar etwas die vorher gültige „contracting out"-Lösung, wonach jedes Gewerkschaftsmitglied, das mit seinem Mitgliedsbeitrag nicht gleichzeitig einen Beitrag zur Finanzierung der Labour Party leisten wollte, die Möglichkeit hat, dies zu erklären. Der Kompromiß geht aber nicht so weit, wie dies der radikalere Teil der Konservativen Partei wollte, nämlich eine „contracting in"-Lösung einzuführen, die der Labour Party Zahlungen vorenthalten hätte, sofern das einzelne Gewerkschaftsmitglied nicht einen entsprechenden Wunsch ausdrücklich geäußert hätte.

Der Employment Act des Jahres 1988 hat die individuellen Rechte des Arbeitnehmers in der Konfrontation mit gewerkschaftlicher Politik weiter gestärkt:

— Er betont das Recht des Arbeitnehmers, auch bei Streiks seiner Arbeit nachzugehen und legal aufgestellte Streikposten zu ignorieren.
— Der einzelne Arbeitnehmer kann künftig seine Gewerkschaft an der Organisation eines Arbeitskampfs hindern, wenn keine geheime Urabstimmung darüber stattgefunden hat oder eine solche keine Mehrheit für einen Arbeitskampf ergab. Gewerkschaftsmitglieder können der Führung ihrer Gewerkschaft auch untersagen lassen, Gewerkschaftsmittel zur Zahlung von Geldstrafen zu verwenden, die über einen Funktionär wegen einer strafbaren Handlung oder Mißachtung eines Gerichts verhängt wurden. Die Arbeitnehmer können die erwähnten Rechte entweder bei einem für Arbeitsrechtsfragen zuständigen Schiedsgericht oder bei ordentlichen Gerichten geltend machen. Neu eingeführt wird ein Ombudsmann für die Rechte der Gewerkschaftsmitglieder.
— Künftig muß bei Abstimmungen über einen Arbeitskampf deutlich gemacht werden, ob ein Streik oder nur sonstige Maßnahmen beabsichtigt sind. Auf dem Wahlzettel muß vermerkt sein, daß der Arbeitskampf einen Bruch des Arbeitsvertrags bedeuten kann. Andernfalls kann sowohl der Arbeitgeber als auch jedes Gewerkschaftsmitglied klagen.
— In Zukunft sind Entlassungen unzulässig, die sich darauf stüt-

zen, daß der Arbeitnehmer nicht gewerkschaftlich organisiert sei (closed shop-Regelung). Der Arbeitnehmer kann in einem solchen Fall sowohl Wiedereinstellung als auch Schadensersatz verlangen. Arbeitskämpfe, mit denen der „closed shop" erzwungen werden soll, sind künftig illegal.

Die bisherigen Erfahrungen mit den Reformgesetzen deuten an, daß die Unternehmer nur in den wenigsten Fällen sich von vorneherein auf die neuen juristisch abgesicherten Positionen zurückziehen. Auch bei Konflikten vertraut man auf das Aushandeln von Lösungen und den Kompromiß. Dennoch wurden bereits mehrmals, begleitet vom Beifall der Regierung, die neuen Spielregeln erprobt. Sie erwiesen sich als wirksames Mittel zur Schwächung der Gewerkschaftsmacht. Spektakuläre Fälle der Beschlagnahme des Gewerkschaftsvermögens gab es beispielsweise während des Streiks der britischen Bergarbeiter (1984/85) oder der Seeleutegewerkschaft (1988). Bezüglich des closed shops hat sich eine Art Stillhalteabkommen zwischen Unternehmen und Gewerkschaften herausgebildet, das solche Vereinbarungen schützt, sofern nicht ein Mitarbeiter Klage führt. Die Bestimmungen des Trade Union Act stellen bisher kaum eine Hürde für die Fortführung der gewohnten gewerkschaftlichen Aktivitäten dar, Mehrheiten für eine Beibehaltung der politischen Fonds wurden nicht zuletzt durch die geschickte Taktik der Gewerkschaften nicht allzusehr auf die damit implizierte Finanzierung der Labour Party hinzuweisen, relativ mühelos gefunden. Streiks, die durch geheime Abstimmungen genehmigt wurden, erwiesen sich als sehr erfolgreich, weil anders als bei der früheren Praxis des Händehebens der Anwesenden, es den Unternehmern schwerfiel, die Legitimität solcher Begehren zu bezweifeln. Nach dem Überwinden einer gewissen Hemmschwelle fanden sich auch immer mehr Gewerkschaften bereit, für ihre Abstimmungen Regierungsgelder anzunehmen.

Politik

12. Die staatliche Ordnung

Das Vereinigte Königreich von Großbritannien und Nordirland ist eine konstitutionelle Erbmonarchie. Über die Geschicke des multinationalen States wird zentral von London aus, dem Sitz von Regierung und Parlament, entschieden. Harmonisiert werden unterschiedliche nationale Loyalitäten im administrativen Einheitsstaat (unitarischen Staat) durch eine gemeinsame Orientierung am Staatsoberhaupt, der Königin, und an einer, nationale Loyalitäten übergreifenden zweiten Loyalität, der britischen. England ist nach Fläche und vor allen Dingen gemessen an seiner Einwohnerzahl (hier leben 83 % der Bewohner des Vereinigten Königreichs) bei weitem die bedeutendste der vier britischen nationalen Einheiten. Diese Dominanz Englands erschwert es den Bewohnern nicht-englischer Gebiete, sich gegen die Gleichsetzung britisch = englisch zu behaupten.

In allen nicht-englischen Nationen werden historische Argumente zur Rechtfertigung ihrer eigenständigen politischen Rolle innerhalb des Vereinigten Königreichs genutzt. Nur *Schottland* kann sich auf die Erfahrung einer *eigenen Staatlichkeit* berufen. Die politische Einheit von Schottland und England wurde 1707 durch einen *Act of Union* besiegelt. Zwar waren seit 1603 die britische und die schottische Krone vereinigt, bis 1707 gab es aber zwei getrennte Parlamente und zwei getrennte Beratergremien (*Privy Councils*) des Königs. Wie skeptisch auch immer Historiker die „Freiwilligkeit" des Zustandekommens des Vertragsschlusses zwischen England und Schottland beurteilen mögen, für die heutige politische Situation Schottlands ist entscheidend, daß dieser nicht nur den größten Teil der institutionellen Autonomie des Landes wahrte, sondern auch — anders als die Bindung von Wales und Irland an England — nicht offen den Charakter einer Annexion annahm.

Die territoriale Gliederung des Vereinigten Königreiches

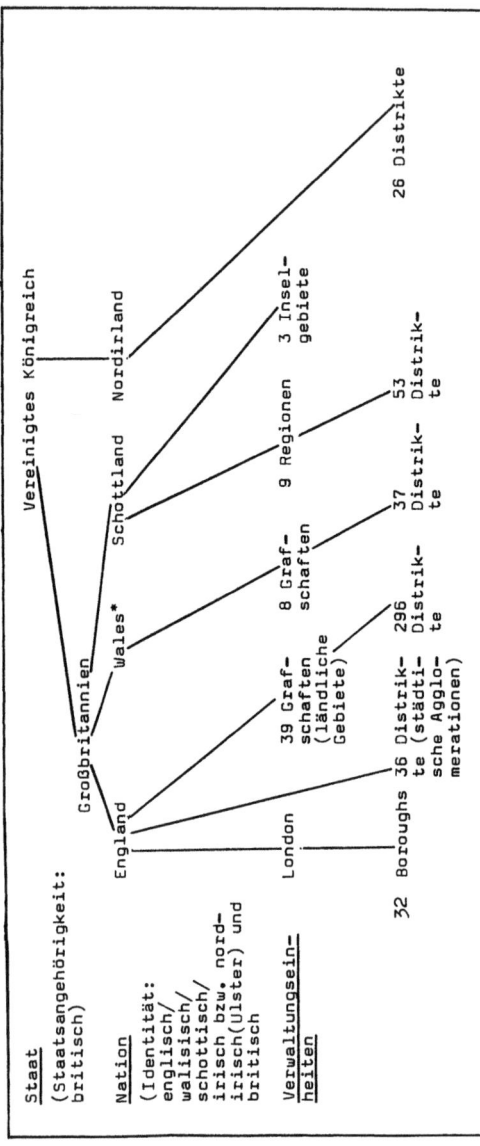

```
Staat
(Staatsangehörigkeit:
britisch)                                    Vereinigtes Königreich


Nation
(Identität:                   Großbritannien              Nordirland
englisch/
walisisch/          England   Wales*  Schottland
schottisch/
irisch bzw. nord-
irisch(Ulster) und
britisch

Verwaltungsein-
heiten              London  39 Graf-  8 Graf-  9 Regionen  3 Insel-  26 Distrikte
                            schaften  schaften             gebiete
                            (ländliche
                            Gebiete)

         32 Boroughs  36 Distrik-  296      37       53
                      te (städti-  Distrik- Distrik- Distrik-
                      sche Agglo-  te       te       te
                      merationen)
```

* Wales konstituiert nach juristischen Kriterien nicht in dem gleichen Maße wie Schottland einen Teil Großbritanniens. Aus staatsrechtlicher Sicht ist Wales seit seiner Inkorporierung durch den Act of Union des Jahres 1536 ein Teil Englands. Die schottische Zustimmung zum Unionsvertrag mit England des Jahres 1707 stellte die Existenz Schottlands als separater politischer Einheit nicht in Frage.

Quelle: R. Sturm: Das Vereinigte Königreich von Großbritannien und Nordirland, in: Regionen und Regionalismus in Westeuropa, Stuttgart etc. 1987, (22-45), S. 23.

Das Größenverhältnis der vier britischen nationalen Einheiten

	Fläche		Einwohnerzahl		Parlamentssitze	
	insges. in qkm	in %	insges. in Mio.	in %	insges.	Bevölke- rungszahl je Sitz
England	130439	53,4	46,4	83,0	523	88648
Schottland	78772	32,3	5,1	9,2	72	71263
Wales	20768	8,5	2,8	5,0	38	73473
Nordirland	14121	5,8	1,5	2,8	17	91882
Vereinigtes Königreich	244100	100,0	55,8	100,0	650	85920

Der *Act of Union* zwischen England und Wales von 1536 war lediglich der Schlußstrich unter die Willkürherrschaft der von Wilhelm dem Eroberer eingesetzten Grenzfürsten (Marcher Lords) über große Teile von Wales. Alleine die walisische Sprache, die durch die Bibelübersetzungen des 16. Jahrhunderts tradiert wurde, blieb nach der Abschaffung der alten walisischen Gesetze (1543) und der Regionalverwaltung durch den Council of Wales and the Marches (1830) als Fokus nationaler Identität erhalten. Erst das Beispiel des irischen Nationalismus im 19. und vor allem die Erfolge des schottischen Nationalismus in der zweiten Hälfte des 20. Jahrhunderts führten mit der Forderung nach einer Gleichstellung von Schottland und Wales zu einer stärkeren Anerkennung von Wales als nationaler Einheit innerhalb des Vereinigten Königreichs. 1955 wurde Cardiff von der Zentralregierung in London der Status der walisischen Hauptstadt zuerkannt und 1964 wurde, analog zum bereits aus dem 19. Jahrhundert stammenden schottischen Vorbild, ein Ministerium für Wales eingerichtet, mit einem Welsh Office als oberstem walisischen Verwaltungsorgan.

Sowohl in Nordirland als auch in Schottland und Wales gibt es identitätsstiftende nationale Besonderheiten, die dazu dienen können, die Sonderstellung der nichtenglischen Nationen im Vereinigten Königreich zu begründen. Neben einer Reihe von „Kuriositäten", wie dem Schottenrock oder dem schottischen Whisky, den walisischen Chören oder den Fußballnationalmannschaften der drei Nationen, die dem Touristen oder dem an der Populärkultur interessierten Ausländer als erstes auffallen, sind es vor allem die von Theoretikern des Nationalismus immer wieder hervorgehobenen zentralen identitätsstifenden gesellschaftlichen Merkmale (a) Spra-

che, b) Religion und c) nationale Institutionen), die für die politisch-
kulturelle Identität der drei nichtenglischen Nationen von zentraler
Bedeutung sind.

a) Die nationale Sprache war, wie erwähnt, für den Erhalt einer walisischen Identität die entscheidende Größe. Parallel zum Bedeu-
tungsgewinn eigenständiger nationaler Institutionen in Wales in den
letzten Jahrzehnten verlor diese aber immer mehr an Bedeutung.
Sprachen 1921 in Wales noch über die Hälfte der über 65jährigen
Walisisch, so ging der Anteil derjenigen, die diese Sprache sprechen, in dieser Altersgruppe 1981 auf 27,4 % zurück. Bereits 1921
hatte der Anteil der Waliser, die *nur* Walisisch sprachen, lediglich
6,3 % betragen (Gesamtzahl der Walisisch sprechenden: 37,1 %).
1981 beherrschten noch 18,9 % die ursprüngliche Landessprache,
etwa halb so viele Waliser wie vor 60 Jahren. Der Abwärtstrend in
der Sprachloyalität konnte auch durch den von den walisischen Nationalisten und Sprachenthusiasten forcierten, relativ erfolgreichen
Kampf für eine größere Rolle der walisischen Sprache im öffentlichen Leben (gesetzliche Anerkennung von Walisisch als dem Englischen gleichwertige Sprache 1967, zum Beispiel bei Gerichtsver-
handlungen oder beim Abfassen amtlicher Dokumente; zweispra-
chige Verkehrsschilder; Einrichtung eines vierten walisischsprachigen Fernsehkanals) nicht gebremst werden. Die zunehmende
Mobilität der Waliser und der Einfluß des englischen Nachbarn haben den Gebrauch des Walisischen auf Sprachinseln im ländlichen
Mid-Wales begrenzt, die aber durch die zunehmende Nutzung dieser Gebiete als Zweitwohnsitz und Feriengebiet englischer Touristen heute ebenfalls stark bedroht sind. Das Walisische ist in Gefahr,
auf das Niveau einer nationalen Kuriosität abzusinken, deren einsti-
ger Bedeutung nur noch nostalgisch auf dem jährlich in der ersten
August-Woche, abwechselnd im Süden und im Norden von Wales,
seit 1789 abgehaltenen Dichter- und Sängerfest (*National Eisteddfod*) gedacht wird.
Von gewisser Bedeutung für die Abgrenzung nationaler Identitäten ist die *gaelische* Sprache auch in *Nordirland*. Sie spielt hier zwar
keine erwähnenswerte Rolle im öffentlichen Leben, und die Mehrheit der heute noch das irische Gaelisch sprechenden Iren lebt in der
Gaeltacht des Westens der irischen Republik, aber für die katholischen Nationalisten Nordirlands ist der historische Kampf gegen die
britische Vorherrschaft eng mit dem Kampf um den Erhalt der gaelischen Sprache verbunden, die in der benachbarten Republik Irland

heute Staatssprache ist. Die Unionisten lehnen jegliche Anerkennung des Gaelischen als Sprache, auch nur eines Teils der nordirischen Bevölkerung, ab. Bis heute gilt beispielsweise ein aus dem Jahre 1949 stammendes Gesetz: *Public Health and Local Government (Miscellaneous Provisions) Act (Northern Ireland)*, das Straßennamen in Nordirland grundsätzlich nur in englischer Sprache erlaubt. Nur regionale Bedeutung, innerhalb Schottlands, hat das schottische Gaelisch. Es wird noch von etwa 1 % der Schotten gesprochen, die vor allem auf den Western Isles leben. Auch andere schottische Sprachformen, wie das vom Englischen und den Dialekten der Regionen *Fife* und *Lothians* abgeleitete *Scots*, die offizielle und Literatursprache Schottlands vom 14. bis zum 18. Jahrhundert, die in der Dichtkunst von *Robert Burns* (1759 - 1796) ihren Höhepunkt erreichte, oder das *Lallans* (das Lowlands —, also Tieflands-Scots), das von dem schottischen Poeten *Hugh MacDiarmid* in der ersten Hälfte des 20. Jahrhunderts als neue Nationalsprache Schottlands propagiert wurde, sind heute in erster Linie von literarischem und literaturwissenschaftlichem Interesse. Schottland kommt, länger schon als Wales und deutlicher noch als die katholischen Nordiren, für die Definition seiner nationalen Identität ohne eine eigene Nationalsprache aus.

Anteil der walisischsprachigen Bevölkerung in Wales (in Prozent) nach Altersgruppen

	1921	1931	1951	1961	1971	1981
			(Zensusjahre)			
Alle Altersgruppen (Bevölkerung über 3 Jahre)	37,1	36,8	28,9	26,0	20,8	18,9
3-4 Jahre	26,7	22,1	14,5	13,1	11,3	13,3
5-9 Jahre	29,4	26,6	20,1	16,8	14,5	17,8
10-14 Jahre	32,2	30,4	22,2	19,5	17,0	18,5
15-24 Jahre	34,5	33,4	22,8	20,8	15,9	14,9
25-44 Jahre	36,9	37,4	27,4	23,2	18,3	15,5
45-64 Jahre	44,9	44,1	35,4	32,6	24,8	20,7
65 Jahre und älter	51,9	49,9	40,7	37,2	31,0	27,4

Quelle: The Economist: Survey Wales, 2. 2. 85, S. 16.

b) Religion beeinflußt in allen drei nichtenglischen Nationen nationale Identitäten stärker als Sprache. Besonders offensichtlich ist dies selbstverständlich im *nordirischen* Fall, wo religiöse Grenzlinien zu sozialen Demarkationslinien zwischen zwei Bevölkerungsgruppen wurden, die sich durch unterschiedliche „nationale" Zielsetzungen, getrennte Erziehungssysteme, ungleiche Berufschancen und separate soziale Umfelder (Sport, Kneipen, Gewerkschaften, die Polizei als Domäne der Protestanten) *zwei getrennte Lebenswelten* geschaffen haben. Diese Lebenswelten haben sich in den siebziger und achtziger Jahren weiter auseinanderentwickelt. Vor allem die Protestanten betonen ihre Identität (britisch, beziehungsweise Ulster) heute stärker als früher und damit ebenso stark, wie die Katholiken aus der Defensivhaltung der Minderheit heraus ihre irische Identität schon immer bewerteten.

Aber auch für die Unterscheidung zwischen *Schottland* bzw. *Wales* von England spielt der religiöse Unterschied, wie oben ausführlicher dargestellt, eine wichtige Rolle. Der Vereinigungsvertrag mit England von 1707 garantierte der schottischen Nationalkirche *(Kirk)*, die im Gegensatz zur anglikanischen englischen *presbyterianisch* ist, ihre Unabhängigkeit. Die *Kirk* war im 18. Jahrhundert stärker im Volke verwurzelt als das aufgelöste schottische Parlament. Mit ihrer relativ demokratischen Organisationsstruktur und den gleichberechtigten Einflußmöglichkeiten der Laien in den Versammlungen der Kirchengemeinden wurde sie in gewisser Weise zur „Stimme Schottlands" — eine Rolle, die die *Kirk* in abgeschwächter Form noch heute spielt.

Die walisische religiöse Eigenständigkeit gründet sich auf einen radikalen Bruch mit der anglikanischen Staatskirche. Der Erfolg der Missionstätigkeit *protestantischer Sekten* im 17. und 18. Jahrhundert in Wales (vor allem des Methodismus) führte dazu, daß 1850 bereits drei Viertel aller Waliser sich zum von der Staatskirche abweichenden *Nonkonformismus* bekannten. Die Zugehörigkeit zur lokalen *chapel* wurde zu einem neuen nationalen Band. Auf Druck dieser religiösen Bewegung, die auch politische Forderungen nach einer stärkeren Autonomie des Landes aufgriff und die die ersten walisischen Nationalbewegungen hervorbrachte, denen Ende des 19. Jahrhunderts auch der spätere britische Premierminister *Lloyd George* angehörte, wurde 1881 für Wales ein *Alkoholverbot an Sonntagen* erlassen. 1914 erreichte die religiöse Bewegung ihr Hauptziel: Die anglikanische Kirche verlor durch den Beschluß des Unterhauses *(Welsh Disestablishment Act)* ihren Status als walisische Nationalkirche.

c) Die nationalen Institutionen der nichtenglischen Nationen doku-
mentieren deren Anerkennung als politische Einheiten von eigenem
Gewicht durch die Zentralregierung. Sieht man einmal von denjenigen institutionellen Vorkehrungen des britischen Zentralstaates ab,
die diesem als Instrument der Regierung und Verwaltung dienen,
wie den Ministerien für Schottland, Wales und Nordirland, den Par-
lamentsausschüssen für schottische und für walisische Angelegenheiten oder den für das Einwerben von Investitionen für die Ökonomie der nichtenglischen Nationen wichtigen drei Entwicklungs-
agenturen, so ist unter den nichtenglischen Nationen in erster Linie
die ausgeprägte institutionelle Autonomie Schottlands hervorzuheben.

Schottland verfügt über ein *eigenständiges Rechtswesen* (alle Gesetze des britischen Parlaments, die schottische Angelegenheiten
betreffen, müssen noch einmal in einer der schottischen Rechtstradition entsprechenden eigenständigen Version vom Unterhaus ver-
abschiedet werden), ein eigenes Schul- und Universitätssystem, eine
eigenständige *Kommunalverwaltung,* eigene Organisationen der nationalen *Parteien* und *Gewerkschaften* sowie ein eigenes *Bankwesen*
(mit eigenen, neben den britischen, nur in Schottland gültigen
Banknoten). *Wales* ist im Unterschied zu Schottland viel stärker in
das englische Institutionengefüge integriert. *Nordirland,* das von
1921 bis 1972 ein eigenes Parlament *(Stormont)* besaß, wird heute
von London direkt regiert.

12.1 Das Staatsoberhaupt

Die britische Königin, Elizabeth II., ist das Staatsoberhaupt des
Landes. Die Briten sind ihre „subjects" (Untertanen), keine Bürger
(citizens) des Landes. Offiziell regiert nicht das Parlament, sondern
die „Queen in Parliament". Die Sitzungen des Parlaments werden
nicht mit einer Regierungserklärung eröffnet, sondern mit der kö-
niglichen Thronrede. Die Königin ernennt „ihre" Regierung, die
Bischöfe der anglikanischen Kirche, Richter und die Spitzen des Militärs, das auf sie vereidigt ist. Sie ist nicht nur das Staatsoberhaupt
des Vereinigten Königreiches, sondern auch von 16 Mitgliedstaaten
des Commonwealth. Thronfolger und damit ihr möglicher Nachfol-
ger ist ihr Sohn Charles, der Prince of Wales.

Diese Machtfülle ist heute auf die Wahrnehmung zeremonieller
Funktionen weitestgehend begrenzt. Ernennungen erfolgen in der

Regel auf Vorschlag des Premierministers. Der Premierminister verfaßt die Thronrede, die von der Königin verlesen wird. Er (John Major) führt die Regierungsgeschäfte. Der tatsächliche Einfluß der Königin auf das politische Geschehen ist schwer abzuschätzen. Viel hängt von der Persönlichkeit des Monarchen und ihrem Verhältnis zum Premierminister ab. Jeden Dienstag gibt die Königin eine Audienz für ihren Premierminister, deren Tagesordnung von den Privatsekretären beider Amtsträger vorbereitet wird. Diese Audienzen sind mehr als Formalitäten. Königin Elizabeth regiert bereits seit 1952 Jahren und hat acht Premierminister bei ihrer Tätigkeit begleitet, sowie eine große internationale Erfahrung in zahlreichen Treffen mit den Staatsoberhäuptern anderer Staaten gesammelt. Sie gilt als Monarch, der durchaus sich eine Meinung zur Tagespolitik bildet und auch versucht, diese dem jeweiligen Premierminister in den wöchentlichen Vier-Augen-Gesprächen nahezubringen. Ihr Sohn Charles hat sich auch öffentlich deutlicher als seine Mutter zu gesellschaftlichen Fragen geäußert und so deutlich gemacht, daß das Königshaus an einer sozialen (Abbau der Armut) und ökologischen Korrektur (stärkeres Engagement auf dem Gebiet des Umweltschutzes, z.B. Sorge um die Nordsee) der Regierungspolitik interessiert wäre.

Das Königshaus ist und bleibt eine integrierende Kraft und eine Legalitätsreserve. Integrierend wirkt es vor allem aufgrund der breiten Zustimmung, die es in der Bevölkerung findet. Nach der Erhebung des British Social Attitudes Survey von 1984 hielten 86 % der Befragten die Monarchie für sehr wichtig bzw. wichtig, nur 11 % meinten, sie sei nicht sehr wichtig oder unwichtig. Lediglich eine verschwindend kleine Gruppe von 3 % sprach sich für die Abschaffung der Monarchie aus. Als Legalitätsreserve wurde die britische Monarchie in jüngster Zeit trotz gegenteiliger Vermutungen nicht in Anspruch genommen. Britische Verfassungsrechtler teilen in ihrer Mehrheit nicht die Ansicht des Autors des klassischen Verfassungskommentars des 19. Jahrhunderts, Walter Bagehot, daß die Königin auch ihr eigenes Todesurteil unterzeichnen müsse, wenn ein entsprechender Parlamentsbeschluß zustande käme. Vielmehr sehen sie in ihr die letzte Instanz bei der Verteidigung der Menschenrechte und der ungeschriebenen Verfassungsregeln. Ihr aktives Eingreifen kann erforderlich werden, wenn unklare parlamentarische Mehrheitsverhältnisse eine Parlamentsauflösung erfordern oder wenn es darum geht, in einem Parlament ohne Mehrheit für eine Partei („hung Parliament", das von einigen Beobachtern beispielsweise für das Wahlergebnis 1987 vorausgesagt wurde, sofern es der sozialdemokratisch-liberalen Allianz gelinge, sich als starke dritte Kraft zu etablieren) einen der Parteiführer mit der Regierungsbildung zu beauftragen.

12.2 Die „ungeschriebene" Verfassung

Das Vereinigte Königreich, das für so viele seiner früheren Kolonien Verfassungstexte entworfen hat, kommt selbst bis auf den heutigen Tag ohne einen kodifizierten Verfassungstext aus. Das bedeutet nicht, daß es nirgendwo eine schriftliche Fixierung von Verfassungsnormen gibt. Aus Gesetzesvorschriften (dem Bestand an Gesetzen, an von Gerichten entschiedenen Präzedenzfällen und tradierten Bräuchen), aus Konventionen und offiziellen Erläuterungen zu gesetzlichen Vorschriften läßt sich durchaus eine Sammlung von Schriftstücken grundsätzlichen Charakters zusammenstellen. Was einem solchen Puzzle-Spiel allerdings fehlt, ist eine Verfassungssystematik. Verfassungstheorie wurde seit dem 19. Jahrhundert durch Verfassungsinterpreten nachgeschoben, deren Werke selbst zu so etwas wie Ersatzverfassungstexten wurden. In erster Linie zu nennen sind hier: Walter Bagehot: The English Constitution (1867); Albert Venn Dicey: The Law of the Constitution (1885) und W. Ivor Jennings: The Law and the Constitution (1933).

Die Substanz der heutigen Verfassung ist immer wieder mit den zwei Prinzipien „Rule of Law" und Parlamentssouveränität umschrieben worden. Die Gesetzesbindung politischen und administrativen Handelns (rule of law) zeichnet sich aus durch eine Definition von Handlungsfeldern und -möglichkeiten durch Gesetze, die gleiche Anwendung dieser Gesetze und die Möglichkeit des einzelnen, durch Gerichtsentscheide Interpretationen von gesetzlichen Regelungen zu erhalten. Wesentlich ist der flexible Charakter der „rule of law". Es handelt sich hier um eine Restriktion von Handlungsmöglichkeiten staatlicher Autoritäten durch Gesetzesbindung. Offen bleibt aber der Inhalt der Gesetze. Ähnlich flexibel ist das Prinzip der Parlamentssouveränität zu interpretieren. Es bedeutet nach Diceys klassischer Formulierung, daß das Parlament das Recht hat, jedes beliebige Gesetz zu beschließen oder abzuschaffen und daß es außerhalb des Parlaments kein Gremium und keine Person gibt, die das gesetzmäßige Recht hat, Parlamentsentscheidungen zu verändern oder zu mißachten.

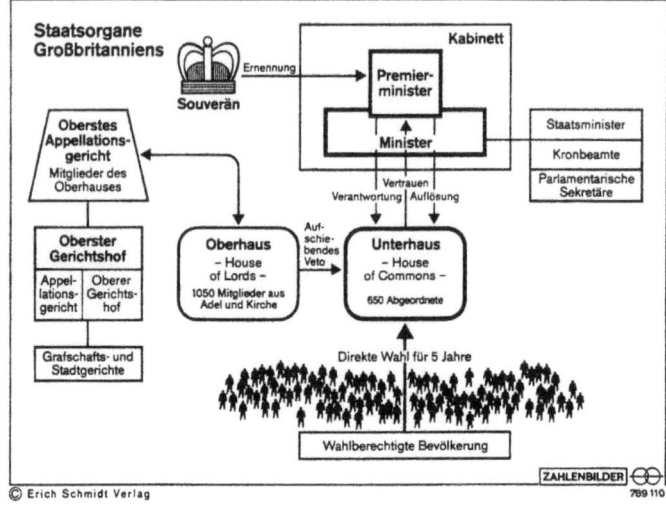

Die Flexibilität der Grundpfeiler der britischen Verfassung hat die Anpassung archaischer Institutionen wesentlich erleichtert. Modernisierungen im politischen System konnten so ohne wesentlichen institutionellen Wandel durchgesetzt werden. Der Nachteil einer solchen Flexibilität ist allerdings ein Potential der Willkürlichkeit von Herrschaftsausübung. Optimisten haben auf entsprechende Bedenken stets mit dem Hinweis reagiert, die überlegene britische politische Kultur, der common sense der Briten, verhindere den allzu rüden Umgang mit politischen Opponenten, sorge für konsensual abgestimmte Entscheidungen und lasse vor allen Dingen den traditionellen Institutionenhaushalt intakt. Pessimisten forderten immer wieder die gesetzliche Festschreibung eines Grundrechtskatalogs (Bill of Rights) für alle Bürger, beispielsweise durch Inkorporierung der von Großbritannien unterzeichneten Europäischen Konvention zum Schutz der Menschenrechte und Grundfreiheiten, zum Bestandteil der nationalen Gesetzgebung zu machen. Damit würde auch die heutige Praxis beseitigt, daß Briten, um rechtliches Gehör in Grundrechtsfragen zu finden, den beschwerlichen Gang nach Straßburg gehen müssen.

Diese Initiative wurde allerdings ebensowenig Regierungsprogramm, wie der Mitte der 70er Jahre kontrovers diskutierte Vorschlag einer eigenständigen britischen „Bill of Rights"-Gesetzgebung. Vor allem die konservative Opposition, die Liberale Partei, aber auch Teile der Labour Party, deren damaliger Innenmi-

184

nister Roy Jenkins sogar ein entsprechendes Diskussionspapier erstellen ließ, unterstützten eine solche Gesetzesinitiative. Ebenso rasch, wie das Thema auf die politische Tagesordnung gekommen war, verschwand es jedoch wieder. Dies war nicht nur dem Erfolg der Gegeninitiative der Traditionalisten zu verdanken, die vor juristischer Überregulierung warnten und die britischen Bürgerrechte bei Krone und Parlament in guten Händen sahen, auch die reformgeneigten Mitglieder der Labour Regierung verloren jeglichen Enthusiasmus für das Gesetzesvorhaben, als im Jahre 1976 in einer Reihe von Gerichtsurteilen Entscheidungen von Ministerien für ungültig erklärt wurden. Die Labour Regierung konnte kein Interesse daran haben, diesem — aus ihrer Sicht — so eindeutig parteiischen und der Konservativen Partei nahestehenden Richterstand, weitere Instrumente potentieller Obstruktion der Regierungspolitik in die Hand zu geben. Mit dem Wahlsieg der Konservativen Partei unter Margaret Thatcher wurde das Thema „Grundrechtsgarantien" endgültig in die Gefilde akademischer Auseinandersetzungen verbannt. Das taktische Interesse der Konservativen Partei an diesem Thema als Oppositionsinstrument wich der neuen Präferenz für einen möglichst großen Handlungsspielraum bei der politischen Umgestaltung der britischen Gesellschaft. Damit bleibt der einzelne Bürger relativ hilflos dem Regierungs- und Verwaltungshandeln ausgeliefert. Er bleibt der Untertan und ist nicht durch Verfassungsgarantie Souverän. Die Souveränitätsansprüche der Krone wurden, verkürzt gesagt, durch die englische Revolution im 17. Jahrhundert auf das Parlament übertragen, das Volk hat dieser Souveränitätstransfer nie erreicht.

13. Die Regierung

13.1 Premierminister und Kabinett

Premierminister und Kabinett sind heute das eigentliche politische Entscheidungszentrum. Zwar bedarf es für die Verabschiedung von Gesetzen weiterhin der Zustimmung des Parlaments. Das Unterhaus hat aber seine Suprematie, die es in der Zeit zwischen der ersten (1832) und der zweiten Wahlrechtsreform von 1867 besaß, verloren. Es ist nicht mehr, wie dies der Verfassungsinterpret Bagehot beschrieb, einer der „efficient parts" der britischen Verfassung, in dem von Parteien noch relativ unabhängige Abgeordnete durch Wahl kurzlebige Kabinette als Regierungsausschüsse bestimmen. Die Disziplin moderner Parteiapparate und Fraktionen hat Mehrheiten deutlicher und langfristiger werden lassen und den Gleichklang von Mehrheitsfraktion im Parlament und der von ihr getragenen Regierung hergestellt. Noch allerdings ist das Unterhaus kein Bestandteil der nur noch ehrwürdigen („dignified parts") der Verfassung geworden, wie Bagehot die Monarchie und das House of Lords einordnete, denen zwar die Rolle bleibt, Legitimität zu beschaffen, die aber von Entscheidungen im wesentlichen ausgeschlossen sind.

Die Mehrheitsmeinung in der politikwissenschaftlichen Literatur stuft das britische Regierungssystem als ein Beispiel einer Kabinettsregierung (cabinet government) ein. Diese Meinung ist jedoch — nicht zuletzt angesichts der starken Position Margaret Thatchers, die von machen Beobachtern über das primus inter pares-Modell hinausgehend empfunden wird — nicht ohne Widerspruch geblieben. Richard Crossman hat bereits, bevor er unter Harold Wilson in einer Labour-Regierung ein Ministeramt übernahm, starke Beachtung für seine These gefunden, die er in der Regierungsarbeit bestätigt sah, daß sich nach dem II. Weltkrieg das britische Regierungssystem vom cabinet government weg und hin zu einer Premierministerregierung (prime ministerial government) entwickelt habe. Der Premiermini-

Die in Meinungsumfragen ermittelte durchschnittliche Zufriedenheit mit den Premierministern seit dem II. Weltkrieg (in %)

Clement Attlee	1945-51	46,8
Winston Churchill	1951-55	51,7
Sir Anthony Eden	1955-57	57,0
Harold Macmillan	1957-63	51,0
Sir Alec Douglas-Home	1963-64	44,4
Harold Wilson	1964-70	46,1
Edward Heath	1970-74	37,5
Harold Wilson	1974-76	45,9
James Callaghan	1976-79	46,4
Margaret Thatcher	1979-83	39,0
vor Falklands*		36,0
nach Falklands**		47,2

* Juni 1979-April 1982
** Mai 1982-Juni 1983

Quelle: A. King: Margaret Thatcher: The Style of a Prime Minister,
in: Ders. (Hg.): The British Prime Minister, Basingstoke/London,
2. Aufl. 1985, (96-140), S. 113.

ster nimmt nach diesem Modell gewisse Charakterzüge des amerikanischen Präsidenten an. Das Volk ist bei Wahlen stärker an der Auswahl des zukünftigen politischen Führers und weniger an Parteiprogrammen interessiert. Einmal in Amt und Würden, bestimmt der Premierminister das Kabinett als austauschbare Gruppe von Helfern. In polemischer Vereinfachung hat in diesem Zusammenhang das Wort von der Wahldiktatur (,,elective dictatorship", Lord Hailsham) die Runde gemacht.

Das Gewicht des Premierministers gegenüber dem Kabinett ist nicht unwesentlich von der Person, die dieses Amt ausfüllt und vom jeweiligen Regierungsstil (Bevorzugung von Kompromiß oder Konflikt) abhängig. Gegen die Vorstellung, ein starker Premier könne alleine ohne Rücksicht auf sein Kabinett regieren, wurde eingewandt, daß Premierminister ihre Ministerkollegen brauchen, um Politik umzusetzen, daß sie ihre Partei brauchen, um Unterstützung für ihre Politik zu mobilisieren und daß sie Expertise benötigen, um ihre eigenen Vorstellungen von Politik zu konkretisieren. Im Hinblick auf letztere Punkte gibt es keine wesentlichen Unterschiede zwischen einem britischen Premierminister und einem deutschen Bundeskanzler.

Wesentlich anders als in der Bundesrepublik ist allerdings der Entscheidungsprozeß in der Regierung selbst organisiert. Seine Details sind geheim, und es gibt keine offiziellen Informationen über die Kabinettsarbeit und ihre Organisation. Den Beobachtern von Downing Street 10, dem Sitz des Premierministers, sind inoffiziell und durch die Beschreibungen ehemaliger Kabinettsminister (Tagebücher von Barbara Castle und von Richard Crossman) jedoch die wesentlichen Abläufe im Kabinett bekanntgeworden.

Die Kabinettsausschüsse der Regierung Thatcher		
Abkürzung	*Vorsitz*	*Aufgaben*
Economic, Industrial and Scientific = Wirtschaft, Industrie, Wissenschaft		
EA	Margaret Thatcher (Prime Minister)	Wirtschaftspolitik, ökon. Strategie, Energiepolitik, neue Gewerkschaftsgesetzgebung, wichtige EG-Fragen
E(EX)	Margaret Thatcher	Exportpolitik
E(NI)	Margaret Thatcher	Öffentlicher Dienst und Kontrolle der Staatsunternehmen

E(NF)	Nigel Lawson (Chancellor of the Exchequer)	Finanzen der Staatsunternehmen
E(LA)	Margaret Thatcher	Kommunalverwaltungen
NIP	Nick Monck	Industriepolitik für Staatsunternehmen
E(PSP)	Nigel Lawson	Lohnpolitik im öffentlichen Sektor
E(DL)	Nigel Lawson	Privatisierungspolitik
E(PU)	Leon Brittan (Trade and Industry Secretary)	„Buy Britisch"-Politik bei öffentlichen Anschaffungen
E(CS)	John MacGregor (Chief Secretary, Treasury)	Bezahlung des Öffentl. Dienstes und Notmaßnahmen im Falle eines Civil Service Streiks
E(OCS)	Anne Mueller (Cabinet Office official)	Ausschuß zur Planung von Notmaßnahmen
PESC	John Anson (Treasury official)	Ausgabenplanung (Jahreshaushalt)
OCS	Sir Robin Nicholson (Chief Scientist, Cabinet Office)	Ausschuß des wissenschaftl. Dienstes
OCS(I)	Sir Robin Nicholson	Wiss. Beratungsdienst für Fragen der Internationalen Politik
IT(O)	Sir Robin Nicholson	Informationstechnologie

Oversea and Defence = Auswärtiges und Verteidigung

OD	Margaret Thatcher	Auswärtiges, Verteidigung, Nordirland
OD(O)	Sir Robert Amstrong (Cabinet Secretary)	Staatssekretärausschuß zur Unterstützung ODs
OD(E)	Sir Geoffrey Howe (Foreign Secretary)	EG-Politik
EQ(S)	David Williamson (Cabinet Office official)	Ausschuß stellvertr. Staatssekr. für OD(E)
EQ(O)	M.R.H. Jenkins (Foreign Office official)	Routineangelegenheiten der EG
OD(SA)	Margaret Thatcher	Südatlantikausschuß (Kriegskabinett von 1982)

OD(FAF)	Margaret Thatcher	Zukunft der Falklands
OD(HK)	Margaret Thatcher	Zukunft Hongkongs

Home, Legislation and Information = Innenpolitik, Gesetzgebung, Information

L	John Biffen (Leader of the Commons)	Gesetzgebung
QL	John Biffen	Vorbereitung der Thronrede (Reg.-Erklärung)
H	Lord Whitelaw (Lord President)	Inneres, Sozialpolitik einschl. Erziehungswesen und Wohnen
CCU	Douglas Hurd (Home Secretary)	Vorbereitung von Notstandsmaßnahmen bei Streiks
H(HL)	Lord Whitelaw	Reform des Oberhauses (nach wenigen Treffen 1982/83 aufgelöst)
HD	Douglas Hurd	Zivilverteidigung
HD(O)	Christopher Mallaby (Cabinet Office official)	Beamte, die HD zuarbeiten
HD(O)L	Unbekannt	Aktualisierung der Notstandsmaßnahmen für Krieg
HD(P)	David Heaton (Home Office official)	Aktualisierung der Pläne zur Zivilverteidigung
TWC	Sir Robert Amstrong	Aktualisierung des „War Book" zur Mobilisierung von Whitehall und des Militärs in Zeiten internationaler Spannungen
EOM	Anne Mueller	Monatstreffen der für Personalangelegenheiten zuständigen Beamten
MIO	Bernard Ingham (Press Secretary, No. 10)	wöchentliche Treffen der Pressesprecher der Ministerien
MIO	Bernard Ingham	spezielle Gruppe für Wirtschaftsinformationen. Trifft sich unregelmäßig wegen häufigen Bruchs der Vertraulichkeit.

Intelligence und Security = Geheimdienste und innere Sicherheit

MIS	Margaret Thatcher	Kontrolle von MI5, MI6, Geheimdienst des Militärs, GCHQ. Festlegung von Budgetprioritäten

189

PSIS	Sir Robert Armstrong	Staatssekretärsausschuß für Geheimdienste, bereitet MIS-Sitzungen vor.
JIC	Sir Colin Figures	Joint Intelligence Comm., das wöchentlich im „Red Book" Geheimdienstinformationen zusammenstellt
JIC(EA)	Sir Colin Figures	Bewertung von Wirtschaftsinformationen
SPM	Sir Robert Armstrong	Geheimnisschutz im Öffentl. Dienst
Official Committee on security	Sir Robert Armstrong	Staatssekretärausschuß zu SPM
Personnel Security Committee	Sir Robert Armstrong	Überwachung der Personalüberprüfungen

Ad hoc		
MISC 3	John Dempster (Lord Chancellor's Department official)	Veröffentlichung von Staatspapieren
MISC 7	Margaret Thatcher	Ersetzen der Polaris Waffe durch Trident
MISC 14	Nigel Lawson	Politische Reform
MISC 15	Früher Leiter des CPRS; jetzt vakant	Beamte, die MISC 14 zuarbeiten
MISC 21	Lord Whitelaw	Ministerausschuß, der im Herbst die Höhe der Steuer(Rates)- und Nahverkehrszuschüsse für die Kommunen festlegt
MISC 32	Robert Wade-Gery (Cabinet Office official)	Stationierung von Truppen außerhalb des NATO-Gebietes
MISC 42	Robert Wade-Gery	Militärhilfe für befreundete Staaten
MISC 51	Robert Wade-Gery	Strategische Versorgungsgüter (z.B. Öl)
MISC 54	Lord Soames	Zukünftige Einkommensentwicklung im Öffentl. Dienst

MISC 57	Robert Wade-Gery	Notpläne für Bergarbeiterstreik
MISC 58	John Dempster	Erleichterter Zugang zu geheimen Dokumenten
MISC 62	Lord Whitelaw	„Star Chamber"-Ausschuß, der dem Durchsetzen von Ausgaben-kürzungen gegenüber den Ministe-rien dient
MISC 79	Lord Whitelaw	Alternativen zum Rates-System. Rates-Begrenzungen
MISC 83	David Goodall	Verfassungsform für die Falklands-Inseln
MISC 87	Nigel Lawson	Entkoppelung der Sozialleistungen von Inflation
MISC 91	Margaret Thatcher	Anti-Radar-Rakete ALARM
MISC 94	Peter Gregson (Cabinet Office offi-cial)	Detaillierte Vorbereitungen für Bergarbeiterstreik
MISC 95	Mrs Thatcher	Auflösung des GLC und der Me-tropolitan Counties
MISC 97	Nicholas Barrington (Foreign Office official)	Vorber. des Londoner Weltwirt-schaftsgipfels von 1984
MISC 101	Mrs Thatcher	Reaktionen auf Bergarbeiterstreik 1984 / 85
MISC 103	Unbekannt	Wohnungspolitik des öffentl. Sek-tors
MISC 107	Lord Young (Employment Secretary)	Ausbildung der 14 - 18jährigen
MISC 108	Lord Young	Entbürokratisierung für Kleinun-ternehmen
MISC 111	Mrs Thatcher	Zukunft des Wohlfahrtsstaates
MISC 115	Lord Young	Tourismus und Freizeit
MISC 117	Lord Whitelaw	Saurer Regen
MISC 119	Lord Young	Entregulierung
MISC 121	Mrs Thatcher	Innenstädte
MISC 122	Mrs Thatcher	Reaktionen auf Lehrerstreik 1985 / 86

Erläuterungen: In Klammern wird der Status des jeweiligen Vorsitzenden eines Kabinettsausschusses benannt. „Official" kann mit Beamter übersetzt werden. Zum Ausschuß MIS: MI5 und MI6 sind Abkürzungen für Geheimdienste. GCHQ steht für Government Communications Headquarters, das sich in Cheltenham befindet und der Auswertung geheimdienstlicher Informationen dient. Das GCHQ geriet 1984 in die Schlagzeilen, als die Regierung Thatcher den Gewerkschaften dort jede weitere Präsenz aus Gründen der nationalen Sicherheit verbot. Zum Ausschuß MISC 95: GLC steht für Greater London Council, den Londoner Stadtrat. Die hier gegebenen Informationen geben die bis 1986 erhältlichen Details wieder.

Quelle: P. Hennessy: Cabinet, Oxford 1986, S. 27 ff.

Anders als das Bonner Kabinett, das zur Zeit über sechs Kabinettsausschüsse mit relativ breiten Aufgabengebieten (Bundessicherheitsrat, Europapolitik, Deutschland- und Berlin-Fragen, Wirtschaft, Zukunftstechnologien, Umwelt und Gesundheit, Kabinettsbeschluß vom 26. 3. 1985) verfügt, findet Regierung in Großbritannien in einem weit gefächerten Netz von Kabinettszirkeln statt. Sie sind häufig Spezialproblemen gewidmet, können hinsichtlich ihrer Aufgabenstellung, personellen Zusammensetzung und Dauer beliebig manipuliert werden. Teilweise arbeiten in ihnen Spitzenbeamte, teilweise Minister. Entscheidungen werden hier nicht nur vorbereitet, sondern auch in den meisten Fällen getroffen. Getragen wird das ganze System von dem Gestaltungswillen und der Zustimmung des Premierminister, der selbst die wichtigsten Kabinettsausschüsse steuert. Koordiniert wird die Arbeit des Kabinetts durch das Cabinet Office bzw. das Büro des Premierministers.

Nicht jeder Minister ist automatisch Kabinettsmitglied. In der ersten Hälfte des 20. Jahrhunderts entwickelte sich eine Art „Zweiklassensystem" von Ministern innerhalb und außerhalb des Kabinetts. Im Kabinett vertreten waren immer ca. 20 Minister, eine wachsende Zahl (1910: 7; 1945: 15; 1959; 20) von Ministern blieb aber von Kabinettssitzungen zu anderen als den sie betreffenden Angelegenheiten ausgeschlossen. In den 60er Jahren reduzierte die Reorganisation der Ministerien, die zur Gründung von großen Super-Ministerien, wie dem Department of Health and Social Security und dem Department of the Environment (aus den Ministerien für Local Government, Housing und Transport) führte, die Zahl der Minister, die an der Spitze von Ministerien stehen. Als ihnen untergeordnete Amtsträger bildete sich die Institution des Staatsministers (Minister of State) ohne Kabinettsstatus heraus, die ein größeres Gewicht hat, als die frühere alleinige Instanz unterhalb der Ministerebene, der „junior minister", eine Art parlamentarischer Staatssekretär.

| Jahr* | an der Spitze eines Ministeriums | | kein Leiter eines Minist. | |
	Im K.	außerhalb	außerhalb des K.	Insges.
Zweiklassensystem				
1945	21	15	0	36
1950	18	17	3	38
1951	16	18	4	38
1955	18	15	5	38
1959	19	13	7	39
Durchschnitt	18	16	4	38
Übergangsperiode				
1964	23	12	11	46
1966	23	13	18	54
Durchschnitt	23	12,5	14,5	50
Zweistufensystem				
1970	18	9	15	42
1974 Feb.	21	6	23	50
1974 Okt.	23	6	26	55
1979	22	5	27	54
1983	21	5	26	52
1987	21	6	23	50
Durchschnitt	21	6	23	50

* = Wahljahre

Quelle: R. Rose: Ministers and Ministries, Oxford 1987, S. 20 und eigene Berechnungen nach The Times: Guide to the House of Commons, June 1987, London 1987, S. 4 ff.

Der offizielle Titel der meisten Minister ist heute (1986) Secretary of State. Dies gilt für 13 der 22 Kabinettsmitglieder: Foreign & Commonwealth Affairs, Trade & Industry, Home Office, Education & Science, Energy, Defence, Scotland, Wales, Northern Ireland, Social Services, Transport, Employment, Environment. Der für die Ausgaben zuständige Kabinettsminister im Schatzamt trägt den Titel: Chief Secretary. Fünf Minister tragen wenig aussagekräftige traditionelle Namen: Lord President of the Council (Fraktionsvorsitzender der Regierungspartei im Oberhaus), Lord Chancellor (Justiz), Chancellor of the Exchequer (Wirtschaft, Finanzen, Civil Service), Lord Privy Seal (Fraktionsvorsitzender der Regierungspartei im Unterhaus) bzw. Chancellor of the Duchy of Lancaster (Vorsitzender der Konservativen Partei). Abgesehen von den Ministerien Finanzen und Justiz eignen sich solche traditionellen Kabinettsposten in besonderem Maße für die flexible Zuordnung von Sonderaufgaben. So ist der Paymaster General heute Sprecher für den dem House of Lords angehörigen Arbeitsminister im House of Commons. Nur zwei Kabinettsmitglieder werden auch offiziell Minister genannt: der Premierminister und der Minister of Agriculture.

Ursprung und gegenwärtige Abgrenzung der Ministerien

Ministerien	Ursprung	heutige Bezeichnung seit
Vordemokratisch (11)		
Lord Chancellor	11. Jh.	historisch
Treasury	12. Jh.	historisch
Lord Privy Seal	14. Jh.	historisch
Chancellor, Duchy of Lancaster	14. Jh.	historisch
Defence	16. Jh.	1964
Lord President of the Council	17. Jh.	historisch
Trade & Industry	17. Jh.	1983
Prime Minister	1721	1721
Foreign & Common. Office	18. Jh.	1968
Home Office	18. Jh.	1782
Paymaster General	1836	1836
Viktorianisch (6)		
Health	1847	1968 (DHSS)
Education	1857	1964
Environment (d.h. Local Govt.)	1871	1970
Scotland	1885	1885
Agriculture	1889	1955
Employment	1893	1978
20. Jahrhundert (5)		
Social security	1916	1968 (DHSS)
Transport	1919	1983
Energy	1920	1974
Wales	1951	1964
Northern Ireland	1972	1972

Quelle: R. Rose: Ministers and Ministries, Oxford 1987, S. 41

13.2 Der Civil Service

Der Civil Service ist nur ein kleiner Teil des öffentlichen Dienstes in Großbritannien. Während im öffentlichen Sektor insgesamt 6,5 Millionen Menschen Beschäftigung finden (= über 26 % der Erwerbstätigen) und die Zentralregierung alleine 2,3 Millionen Beschäftigte hat (wozu auch die Streitkräfte und der staatliche Gesundheitsdienst zählen), arbeiten im Civil Service, also in der Beamtenschaft der Ministerien, nur 600 000 Briten. Beamte im deutschen Sinne finden sich in Großbritannien nur auf dieser Ebene. Die anderen Staatsangestellten, z.B. die Lehrer, die Postbediensteten oder die Mitarbeiter der Kommunen erhalten Angestelltenverträge.

Der britische Civil Service, für den in der Literatur häufig als Kürzel der Begriff „Whitehall" verwendet wird, obwohl heute nur noch ein kleiner Teil der Beamtenschaft in diesem Innenstadtbereich Londons arbeitet, ist eine erstaunlich zähe und prägende Kraft hinter den Kulissen der britischen Politik. Er vermochte es bisher trotz immer wiederkehrender Reformbemühungen

a) ein hohes Maß an Autonomie zu wahren
b) seinen sozialen und ethischen Zusammenhalt zu verteidigen und
c) die Notwendigkeit der Geheimhaltung seines Tuns zu rechtfertigen.

Die Autonomie des Civil Service ist in erster Linie die Autonomie der Spitzen der Ministerialbürokratie, der 650 Beamten der obersten Ränge (permanent secretary, deputy secretary und under secretary) bei der Auswahl von Entscheidungsalternativen, der Vorbereitung von Entscheidungen und der Durchsetzung von Entscheidungen in ihren Ministerien. Diese „Mandarine" und nicht die Beschäftigten in den Büros, Lagerhäusern oder Forschungsinstituten prägen das Bild des Civil Service und üben politischen Einfluß aus. Unterstellt ist der Civil Service heute dem Kabinettsekretariat. Aufgaben des Managements der Ministerialbürokratie sind aber auch wieder im Schatzamt angesiedelt, das bis zu dem umfassenden Reformversuch der Struktur der Ministerialbürokratie 1968 das eigentliche Beamtenministerium war.

Ausgelöst wurden die Reformbestrebungen des Jahres 1968 durch den Bericht des von Harold Wilson eingerichteten Untersuchungsausschusses unter Lord Fulton (Fulton Report). Die Frage, die sich der Untersuchungsausschuß stellen sollte, war, ob der auf konservativen Traditionen und common sense-Annahmen basierende Führungsstil des Civil Service noch zeitgemäß sei, um Impulse für das Verstehen und die Steuerung der hochkomplex gewordenen und sich technisch rasant entwickelnden britischen Gesellschaft zu geben. Der Bericht des Fulton-Ausschusses beherrschte die Debatte um den

Jahr	Kompetenzansiedlung im Schatzamt (Treasury)	Organisation auf Kabinettsebene (Cabinet Office)	Beamtenministerium (Civil Service Department)
1916	Staatssekretär	Kabinettssekretariat entsteht als Teil des Committee of Imperial Defence Secretariat	
1919	Staatssekretär erhält Zuständigkeit für Beamte	Kabinettssekretariat	
1938	keine Veränderung	Kabinettssekretariat nicht länger Teil des CID	
1956	Staatssekretär dem Schatzkanzler zugeordnet, 2. Staatssekretär, der gleichzeitig Kabinettssekretär ist und zuständig für Beamte, wird dem Premierminister verantwortlich		
1962	getrennte Posten für a) Staatssekretär und b) Chef des Civil Service	Kabinettssekretär nicht länger für Beamte zuständig. Scheidet aus Schatzamt aus.	
1968	Staatssekretär wandert in das neue CSD	Kabinettssekretariat	CSD eingerichtet, geleitet vom für Beamte zuständigen Staatssekretär
1981	Staatssekretär übernimmt Verantwortung für Beamtenbesoldung und -rekrutierung	Kabinettssekretariat. Neues Kabinettsbüro (Management and Personnel Office, MPO) übernimmt restliche CSD-Funktionen, später wird Kabinettssekretär neuer Beamtenchef.	CSD aufgelöst.
1987	Schatzamt übernimmt frühere MPO-Aufgaben im Bereich der Personalplanung.	MPO aufgelöst. Restfunktionen werden an neues Office of Minister for the Civil Service übertragen.	

Quelle: G. Drewry / T. Butcher: The Civil Service Today, Oxford 1988, S. 93.

Civil Service in den 70er Jahren. Insgesamt gesehen konnten aufgrund des Widerstandes des Civil Service gegen weitergehende Reformmaßnahmen nur kosmetische Änderungen der tradierten Civil Service Strukturen durchgesetzt werden. In den achtziger Jahren initiierte Margaret Thatcher zwar einige Effizienzverbesserungen in der Arbeitsweise des Civil Service und reduzierte den Personalbestand von 1979: 732300 auf 1988: 576000 Beschäftigte, die entscheidenden Funktionszusammenhänge und Rekrutierungsmerkmale des Civil Service blieben davon aber unberührt.

Die Ressourcen der Ministerien

Gesetzeswerke			Ausgaben		Beamte	
	Zahl (= N)	%	£ Mrd.	%	N (000)	%
Treasury	190	12,3	1,6	1,3	113	18,0
Home Office	158	10,2	4,1	3,4	36	5,7
Trade and Industry	157	10,2	2,0	1,6	15	2,4
Scottish Office	152	9,9	6,8	5,6	12	1,9
Foreign Office	144	9,3	2,2	1,8	11	1,8
Environment	128	8,3	6,6	5,4	37	5,9
Health & Social Security	122	7,9	49,9	41,0	93	14,8
Law Offices	108	7,0	0,5	0,4	18	2,8
Agriculture	77	5,0	2,1	1,7	12	1,9
Transport	64	4,4	4,5	3,7	14	2,3
Energy	48	3,1	1,2	1,0	1	0,2
Employment	43	2,8	3,0	2,5	58	9,2
Defence	37	2,4	15,7	12,9	200	31,8
Education	31	2,0	13,4	11,0	2	0,4
Northern Ireland	14	0,9	3,8	3,1	0,2	0,03
Welsh Office	4	0,3	2,6	2,1	2	0,3
Andere Ansprüche	66	4,3	1,5	1,2	4	0,6
Insgesamt	1 543		121,5		628	
Mittelwert	91		7,7		37	

Quelle: R. Rose: Ministers and Ministries, Oxford 1987, S. 57.

Die Diagnosen des Fulton Reports haben auch heute noch nichts von ihrer Aktualität verloren und eignen sich in besonderer Weise als thematisches Tableau zur Beschreibung der administrativen Defizite der britischen Ministerialverwaltung. Der Report bemängelte u.a.:

1) Das Amateurideal, das von den Spitzenbeamten verfochten wird. Der britische Beamte soll diesem entsprechend möglichst breit ge-

bildet sein und gesegnet mit einem „gesunden Menschenverstand". Diese Grundlage ermöglicht ihm, als Generalist alle Probleme in Kategorien zu formulieren, die seinem Minister klare Entscheidungsmöglichkeiten bieten. Unter breiter Bildung wurde und wird in erster Linie eine humanistische Bildung verstanden. Juristen, die in der deutschen Verwaltung dominieren, sind in der britischen Verwaltung nur Zuarbeiter. So bewarben sich 1985 1 014 Geisteswissenschaftler, 780 Sozialwissenschaftler, aber nur 272 Naturwissenschaftler und 57 Kandidaten anderer Fakultäten um den Eintritt in die höhere Beamtenlaufbahn. Von den 66 Neueinstellungen waren 56 % Geisteswissenschaftler, 27 % Sozialwissenschaftler und 17 % Naturwissenschaftler. Fulton hatte gefordert, daß die universitäre Vorbildung der Spitzenbeamten geeignet sein solle, diesen auch den Zugang zu den Problemen der modernen Technik zu verschaffen. Diese Forderung verhallte ungehört. Ein Examen in Alter Geschichte wird weiterhin als ausreichend erachtet, um die Regierungsentscheidungen z.B. in Fragen der Gentechnologie vorzubereiten.

2) Die soziale Exklusivität. Der Civil Service wird dominiert von Absolventen der Universitäten Oxford und Cambridge. Seit dem Anfang dieses Jahrhunderts bis in die 60er Jahre stellten diese regelmäßig 75 % bis 85 % des Nachwuchses der Spitzenbeamten. Als Folge des Fulton Reports wurde das Aufnahmeverfahren für den Civil Service in den 70er Jahren modifiziert. Dies führte im Zusammenspiel mit dem Ausbau der Universitäten zu einem kurzfristigen Absinken des Oxbridge-Anteils auf 50 %. Anfang der 80er Jahre war dieser aber bereits wieder auf 75 % angewachsen. Angesichts der merklichen Einkommensdifferenz zwischen den Beschäftigungsmöglichkeiten im öffentlichen Dienst und denen in der Privatindustrie hat allerdings das Interesse der Oxbridge-Absolventen an einer Whitehall-Karriere in den letzten Jahren abgenommen.

Die britische Beamtenhierarchie und ihr deutsches Äquivalent

permanent secretary	Staatssekretär (B 11)
deputy secretary	Ministerialdirektor (B 9 - 11)
under secretary	Ministerialdirigent (B 5 - 7)
assistant secretary	Leitender Ministerialrat (B 3 - 4)
senior principal	Ministerialrat (A 16 - B 2)
principal	Vortragender Rat (A 15)
administration trainee	Assessor (A 13)

Quelle: D. Southern: Germany, in: F.F. Ridley (Hg.): Government and Administration in Western Europe, New York 1979, (107 - 155), S. 138.

3) Die mangelnde Transparenz der Entscheidungsfindung. Der Official Secrets Act des Jahres 1911, der in einem Klima von Spionagefurcht und Kriegsahnung entstand (in 40 Minuten wurde das Gesetz in drei Lesungen durch das Parlament gebracht), gilt noch heute. Seine berüchtigte Section 2 droht jedem Beamten Haftstrafen an, der Informationen der Regierung weitergibt. Hiervon betroffen sind alle Informationen, auch Telefonnummern oder die Bestätigung der Existenz eines Geheimdienstes, sofern Informationen nicht ausdrücklich als nicht geheim klassifiziert werden. Betroffen davon sind nicht nur Informationen an die Bürger, sondern auch Informationen an das Parlament. Die Existenz einer solchen umfassenden Geheimhaltungspraxis hat zum einen das Durchbrechen dieser Geheimhaltung (die sogenannten Leaks) epidemisch werden lassen, andererseits aber hat die Ministerialbürokratie dieses Geheimhaltungsbedürfnis immer verteidigt. Nicht nur um den Blick hinter die Kulissen der Regierung zu verstellen, sondern auch als Instrument zur Hervorhebung ihres Status. Seit den 70er Jahren (Franks Report 1972) haben beide großen Parteien regelmäßig eine Neufassung des Official Secrets Acts versprochen und ebenso regelmäßig haben sie sich der existierenden Regelungen in ihrer Regierungspraxis bedient, um den öffentlichen Zugang zu Informationen zu kontrollieren. 1988 hat die Regierung Thatcher eine neue Initiative zur Reform des Official Secrets Act ergriffen, die allerdings die bestehende Situation nicht grundlegend ändern wird. An die Stelle einer generellen Geheimhaltung soll die Geheimhaltung von Regierungsinformationen in speziell genannten Bereichen (wie Verteidigung, Geheimdienste etc.) treten. Andere Regierungsinformationen bleiben aber ebenfalls geheim, wenn ihre Veröffentlichung tatsächlich oder möglicherweise schädlich sein könnte. Eine Jury soll hier das letzte Wort haben.

13.3 Quangos

Das Akronym Quango für „quasi-non-government organisation" hat sich in den 70er Jahren eingebürgert um die Explosion institutioneller Vorkehrungen zu benennen, die außerhalb von Parlament und Regierung und außerhalb der Ebene der Kommunalverwaltungen entstanden, die aber dennoch Regierungsaufgaben wahrnehmen. Solche para-gouvernementale Organisationen (PGOs), wie sie auch genannt werden, zeichnen sich dadurch aus, daß

a) ihre Leitung nicht gewählt, sondern ernannt wird
b) sowohl ihre Lebensdauer als ihre Form nicht festliegen und beliebig verändert werden können
c) daß sie eine relative Autonomie von der Regierung haben, aber diese gleichzeitig jederzeit in der der Regierung beliebigen Weise (z.T. allerdings erst nach einer entsprechenden Gesetzesänderung) modifiziert werden kann.

Ressourcen, Rechtsformen und Aufgaben der Quangos sind äußerst unterschiedlicher Natur. Barker (1982) unterscheidet fünf Gruppen von Quangos: Staatsunternehmen, Agricultural Marketing Bords, Politikberatungsgremien, Tribunale mit juristischen Aufgaben und die — häufig als die eigentlichen Quangos betrachteten semi-autonomen Institutionen, die von der Regierung finanziert und überwacht, administrative, exekutive oder regulatorische Funktionen wahrnehmen, wie z.B. die Tourismusbehörde, die Nationale Kohlebehörde, die BBC oder der Nationale Gesundheitsdienst.

Nach einem 1979 veröffentlichten Weißbuch bestanden zu dieser Zeit mehr als 2 000 Quangos. Es wurde geschätzt, daß diese jährlich Kosten von £ 6 800 Mio. verursachten. Die Regierung Thatcher beauftragte im Zuge ihrer Bemühungen zur Kostendämpfung und zur Entregulierung der Wirtschaft einen ausgeschiedenen leitenden Beamten des Schatzamtes, Sir Leo Pliatzky, mit einer Überprüfung der Quango-Landschaft mit moderatem Erfolg. Nach den Pliatzky-Vorschlägen konnten 440 Quangos aufgelöst werden, aber 46 neue kamen in der Zwischenzeit hinzu. Der finanzielle Spareffekt belief sich auf £ 100 Mio. jährlich. Die konservative Regierung befindet sich hinsichtlich ihrer Haltung zu den Quangos in einem Dilemma. Einerseits lehnt sie sie als nicht demokratisch ausreichend legitimierte Institutionen ab, andererseits bedient sie sich ihrer, beispielsweise zur Schaffung von Ersatzverwaltungsstrukturen nach Auflösung des Londoner Stadtrates bzw. als Puffer in der politischen Auseinandersetzung (z.B. National Coal Board während des Bergarbeiterstreiks 1984 / 85).

14. Das Parlament

Das Parlament besteht aus zwei Kammern, dem Oberhaus (House of Lords) und dem Unterhaus (House of Commons). In der hergebrachten Systematik, die zwischen Rede- und Arbeitsparlament unterscheidet, wird das britische Parlament in der Regel der ersten Kategorie zugeordnet. Die eigentliche Parlamentsarbeit findet also in den Parlamentsdebatten und weniger in den Ausschüssen des Parlaments statt. Entsprechend dürftig ist das britische Parlament im Vergleich zu anderen Parlamenten westlicher Demokratien mit Arbeitsräumen, Hilfskräften und Finanzmitteln ausgestattet. Sowohl das Oberhaus als auch das Unterhaus sind zudem viel zu klein, um alle ihre Mitglieder aufnehmen zu können. Für die 650 Mitglieder des Unterhauses stehen nur 346 Sitzplätze zur Verfügung.

Die Abgeordneteneinkommen (in £)

a) Unterhaus	1964	1972	1977	1979	1982	1983
Bezüge (jährl.)	3 250	3 500	6 270	9 450	14 510	15 308*
Zulage für Sekretariat bzw. Assistenten (jährl.)	keine	1 000	3 687	4 520	8 752	11 364**
Zulage für getrennten Wohnsitz (jährl.)	keine	750	1 814	3 064	4 903	4 903
London-Zulage (für Abgeordnete aus London) (jährl.)	keine	175	385	385	385	709

b) Oberhaus (Zulagen 1983)	
Tagegeld und Fahrtkosten	16 pro Tag der Anwesenheit
Übernachtungsgeld	40 pro Tag der Anwesenheit
Sekretariatskosten	17 multipliziert mit den Tagen der Anwesenheit

* wächst schrittweise auf 18 500 (1987)
** 12 000 in den folgenden Jahren

Quelle: Ph. Norton: The British Polity, New York / London 1984, S. 282.

Die Arbeit des Parlaments

	1974	1974/5	1975/6	1976/7	1977/8	1978/9	1979/80	1980/1	1981/2	1982/3
House of Commons										
Sitzungstage	87	198	191	149	169	86	244	163	74	115
Sitzungsstunden	737	1.849	1.759	1.371	1.485	739	2.177	1.485	1.534	985
durchschnittl. tägl. Sitzungszeit	8h28	9h20	9h13	9h12	8h47	8h35	8h55	9h07	8h49	8h34
Zahl der Abstimmungen	109	405	432	234	324	110	500	317	332	143
Anfragen										
mündlich	1.660	3.611	3.199	2.481	10.226	5.470	12.453	8.175	8.991	6.125
schriftlich	3.852	33.447	39.121	29.058	28.630	12.952	39.912	22.688	23.439	17.095
Select Committees										
Zahl der Ausschüsse und Unterausschüsse	35	48	48	44	45	41	40	41	40	41
Zahl der Sitzungen	287	800	860	676	741	354	968	851	801	602
Zahl der beteiligten Abgeordneten	219	291	294	254	244	222	277	309	310	294
Standing Committees										
Zahl der Ausschüsse	15	19	22	21	16	17	20	21	21	21
Bearbeitete Gesetzesvorlagen	30	62	78	49	45	27	42	36	40	33
Zahl der überprüften Verordnungen	40	101	114	129	141	70	130	62	80	73
Zahl der Sitzungen	128	441	552	248	229	177	576	388	395	328
Zahl der beteiligten Abgeordneten	498	578	584	546	533	456	567	530	538	524

House of Lords

Sitzungstage	67	165	155	105	126	59	206	143	147	94
Sitzungsstunden	350	930	970	596	737	345	1.268	920	930	619
durchschnittl. tägl. Sitzungszeit	5h13	5h38	6h15	5h41	5h51	5h51	6h09	6h26	6h20	6h35
Zahl der Abstimmungen	17	119	146	45	96	21	305	184	147	89
Anfragen										
mündlich	192	560	553	385	439	217	765	537	531	357
mündlich (kurze Debatte)	23	35	41	36	46	23	68	31	50	36
schriftlich	171	350	517	380	544	432	1.277	857	1.098	619

Quelle: A.G. Jordan / J.J. Richardson: British Politics and the Policy Process, London 1987, S. 64.

Das spätestens alle fünf Jahre in allgemeinen, gleichen, geheimen und freien Wahlen gewählte Unterhaus besteht heute aus 650 Abgeordneten. Die Abgeordneten sind Vertreter ihrer Wahlkreise und Umfragen zeigen, daß die britischen Wähler von ihren Abgeordneten in erster Linie die Verteidigung der Wahlkreisinteressen und eine Hilfestellung bei den sie bedrückenden politischen und administrativen Problemen erwarten. Nur jeder zehnte befragte Wähler hob die Gesetzgebungsarbeit als wesentliches Tätigkeitsmerkmal des Abgeordneten hervor.

Die Abgeordneten sind zwar Repräsentanten ihrer Wahlkreise, doch ihre soziale Zusammensetzung spiegelt, wie in anderen westlichen Demokratien auch, keineswegs einen Durchschnitt der Merkmale der Bevölkerung wider. Im Unterhaus dominieren männliche Abgeordnete. Von den 1987 gewählten 650 Parlamentariern waren lediglich 41 Frauen. Das Durchschnittsalter der Abgeordneten liegt bei Ende 40. Seit Mitte der 70er Jahre hat sich die Dominanz der Abgeordneten mit einer Mittelschichtherkunft verstärkt, zurückgegangen ist der Grad der Repräsentation der Landbesitzer, der von ihrem Vermögen lebenden Abgeordneten und der Arbeiter. Eine Konsequenz dieser Entwicklung ist die Tendenz zur Angleichung des Sozialprofils der Abgeordneten aus den beiden großen Parteien, wenn auch weiterhin merkliche Differenzen, z.B. hinsichtlich des Gewichts der Landwirte in der Konservativen Partei oder das der Lehrer in der Labour Party, nicht zu übersehen sind. Deutlicher noch unterscheiden sich beide Parteien im Parlament durch das Gewicht, das eine Ausbildung an den Public Schools und den Eliteuniversitäten Oxford und Cambridge für die Abgeordneten der Konservativen Partei hat.

Das Vordringen der Mittelschichten im Parlament, für das die Erhöhung der Abgeordnetenbezüge nach 1964 erstmals auch eine finanzielle Basis schuf, wird als eine der wesentlichen Ursachen dafür genannt, daß die Abgeordneten auf den hinteren Bänken (die backbenchers) in den 70er Jahren zunehmend ihre Rolle als „Stimmvieh" der Regierungspartei abgestreift haben und nach eigenen Artikulationsmöglichkeiten suchen. Die 59 Abstimmungsniederlagen der Labour-Regierungen der 70er Jahre sind daneben sicherlich auch mit der knappen Regierungsmehrheit und ideologischen Spannungen innerhalb der Regierungspartei zu erklären. Die

Neigung zur Hinterbänklerrevolte ist aber zur Regierungszeit Margaret Thatchers nicht abgeebbt, auch wenn dies die mit großer Mehrheit regierende Premierministerin weit weniger in Schwierigkeiten brachte als ihre Vorgänger aus der Labour Party.

Das neue Selbstbewußtsein der Abgeordneten hat eine Reihe von Strukturreformen gefördert, die dem Parlament mehr Informationsmöglichkeiten verschaffen sollen. Der bedeutendste Schritt war die Einrichtung von 14 Select Committees im Jahre 1979, die als Kontrollorgane den Ministerien gegenübergestellt wurden. Ihre in der Regel 11 Mitglieder haben die Aufgabe, die Regierungsentscheidungen hinsichtlich der Ausgabenpraxis, der Verwaltung und der Politikformulierung zu überprüfen. Behindert wird eine solche Prüftätigkeit zum einen durch die Geheimhaltungsmöglichkeiten, die der Official Secrets Act bietet, und das relativ geringe Entgegenkommen der Regierungsstellen bei Informationswünschen der Ausschüsse, behindert wird sie auch durch die relative Folgenlosigkeit von Ausschußberichten, die von der Regierung ignoriert werden können, wenn sie nicht ein negatives Echo bestimmter Berichte in der Presse fürchtet.

Neben diesen 14 Fachausschüssen gibt es eine Reihe weiterer ständiger Ausschüsse (Standing Committees), z.B. für Schottland, Wales und Nordirland, sowie mehrere Ausschüsse, die im Rahmen des Gesetzgebungsprozesses fungieren. Anders als in der Bundesrepublik findet in letzteren Ausschüssen keine Ausarbeitung der Gesetze statt. Die Standing Committees werden anders als die Ausschüsse des Deutschen Bundestages nicht vor, sondern erst nach der zweiten Lesung in den Gesetzgebungsprozeß eingeschaltet und bilden nur den Rahmen für Gesetzeskorrekturen, die das Gesetzesvorhaben im Prinzip unangetastet lassen. Das britische Parlament ist nach wie vor in erster Linie ein Instrument der Regierung zur Legitimierung der Entscheidungen der Exekutive. Es ist Resonanzboden zur Artikulation der Regierungsvorhaben und bietet der offiziell als Institution anerkannten Opposition (die Fraktionsvorsitzenden der größten Oppositionspartei in Ober- und Unterhaus — Her Majesty's Opposition — beziehen staatliche Gehälter) Gelegenheit Profil zu gewinnen.

Parlamentssoziologie

a) Schulbildung der Abgeordneten und der Kandidaten für einen Parlamentssitz 1987

	Conservative		Labour		Liberal		SDP	
	gewählt	Verlierer	gewählt	Verl.	gewählt	Verl.	gewählt	Verl.
Elementary only	—	—	4	1	—	—	—	1
Elementary +	—	1	11	1	—	1	—	1
Secondary only	25	25	32	63	3	30	1	25
Secondary +	26	41	50	91	2	45	—	51
Secondary & University	69	84	100	194	4	121	2	133
Public School only	41	12	1	4	—	7	—	4
Public School +	21	13	1	5	—	10	—	4
Public School & University	194	81	30	45	8	96	2	82
Insgesamt	376	257	229	404	17	310	5	301
	(70 %)	(64 %)	(56 %)	(59 %)	(71 %)	(70 %)	(80 %)	(72 %)
Oxford	90	32	22	35	2	33	1	51
Cambridge	76	25	12	14	2	31	1	26
Andere Universitäten	97	108	95	190	8	154	2	139
Universitäten insgesamt	263	165	129	239	12	218	4	216
	(70 %)	(64 %)	(56 %)	(59 %)	(71 %)	(70 %)	(80 %)	(72 %)
Eton	43	9	2	—	—	7	—	6
Harrow	8	5	—	—	—	2	—	2
Winchester	4	3	1	—	—	2	—	3
Andere	201	89	29	54	8	102	2	79
Public Schools insgesamt	256	106	32	54	8	113	2	90
	(68 %)	(41 %)	(14 %)	(13 %)	(47 %)	(36 %)	(40 %)	(30 %)

b) Beruflicher Hintergrund der Abgeordneten und der Kandidaten für einen Parlamentssitz 1987

	Conservative		Labour		Liberal		SDP	
	gewählt	Verlierer	gewählt	Verl.	gewählt	Verl.	gewählt	Verl.
akademische Berufe								
Jurist (barrister)	43	33	9	4	4	11	1	15
Jurist (solicitor)	21	19	9	13	1	19	—	17
Arzt / Zahnarzt	3	4	2	4	—	5	1	11
Architekt / Landvermesser	7	2	—	—	—	3	—	1
Ingenieur	6	7	—	4	—	5	—	6
Buchhalter	17	12	2	6	—	9	—	4
Beamter / Kommunaler Angest.	13	3	8	28	—	15	1	9
Militär	15	7	—	—	1	1	—	2
Lehrer								
Universität	6	3	11	15	2	13	—	15
Erwachsenenbildung	2	8	15	47	—	24	—	20
Schule	17	18	29	82	2	34	—	39
Andere	3	3	2	5	—	11	—	10
Wissenschaftl. Forschung	3	1	6	2	—	3	—	4
Insgesamt	156	120	93	210	10	153	3	153
	(42 %)	(50 %)	(40 %)	(52 %)	(59 %)	(50 %)	(60 %)	(51 %)
Industrie								
Firmenchef	39	21	2	1	—	14	—	12
Vorstandsmitglied	75	39	12	6	—	39	—	41
Handel / Versicherungen	18	13	9	9	—	10	—	12
Management / Büro	4	7	16	18	2	12	—	7

	Conservative		Labour		Liberal		SDP	
	gewählt	Verlierer	gewählt	Verl.	gewählt	Verl.	gewählt	Verl.
Industrie im allgemeinen	3	8	2	2	–	8	–	3
Insgesamt	139 (37 %)	88 (34 %)	41 (10 %)	36 (9 %)	2 (12 %)	83 (27 %)	0 (0 %)	75 (25 %)
Andere								
Angestellte	8	5	18	54	1	21	1	17
Politiker	21	14	12	21	1	17	–	8
Verleger / Journalist	26	12	14	9	2	13	1	16
Landwirt	16	6	2	1	1	2	–	7
Hausfrau	7	–	–	4	–	6	–	5
Student	–	2	–	1	–	2	–	3
Lokalverwaltung	–	2	4	7	–	9	–	2
Insgesamt	78 (20 %)	41 (14 %)	50 (21 %)	97 (24 %)	5 (30 %)	70 (22 %)	2 (40 %)	58 (19 %)
Arbeiter								
Bergarbeiter	1	1	16	1	–	–	–	2
Facharbeiter	2	7	44	41	–	4	–	13
ohne Berufsausbildung / angelernt	–	–	6	14	–	–	–	–
Insgesamt	3 (1 %)	8 (3 %)	66 (29 %)	56 (14 %)	0 (0 %)	4 (1 %)	0 (0 %)	15 (5 %)
Gesamtsumme	376	257	229	404	17	310	5	301

Quelle: D. Butler / D. Kavanagh: The British General Election of 1987, Basingstoke / London 1988, S. 202ff.

Beratungs- fortgang	Ort der Beratung	
Erste Lesung	Plenum	Nur formelle Einbringung des Gesetzentwurfs, keine Debatte
Zweite Lesung	Plenum (nicht umstrittene Gesetze können auch im Ausschuß behandelt werden)	Debatte über prinzipielle Fragen
Ausschuß	Standing Committee (kann bei bedeutenden Fragen auch Committee of the Whole House = Unterhaus ohne Vorsitz des Speakers sein)	Detailerörterung Paragraph um Paragraph. Zusätze möglich
Bericht	Plenum (entfällt, wenn das Committee of the Whole House keine Zusätze wünscht)	Ausschuß berichtet Plenum, Zusätze möglich
Dritte Lesung	Plenum (keine Debatte, wenn nicht vorher ein von 6 Abgeordneten unterstützter Antrag vorliegt)	Endgültige Zustimmung zum Gesetz. Debatte nur zum Inhalt des Gesetzes
Zusätze des House of Lords	Plenum	Debatte der Vorschläge des House of Lords in der Regel mit der Empfehlung zur Annahme oder Ablehnung verbunden

Quelle: Ph. Norton: The British Polity, New York / London 1984, S. 264.

14.2 Das Oberhaus

Mit den Wahlrechtsreformen des 19. Jahrhunderts, die die Zahl der Wahlberechtigten immer weiter erhöhten, wuchs dem Unterhaus das entscheidende Gewicht als im eigentlichen Sinne repräsentative Kammer zu. Es dauerte allerdings noch bis zum Anfang des 20. Jahrhunderts bis eine Gesetzesregelung den minderen Status des Oberhauses festschrieb. Der Parliament Act des Jahres 1911, den die liberale Regierung Asquith wegen der Blockadetaktik des Oberhauses bei wichtigen Gesetzgebungsmaßnahmen durchsetzte, nahm dem House of Lords das Vetorecht bei Finanzgesetzen und reduzierte die Eingriffsmöglichkeiten des Oberhauses auf ein suspensives (aufschiebendes) Veto von zwei Jahren. Der Parliament Act von 1949 reduzierte die Möglichkeit des suspensiven Vetos um ein weiteres Jahr.

Kritiker haben sich immer wieder dafür eingesetzt, das Oberhaus als demokratisch nicht legitimiertes Relikt abzuschaffen und seine richterlichen und Gesetzgebungsaufgaben auf das Unterhaus bzw. in den Bereich der Justiz zu verlagern — eine Forderung, die auch Eingang in die Parteiprogramme der Labour Party in den achtziger Jahren fand. Die große Mehrheit der Mitglieder des Unterhauses möchte allerdings weiterhin die heutigen politischen Handlungsspielräume des Oberhauses erhalten sehen, die dazu dienen:

a) eine oberste Berufungsinstanz bei juristischen Streitfragen zur Verfügung zu stellen (nur Law Lords)
b) eine gründliche Erörterung der in der Regel unter Zeitdruck zustandegekommenen Gesetzentwürfe des Unterhauses zu gewährleisten. Diese Erörterung kann auf den Sachverstand vieler altgedienter in den Adelsstand erhobener Bereichsexperten bauen.

Mitgliedschaft im House of Lords

a) nach Status

	1950 N	1950 %	1960 N	1960 %	1970 N	1970 %	Juni 1984 N	Juni 1984 %
Created hereditary peer[a]					97	9,0	30	2,5
Hereditary by succession[b] (male)	810	95,6	843	92,8	741	68,7	745	62,6
Hereditary by succession[b] (female)	—	—	—	—	19	1,8	18	1,5
Life peer (male)[c]	—	—	31	3,4	155	14,4	305	25,6
Life Peeresses[c]	—	—			23	2,1	46	3,9
Law lord[d]	11	1,3	8	0,9	17	1,6	20	1,7
Lords spiritual[e]	26	3,1	26	2,9	26	2,4	26	2,2
Insgesamt	847	100,0	908	100,0	1.078	100,0	1.190	100,0

a) ernanntes Mitglied, Mitgliedschaft vererbbar; b) Mitgliedschaft durch Erbfolge; c) Mitgliedschaft auf Lebenszeit; d) Oberste Richter. Lords of Appeal in Ordinary. Sie sind das oberste Berufungsgericht; e) Erzbischöfe und Bischöfe der anglikanischen Kirche.

b) nach Parteizugehörigkeit

	1970 N	1970 %	Juni 1984 N	Juni 1984 %
Conservative	468	43,4	460	38,6
Labour	120	11,1	133	11,2
Liberal	38	3,5	39	3,3
Social Democrat	—	—	38	3,2
Communist	2	0,2	2	0,2
Independents — crossbench[a]	110	10,2	209	17,6
— non-party[b]	51	4,8	50	4,2
No declared political affiliation[c]	289	26,8	259	21,7
Insgesamt	1.078	100,0	1.190	100,0

a) offiziell als Unabhängige, die nicht zu einer der benches (Bänke) von Regierung oder Opposition gehören; b) Law Lords, Lords spiritual; c) keine Information über Parteineigung.

c) nach früherem Berufsfeld

	N	Mitgliedschaft (in %) erblich	Mitgliedschaft (in %) durch Ernennung
Gewerkschaftsfunktionär	20	—	4,9
Diplomat / Civil Service	114	6,2	16,1
Justiz	120	5,9	18,3
Bank- und Versicherungswesen	121	11,6	7,8
Ingenieur	25	1,6	3,2
Ökonom	25	1,9	2,4
Naturwissenschaftler	9	0,4	1,5
Mediziner	19	0,6	3,4
Lehrer / Hochschullehrer	103	3,4	18,8
Industrie	208	15,6	21,5
Politik	166	3,0	34,9
Insgesamt	1.178		

Quelle: N.D.J. Baldwin: Behavioural Changes. A New Professionalism and a More Independent House, in: Ph. Norton (Hg.): Parliament in the 1980s, Oxford 1985, (96 - 113), S. 104ff.

c) eine verdienstvolle Rolle in Politik und Öffentlichkeit durch Mitgliedschaft im Oberhaus zu ehren. Seit 1958 gibt es die Möglichkeit der Ernennung von Life Peers, also Mitgliedern des Oberhauses auf Lebenszeit, ohne Erbanspruch für diese Würde. Nach 1964 wurde fast zwei Jahrzehnte lang nur noch diese Form der

211

Peers-Würde verliehen. Margaret Thatcher führte 1983 die Verleihung erblicher Peers-Würden als besonders herausgehobene Auszeichnung wieder ein.

d) bei Regierungen, die mit großer Mehrheit im Unterhaus regieren, ein Forum für die Opposition zur Regierungspolitik zu bilden. Dies gilt auch für den Fall einer konservativen Regierung trotz einer traditionell konservativen Vorherrschaft im Oberhaus. Die schwachen Labour-Regierungen der 70er Jahre mußten 347 Abstimmungsniederlagen (1974-9) im Oberhaus hinnehmen, Margaret Thatchers Vorlagen wurden von 1979-83 45mal und von 1983 bis 84 19mal abgelehnt. Gerade in der Regierungszeit Margaret Thatchers hat das Oberhaus Ansätze eines neuen kollektiven Selbstbewußtseins als Gegengewicht der Vernunft und des Ausgleichs gegen den Radikalismus der Premierministerin entwickelt.

e) ein Forum neuer ungewöhnlicher Ideen zu sein. Wohl das spektakulärste Beispiel ist die Zustimmung des Oberhauses zu Fernsehübertragungen seiner Sitzungen, die 1985 auf Testbasis begannen. Erst 1988 sprach sich eine Mehrheit des Unterhauses für die Einsetzung eines Ausschusses zur Festlegung von Richtlinien für die Fernsehübertragung seiner Debatten aus.

15. Die Kommunalverwaltung

15.1 Aufbau und Verwaltungsreform

Demokratische Strukturen der britischen Kommunalverwaltung lösten erst nach dem II. Weltkrieg Perioden feudaler, oligarchischer und — seit der Jahrhundertwende — Perioden durch eingeschränktes Wahlrecht legitimierter Formen der Administration ab. Die seit ihren frühmittelalterlichen Anfängen in der Selbstverwaltung dominierende grundherrliche Gewalt in den „parishes" (Kirchspielen) wurde im 14. Jahrhundert nach Auflösung dieser Machtstrukturen ersetzt durch die häufig korrupte Amtsausübung der Friedensrichter in den Grafschaften („counties") und einer auf den eigenen Nutzen schielenden Oligarchie in den Städten, die an deren Vermögen unmittelbar beteiligt war.

Erst mit der Demokratisierung des Wahlrechts im 19. Jahrhundert veränderte sich auch die Grundstruktur der britischen Kommunalverwaltung (1888: Local Government Act; 1889 Local Government (Scotland) Act) in Richtung auf stärker repräsentative Legitimationsformen. Die Entscheidungsgewalt auf lokaler Ebene ging in die Hände gewählter Councils über. Mit einer Reihe von Zwischenstufen dauerte es allerdings noch bis 1948, bis durch gesetzliche Regelung endgültig die volle rechtliche Gleichstellung aller Bürger bei Kommunalwahlen durchgesetzt wurde.

Die Einbindung der lokalen Ebene in die wohlfahrtsstaatliche Entwicklung nach dem II. Weltkrieg verlief alles andere als widerspruchsfrei. Zum einen wurden mit den Aufgaben des Zentralstaats auch die der Kommunalverwaltung zugewiesenen Aufgabenbereiche erweitert, zum anderen aber verband sich der damit theoretisch verbundene Kompetenzgewinn der lokalen Ebene mit verstärkten Kontrollanstrengungen der Londoner Zentrale, deren primäres Ziel es war, die Optimierung ihrer sozialstaatlichen Vorgaben zu garantieren, was aber den automatischen Nebeneffekt des Verlustes an lokaler Autonomie mit sich brachte.

Der historische Prozeß der Herausbildung von Institutionen lokaler Autonomie vollzog sich ungeregelt und naturwüchsig. Ihre lokalen Befugnisse wurden der Kommunalverwaltung nicht durch allgemein verbindliche Gesetzesregelungen zugewiesen. Örtliche Aufgaben und Entscheidungsstrukturen waren nur in geringem Maße vergleichbar. Häufig waren sie Ergebnis lokaler Initiativen („Private Local Bills"), die zur Verabschiedung von auf die jeweiligen Gebietskörperschaften zugeschnittenen und nur diese betreffenden Parlamentsgesetzen führten. Erst die umfassende Neuordnung der Kommunalverwaltung Ende des 19. Jahrhunderts brachte eine stärkere Vereinheitlichung der Vielfalt lokaler Gremien und Zuständigkeiten. Obwohl immer noch an den historisch gewachsenen Identitäten orientiert, gewann die Kommunalverwaltung erheblich an Transparenz.

Dieser Transparenzgewinn reichte allerdings längerfristig nicht für eine kompetente Wahrnehmung der Befugnisse der Kommunalverwaltung aus. Der erhebliche Zuwachs ihrer Funktionen, vor allem in der Zwischenkriegszeit, — insbesondere auf den Politikfeldern Wohnungsbau, Erziehung und Gesundheitswesen — führte zu einer starken Belastung der Funktionsfähigkeit der lokalen Gremien. Mit dem Local Government Act von 1933 versuchte der Gesetzgeber durch Klärung der Zuständigkeiten der verschiedenen Regierungsebenen zur Entlastung der Kommunalverwaltung beizutragen. Eine „Rationalisierung" der Kommunalverwaltung im Sinne einer Verwaltungsvereinfachung, die schon in den 30er Jahren von einigen Kennern der Materie gefordert worden war, wurde allerdings erst 1972 für England und Wales und 1973 für Schottland (bereits 1963: London Government Act) durch entsprechende Reformgesetze verwirklicht.

Die Kommunalreform, die in England 1974 und in Schottland 1975 in Kraft trat, reduzierte die Zahl der Kommunalbehörden um

Der Strukturwandel der Kommunalverwaltung in England und Wales
(ohne London)

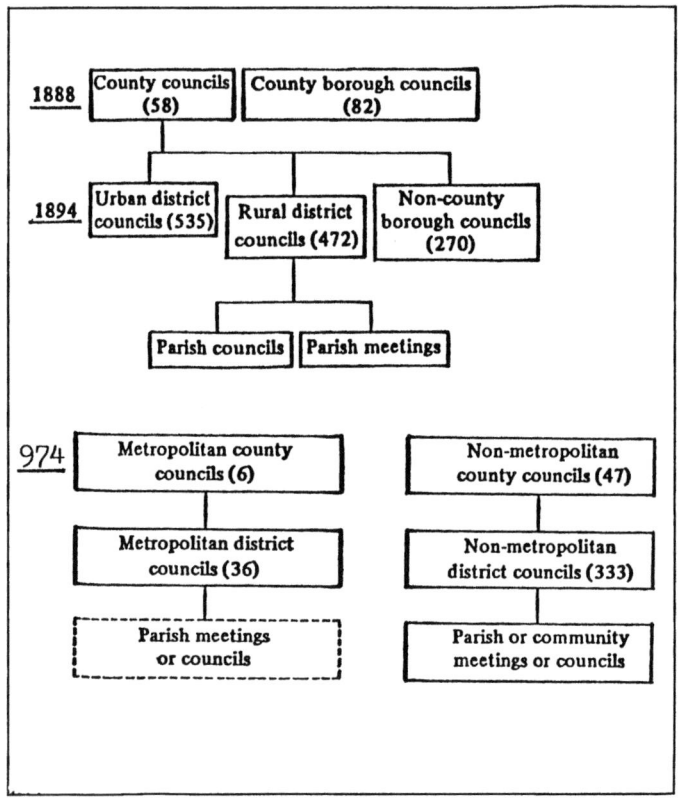

1986 aufgelöst: 6 Metropolitan counties und der Londoner Stadtrat
(Greater London Council)

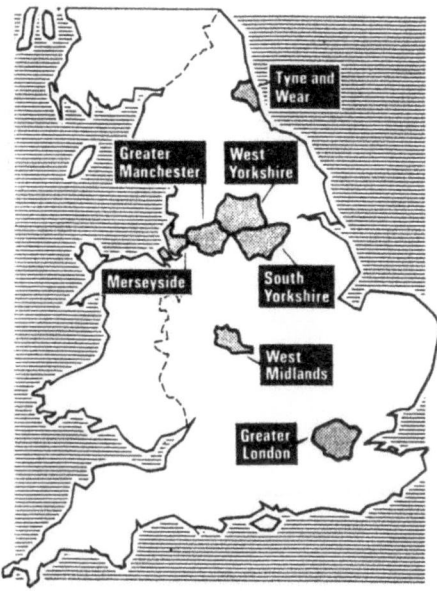

Quellen: T. Byrne: Local Government in Britain, Harmondsworth, ²1983, S. 30
und 53. The Economist, 1. 10. 1983, S. 34.

---

*Die Aufgaben der britischen Kommunalverwaltung nach den Reformen der 70er
Jahre*

England
Metropolitan areas

6 Counties*	Gesamtplanung, Verkehr, Polizei, Feuerwehr
36 Distrikte	Erziehungswesen, soziale Dienstleistungen, Wohnen, Kommunalplanung, Umwelt, Freizeitdienstleistungen

Non-metropolitan areas

36 Counties	wie Metropolitan Counties, dazu Erziehungswesen und soziale Dienstleistungen
296 Distrikte	wie Metropolitan Distrikte, ohne Erziehungswesen und soziale Dienstleistungen
Über 7 000 lokale „parish" oder „town" Councils	lokale Dienstleistungen

London

Greater London Council*	Verkehr, Gesamtplanung z.T. Wohnen
Inner London Education Authority*	Erziehungswesen in Inner London
32 London boroughs	Wohnen, soziale Dienstleistungen, Freizeit, öffentliche Gesundheit, Erziehungswesen (außerhalb Inner Londons)

Wales

8 County councils	In etwa mit den Funktionen der entsprechen-
37 Distrikt Councils	den englischen, non-metropolitan Funktions-träger
Über 8 000 lokale „community" oder „town" Councils	lokale Dienstleistungen

Schottland

9 Regionen	Gesamtplanung, Erziehungswesen, Sozial-arbeit, Verkehr, Wasser, Polizei, Feuerwehr
53 Distrikte	Wohnen, Kommunalplanung
Über 1 200 „community" Councils	lokale Dienstleistungen
3 Inselgebiete	mit jeweils allen Befugnissen von Regionen und Distrikten

* Nach der Auflösung der Metropolitan Counties und des GLC im Jahre 1986 gingen deren Funktionen auf die nachgeordneten Verwaltungseinheiten (Distrikte bzw. boroughs) über. Nach dem gleichen Prinzip wurde 1990 mit der Auflösung der Inner London Education Authority deren Aufgabenbereich den 13 innerstädtischen boroughs übertragen werden.

um ca. zwei Drittel. Die damit angestrebte Verwaltungsvereinfachung sollte die örtliche Verwaltung nicht zuletzt transparenter machen und die Bürgerbeteiligung an politischen Entscheidungen im kommunalen Bereich fördern. Ein spezielles Instrument hierfür ist der mit den Kommunalreformen eingeführte lokale Ombudsmann, an den sich der Bürger wenden kann, wenn er den üblichen Beschwerdeweg gegen Verwaltungsentscheidungen ausgeschöpft hat. Der Bürger kann diesen Ombudsmann allerdings nicht direkt ansprechen, sondern nur vermittelt über das für ihn zuständige lokale Gremium. In Großbritannien gibt es fünf solcher Ombudsmänner (offizieller Titel: „Commissioner for Local Administration"), je einen für Schottland und Wales und drei für England.

216

Das Interesse der Bevölkerung an den administrativen Neuerungen wich allerdings sehr bald dem gewohnten Maß an Apathie gegenüber der Kommunalpolitik. Typisch für die Einstellung der Bürger ist nach den vorliegenden Umfrageergebnissen eine relativ gleichgültige Haltung gegenüber der Kommunalverwaltung, gepaart mit gelegentlich offener Feindseligkeit gegen oft für unfähig gehaltene Stadträte. Die Wahlbeteiligung bei Kommunalwahlen hat sich auf dem vor der Kommunalreform erreichten niedrigen Stand (um 45 %) eingependelt; die Zahl der speziell lokale Belange vertretenden unabhängigen Kandidaten und Ratsmitglieder ist rückläufig. Die nationalen Parteien haben, wie in anderen westeuropäischen Ländern auch, heute die Kommunalregierungen durchdrungen.

Die Weiterführung der Kommunalreform, so die Regierung Thatcher, bzw. der Eingriff in die Autonomie der Kommunalverwaltung, so die Opposition, des Jahres 1986, wurde erneut mit Effizienzkriterien begründet. Auf Regierungsinitiative wurden die als „überflüssig" betrachteten sechs Metropolitan Counties und der Greater London Council (GLC) aufgelöst. Das Gegenargument der Verteidiger der bestehenden kommunalen Strukturen, man könne demokratisch legitimierte Versammlungen nicht mit einem Federstrich beseitigen, trifft aber ebensowenig wie die Argumente der Regierung den Kern der Auseinandersetzungen zwischen lokaler und zentraler Ebene in dieser organisatorischen Frage.

Bei der Kommunalreform von 1986 ging es vor allem um zweierlei:

1) Um das Bemühen der konservativen Regierung, das Wachstum der Staatsausgaben im kommunalen Bereich einzudämmen, wozu sich als probates Mittel die Abschaffung der notorisch die zentralen Ausgabenbegrenzungswünsche mißachtenden sechs Counties und des GLC anbot.

2) Darum, die politische Opposition gegen die Wirtschafts- und Gesellschaftspolitik der konservativen Regierung zu treffen, die die Praxis der 6 Labour-regierten Councils und des GLC verkörperte. Nicht nur verstanden diese ihre Mißachtung der Ausgabenbegrenzungswünsche der Zentralregierung als Protest gegen die regierungsamtliche Sparpolitik, sie nutzten auch den auf einfallsreiche Weise mit Budgettricks aufrechterhaltenen Finanzspielraum, um in ihrem Zuständigkeitsbereich eine zur Regierungspolitik alternative politische Strategie durchzusetzen.

Die Politik des „*local socialism*", wie sie heute noch von einer Reihe Labour-regierter Councils verfolgt wird, hat viele Gesichter. Gemeinsamer Nenner ist der mit unterschiedlicher Radikalität unternommene Versuch der Umorientierung lokaler Politik in einen Freiraum für Gesellschaftsreform. Im einzelnen bedeutete dies u.a.

— eine Neuorientierung der Politik der Wirtschaftsförderung. Mit der Einrichtung von „enterprise boards", die über die Mittel zur Investition in bestehende oder neuzugründende Unternehmen verfügen, soll eine soziale Kontrolle des Verhaltens der geförderten Firmen im lokalen Bereich gewährleistet bleiben. Die „boards" schließen sogenannte „Planungsabkommen" mit den Unternehmen, an deren Zustandekommen auch die Gewerkschaften beteiligt sind. Diese Planungsabkommen werden in erster Linie dafür eingesetzt, die sozialpolitischen Ziele des local socialism für die Unternehmen verbindlich zu machen.

— eine skeptische Haltung gegenüber der traditionellen Polizeiarbeit. Konflikte entstanden zwischen der örtlichen Aufsichtsbehörde und der Polizei.

— eine Politik der Förderung der sogenannten Minderheiten, der Farbigen, der Frauen und der Homosexuellen.

— z.T. griffen die linken Labour-Räte auch eher außenpolitische Themen auf, wie die amerikanische Invasion Grenadas, die Einrichtung kernwaffenfreier Zonen oder den Nordirlandkonflikt.

15.2 Die Reform der Kommunalfinanzen

Der finanzielle Handlungsspielraum der Kommunalverwaltungen ist besonders seit der Mitte der 70er Jahre deutlich geschrumpft. Der größte Teil ihres Haushalts ist heute von Zuschüssen der Zentralregierung abhängig, keine Kommunalverwaltung könnte mit dem Einkommen aus den heutigen lokalen Steuern funktionsfähig bleiben. Seit Mitte der 70er Jahre hat sich allerdings auch qualitativ das Verhältnis von Kommunalverwaltungen und Regierung verändert. Die durch die Ölkrise von 1974 in den westlichen Industrieländern verursachte wirtschaftliche Destabilisierung führte auch in Großbritannien zu einer Neubewertung der Bedeutung der Staatsausgaben. Vor allem um der Inflationsgefahr zu begegnen, verstärkten die amtierenden Labour-Regierungen ihre Bemühungen, die Entwicklung des Staatshaushalts zu kontrollieren.

Die kommunalen Haushalte wurden erstmals in die staatliche finanzielle Gesamtsteuerungsstrategie einbezogen. Immerhin belaufen sich die im kommunalen Bereich getätigten Ausgaben auf ein wenig mehr als ein Viertel der Staatsausgaben, das sind etwas über 10 % des Bruttosozialprodukts. Die inkrementalistischen Eingriffsversuche der Labour-Regierungen in die Ausgabenpolitik der Kommunalverwaltungen vermochten allerdings weder die Ungereimtheiten von Mechanismen zentralstaatlicher Finanzzuweisungen zu beseitigen. So führte beispielsweise die Berechnung des Bedarfselements, das ein Teilbetrag des staatlichen Finanzzuschusses an die Kommunalverwaltung ist, auf der Grundlage u.a. auch der Ausgabenstruktur vergangener Jahre, dazu, daß Kommunalbehörden mit hohen Ausgaben bei der nächsten Mittelverteilung ein entsprechend erhöhter Bedarf zugestanden wurde.

Auch gelang es nicht, das Ausgabenwachstum auf kommunaler Ebene entscheidend zu bremsen. Versucht wurde eine verstärkte Koordination der kommunalen Ausgabenentscheidungen (1975 wurde als Forum des Meinungsaustauschs der Spitzenorganisationen der Kommunalverwaltungen und der Regierung der „Consultative Council on Local Government Finance" eingerichtet). Zusätzliche konkrete Maßnahmen, wie die Kürzung von Zuschüssen oder die Vorgabe von Ausgabenbegrenzungen sollten zu einer größeren finanziellen Disziplin der lokalen Körperschaften beitragen.

Der Wahlsieg der Konservativen Partei 1979 stellte die Weichen für ein entschiedeneres Eingreifen — bis hin zur Konfrontationspolitik — der Regierung gegenüber den Kommunalverwaltungen. Mit dem Local Government Act von 1980 wurde als wirksamerer Kontrollmechanismus ein revidiertes Zuschuß- („Block Grant") System eingeführt. Der zuständige Minister („Secretary of State of the Environment") schätzte nun die Höhe der adäquaten Zuschußsumme für die Kommunalverwaltungen aus dem Staatshaushalt nach einem komplizierten Berechnungsverfahren, das die unterschiedlichen Aufgaben dieser Gremien und das lokale Steueraufkommen berücksichtigte. Für die konservative Regierung war der entscheidende Aspekt dieser Rechenoperation die Tatsache, daß diese es ihr erlaubte, jene Kommunalverwaltungen zu identifizieren, welche — gemessen an den Regierungsvorgaben — zu hohe Ausgaben tätigten. Diese konnten dann durch die Reduktion der Zuschußsumme „bestraft" werden. Mit dem Local Government Finance Act von 1982 wurde den Kommunalverwaltungen zusätzlich die Möglichkeit ge-

Laufende Ausgaben der Lokalbehörden in Großbritannien 1960-1980
(ausgewählte Jahre) — prozentuale Verteilung auf Ausgabearten

	1960 in v.H.	1965 in v.H.	1970 in v.H.	1975 in v.H.	1980 in v.H.
Zivilverteidigung	0,3	0,4	—	—	—
Straßen u. öff. Beleucht.	7,7	6,8	5,2	4,5	4,3
Arbeitsnachweise	—	0,2	0,2	0,3	0,2
Landwirtschaft	0,2	0,1	—	—	—
Wohnungswesen	—	—	0,1	0,3	0,4
Umweltbezogene Dienstleist.:					
Kanalisation u. Abwasserbes.	4,7	2,5	1,1	0,1	0,1
Müllabfuhr	—	2,3	2,2	2,2	2,4
öffentl. Gesundheitsdienste	1,1	1,0	1,0	1,1	1,1
Landentwäs. u. Küstenschutz	0,5	0,5	0,3	0,3	0,3
Parks, Spielplätze etc.	—	1,8	1,5	1,3	2,1
Stadt- und Landesplanung	2,3	0,7	0,4	1,0	1,0
Bibliotheken, Museen, Künste	1,2	1,3	1,2	1,3	1,4
Polizei	6,6	6,6	7,0	6,4	7,7
Justizverwaltung	0,6	0,7	0,9	0,6	0,8
Feuerwehr	1,6	1,6	1,5	1,6	1,7
Soziale Dienstleistungen:					
Erziehung	38,3	36,6	34,0	37,0	34,5
Nation. Gesundheitsd.[1]	4,1	4,0	2,5	—	—
personenbez. soz. Dienstl.[1]	2,8	2,9	4,5	7,0	7,9
Schulmahlz. u. Schulmilch	3,3	3,0	2,6	2,8	1,9
Steuereinzug	0,6	0,5	0,5	0,5	0,6
Urkunden, Registrierungen, Pläne	—	0,2	0,2	0,2	0,1
Friedhöfe	—	0,2	0,2	0,2	0,2
Allgemeine Verwaltung	3,6	2,2	1,4	2,8	2,0
Finanzhilfen	1,7	2,7	2,4	3,5	3,9
Lfd. personenbez. Zuweisungen:					
Stipendien	2,3	3,1	3,3	2,5	3,4
Wohnungsgeld	—	—	—	0,8	0,9
Schuldendienst:					
für Darlehen d. Zentralreg.	6,9	4,9	7,0	6,8	6,3
für andere Darlehen	9,6	3,2	14,8	11,2	10,4
Gesamte laufende Ausgaben	100	100	100	100	100

[1] Änderung der Abgrenzung 1969.

Quelle: Th. Köster: Die Entwicklung kommunaler Finanzsysteme am Beispiel Großbritanniens, Frankreichs und Deutschlands 1790-1980, Berlin 1984, S. 89.

nommen, auftretende Haushaltslücken durch lokale Ergänzungssteuern („supplementary rates") zu stopfen.

Nach ihrem zweiten Wahlsieg von 1983 initiierten die Konservativen weitere Eingriffe in das Finanzgebaren der Kommunen. Die detaillierte Kontrolle der Ausgaben der Kommunalverwaltungen wurde mit dem Rates Act von 1984 durch Möglichkeiten der Kontrolle ihrer Einnahmen ergänzt. Ausgabenfreudigeren Körperschaften wurde der Weg der Substitution von Regierungszuschüssen durch höhere lokale Steuern durch Intervention der Zentralregierung („rate-capping") verbaut.

Das alte „Rates"-System

Nach dem traditionellen System der Finanzierung der Kommunalverwaltungen standen den britischen Gemeinden neben Gebühren, Mieten etc. zwei Haupteinnahmequellen zur Verfügung:

1. Die *Rates*. Dies sind Steuern die auf Immobilienbesitz erhoben werden. Jede Kommunalverwaltung legte für die Immobilien in ihrem Einzugsbereich einen entsprechenden Hebesatz für die Rates fest (*rate poundage*), der multipliziert mit dem geschätzten jährlichen Mietwert (*rateable value*), die jährlich zu zahlenden rates ergibt. Für England und Wales wurden die entsprechenden Schätzwerte zuletzt 1973 festgelegt, für Schottland 1985.

2. Die *Grants*. Dies sind Zuschüsse der Londoner Zentralregierung zur Finanzierung der Kommunalverwaltungen. Die Grants sind für die meisten Kommunalverwaltungen die wichtigsten Einnahmequellen. Jeden Sommer legt die Zentralregierung fest, welche Größenordnung die Ausgaben der Kommunalverwaltungen haben sollen, d.h. wieviel jede einzelne Kommunalverwaltung ausgeben sollte (das sogenannte „target") und wieviel die Regierung zuzuschießen beabsichtigt. Die Gesamtsumme der Zuschüsse heißt *„aggregate exchequer grant"*. Ein Teil der Grants wird zweckgebunden zur Verfügung gestellt, in erster Linie für die Finanzierung der Polizei (die sogenannten *„specific grants"*), ein anderer als ergänzende Leistung zur Unterstützung von Gemeindeaufgaben, beispielsweise des Personennahverkehrs (die sogenannten *„supplementary grants"*). Der große Rest der Zuschüsse wird von zwei die Rates-Einnahmen ergänzenden Grants gestellt, den *rate support grants*. Erstens ist das der *domestic rate relief grant*, der als Rates-Minderung direkt an die Rates-Zahler weitergegeben wird. Zweitens ist das ein unspezifischer *block grant*, der als Ausgleich zwischen den Erfordernissen auf kommunaler Ebene und der verbleibenden Finanzierungslücke angesehen wird. Was die korrekten Erfordernisse sind, wie sie zu berechnen sind und welche Höhe der jährliche block grant zu haben hat, waren die zentralen Themen des Konflikts zwischen britischen Kommunalverwaltungen und der Regierung Thatcher in den achtziger Jahren.

Zuschüsse an die Kommunalverwaltungen Englands, 1984-85
(insgesamt £ 11 872 Mio.)
davon nach Zuschuß- („grant") Arten:

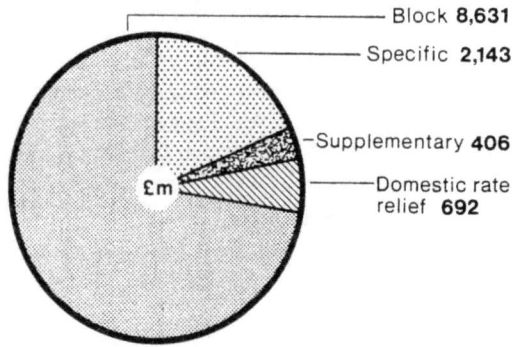

Block **8,631**
Specific **2,143**
Supplementary **406**
Domestic rate relief **692**
£ m

Quelle: The Economist 11. 8. 1984, S. 21.

In der Regierungserklärung der konservativen Regierung nach ihrem dritten Wahlsieg von 1987 wurde das Vorhaben einer völligen Umgestaltung des Systems der Kommunalfinanzen angekündigt. Der leidige Streit um die Ausgabenbegrenzungen für die kommunalen Ausgaben sollte dadurch in der Zukunft begrenzt werden, daß von der Entscheidung über die Gemeindesteuern (vormals Rates) in der Zukunft alle betroffen sein sollen. Hierfür werden die nur auf Immobilienbesitz erhobenen Rates ersetzt durch eine für alle Bürger gleiche pro-Kopf-Steuer (community charge, oder auch *poll tax,* also Wahlregistersteuer, genannt). Das Argument der Regierung ist, daß nur solange die weniger Wohlhabenden nicht *auch* für eine Gemeindesteuer herangezogen werden, diese für höhere Ausgaben und damit verbunden höhere Steuern sind, bzw. Vertreter wählen, die unverantwortliche Verpflichtungen eingehen. Die poll tax mache jeden Bürger für den angerichteten finanziellen Schaden haftbar, was zu einer entsprechend angepaßten Wahlentscheidung und insgesamt zu einer sparsameren Haushaltsgestaltung führe.

Die Konsequenzen des ab 1989 in Schottland und 1990 in England und Wales gültigen Steuersystems auf kommunaler Ebene sind allerdings weiterreichend:

Die neue „poll tax"

Nach dem neuen System der Finanzierung der Kommunalverwaltungen, das ab April 1989 in Schottland und ab April 1990 in England und Wales gilt, werden die Gemeinden folgende drei Haupteinnahmequellen zur Verfügung haben:

1. Die sogenannte „community charge" oder populär auch „poll tax" genannte Kopfsteuer. Alle Erwachsenen (einschließlich der in Großbritannien lebenden Ausländer) und mit Ausnahme von Häftlingen und dauerhaft im Krankenhaus sich aufhaltenden Personen müssen einen von ihrer Kommunalverwaltung festzulegenden Steuerbetrag bezahlen. Wer versucht, dieser Steuer zu entgehen, muß mit Bußgeldstrafen rechnen. Die neue Steuer wird nicht sofort in voller Höhe erhoben, sondern erst nach einer vierjährigen Übergangsfrist.

2. Eine einheitliche Unternehmensbesteuerung auf lokaler Ebene (jeweils unterschiedlich aber in England und Wales; in Schottland wird diese Steuer nicht eingeführt), die uniform business rate, wird erhoben. Die Einnahmen werden aber dann in London zentral zusammengeführt und an die Kommunalverwaltungen entsprechend ihrer Bevölkerungszahlen neu verteilt.

3. Grants. Jede Kommunalverwaltung bekommt von London einen Zuschuß je Einwohner (standard grant). Daneben wird die Zentralregierung die speziellen Bedürfnisse jeder Kommunalverwaltung besonders prüfen und nach ihrem politischen Urteil jeweils unterschiedliche den speziellen Bedürfnissen entsprechende Zuschüsse leisten (needs grant).

1) Das Zuschußelement und damit das Element direkter zentralstaatlicher Kontrolle der Gemeindefinanzierung wächst beträchtlich. Betrug es in England nach dem gegenwärtigen System 44 % (Wales: 65 % und Schottland 55 %), so soll es in Zukunft 75 % (in Wales 85 % und in Schottland 80 %) betragen.

2) Der Wechsel im Steuersystem benachteiligt die unteren Einkommen. Während die Benachteiligung bei den untersten Einkommen durch Sozialleistungen und Rabatte vermieden wird, trifft sie die Familien mit mehr als £ 50,— Wocheneinkommen als Kostenfaktor. Demgegenüber bedeutet der Wechsel im Steuersystem für Einkommen ab £ 150,— pro Woche eine Steuerersparnis, die mit höheren Einkommen immer stärker zu Buche schlägt. Mit dem Wechsel von den Rates zur poll tax ist also eine Einkommensumverteilung verbunden.

3) Großbritannien kennt keine Einwohnermeldeämter. Die Einführung einer Kopf-Steuer erfordert aber das Erfassen aller Bürger an ih-

rem Wohnort. Hierfür ist zunächst ein Abfragen aller Haushalte und ein Wahlregisterabgleich vorgesehen. Die Schwierigkeiten und bürokratischen Probleme, die dieses ad hoc-System aufwerfen wird, sind vorauszusehen. Kritik wurde aber vor allem daran geübt, daß diejenigen, die sich der Kopfsteuer entziehen, weil sie ihre Finanzkraft übersteigt, es auch nicht riskieren können zur Wahl zu gehen, weil sie dann als Steuerbürger erfaßt würden. Die These, die in diesem Zusammenhang geäußert wurde, ist, daß die poll tax den Ärmsten auf indirektem Wege das Wahlrecht nimmt.

Gewinner und Verlierer des Systemwechsels von „rates" zur „community charge" (Berechnung des zuständigen Ministeriums, des Department of the Environment, für Großbritannien. Die Belastung wird in % des Nettohaushaltseinkommens ausgedrückt. Ihr liegen die Preise von 1984-85 zugrunde. Die in Rechnung gestellte Steuerbelastung ist der Nettobetrag, der sich nach Abzug aller vorgesehenen Rabatte ergibt. Die *Zahl im Kreis* gibt den jeweiligen Differenzbetrag, Gewinn (+) oder Verlust (-) in pence pro Woche an, der aus dem Systemwechsel für die jeweilige Einkommensgruppe folgt.)

Einkommen in £ pro Woche

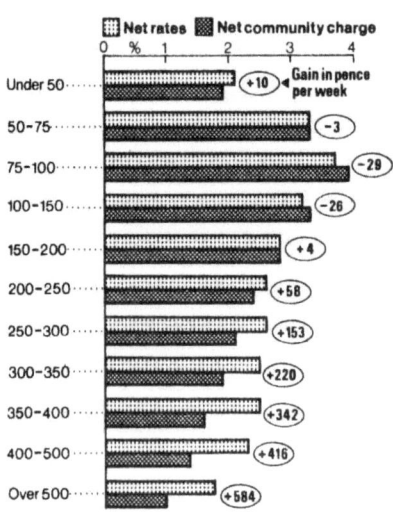

Quelle: The Economist, 1.2.1986, S. 22.

16. Nordirland

16.1 Der Nordirlandkonflikt

Mit dem Government of Ireland Act von 1920 entstanden zwei politische Einheiten in Irland mit getrennten Parlamenten für den Norden (6 Grafschaften) und den Süden (26 Grafschaften) des Landes. Das vom britischen Parlament verabschiedete Gesetzeswerk verkörperte einen Kompromiß zwischen der nationalistischen Forderung nach Anerkennung der autonomen Herrschaftsbefugnisse des 1919 nach dem Auszug der meisten irischen Abgeordneten aus dem Unterhaus in London konstituierten gesamtirischen Parlaments in Dublin (Dáil Éireann) und dem vor allem von Ulster ausgehenden unionistischen Begehren nach Erhalt der britisch-irischen Union.

Mit der faktischen Anerkennung der irischen Teilung durch den Süden, dessen Repräsentanten 1921 den anglo-irischen Vertrag, die Gründungsurkunde des (süd-)irischen Freistaats (Saorstàt Éireann) unterzeichneten, wurde die durch die Teilung hervorgerufene „doppelte Minderheitenposition" für die Bevölkerung Nordirlands festgeschrieben. Zum einen waren nun die katholischen Nationalisten eine Minderheit in Nordirland. Zum anderen gehörten sie aber immer noch der gesamtirischen nationalistischen Mehrheit an, die das sich aus dieser Perspektive in einer Minderheitenposition befindliche unionistische Nordirland zu bedrohen schien.

Diese unionistischen Bedrohungsvorstellungen gewannen durch die politischen Entscheidungen in der Republik Irland in den folgenden Jahrzehnten immer wieder neue Nahrung. Bis heute gilt der Artikel 2 der irischen Verfassung von 1937, der als Staatsgebiet der Republik „die ganze Insel Irland, ihre Inseln und Territorialgewässer" definiert und erst 1972 tilgte ein Referendum Artikel 44(2) der irischen Verfassung, der auch de jure der katholischen Kirche als Schützerin des Glaubens der großen Mehrheit der Bürger Irlands eine „besondere Stellung" gegenüber anderen religiösen Bekenntnissen einräumte.

Die Defensivhaltung der protestantischen Mehrheit hatte Konsequenzen, die weit über ein legitimes Schutzbedürfnis hinausreichten, die aber im Laufe der Zeit nicht mehr als „Überreaktion" erkannt wurden, sondern bald als integraler Bestandteil des unionisti-

schen Besitzstandes galten. Mit der protestantischen Vorherrschaft
verband sich so untrennbar die Diskriminierung der Katholiken im
Bereich der Politik (z.B. Beibehaltung der Besitzqualifikation bei
Kommunalwahlen, Mehrfachstimmrecht für Unternehmen), der Polizei (die Polizeireserve B-specials wurde zur Domäne der Protestanten) und Gesellschaft (z.b. durch die Praxis der Wohnraumver-
gabe und der Auftragsvergabe durch die Kommunalverwaltungen).

Dieses Gebäude unionistischer Dominanz erwies sich in den
Jahrzehnten vor und unmittelbar nach dem II. Weltkrieg als äußerst
stabil. Den unzufriedenen Angehörigen der katholischen Minderheit blieb nur die Alternative Unterwerfung oder Emigration. Die
besseren Bildungschancen für breite Teile der Bevölkerung im Zuge
des Ausbaus des britischen Wohlfahrtsstaates nach dem II. Weltkrieg und die Verbesserung ihrer materiellen Lebensbedingungen
führten in den 50er und 60er Jahren der katholischen Minderheit die
sozialen und politischen Grenzen ihrer Einbindung in die nordirische Gesellschaft deutlicher als bisher vor Augen. Der Wunsch nach
Teilhabe am gesellschaftlichen Modernisierungsprozeß im britischen Kontext schien stärker als die traditionalistische Forderung
der Vereinigung des Nordens mit der Republik, was aus der damaligen Perspektive ja auch die Anbindung des im Modernisierungsprozeß befindlichen Nordens an ein — an diesem gemessen — rückstän-
diges Agrarland bedeutet hätte. Hier war die bisher einmalige und
wohl unwiederbringliche Chance gegeben, durch demokratische
Reformen zugunsten der diskriminierten katholischen Minderheit
eine Basis für einen gesellschaftlichen Konsens in Nordirland zu
schaffen.

Der unionistische Staat wurde zu dieser Zeit von katholischer
Seite nicht wegen seiner Einbindung in das Vereinigte Königreich
attackiert, sondern wegen der undemokratischen Qualität, die diese
angenommen hatte. Die Formen des Protestes wurden von den in allen westlichen Demokratien aufflackernden Studenten- und Bürger-
rechtsbewegungen übernommen, wobei das Vorbild des amerikanischen Bürgerrechtlers Martin Luther King sicherlich am meisten
Eindruck auf die nordirische Bürgerrechtsbewegung machte. Die
Forderungen der 1967 gegründeten Northern Ireland Civil Rights
Association (NICRA) lauteten:

(1) Allgemeines und gleiches Wahlrecht bei Kommunalwahlen
    („one man, one vote!")
(2) Ein Ende der Wahlkreismanipulationen

(3) Gesetze gegen die Diskriminierung von Katholiken durch die Kommunalverwaltungen

(4) Vergabe von Wohnraum nach einem Punktesystem

(5) Abschaffung des Special Powers Act, der die Internierung von Verdächtigen ohne Gerichtsverhandlung zuließ,

(6) Auflösung der Polizeireserve (B-specials).

Zunächst schien es so, als wollten die Unionisten — oder zumindest doch die Mehrzahl ihrer politischen Führer — mit einer reformbereiten Haltung katholischen Interessen entgegenkommen. Konzilianz wurde erstmals auch im Verhältnis des Nordens zur Republik demonstriert. Der Premierminister der Republik Irland, Lemass, und der nordirische Premier O'Neill trafen sich 1965. Diskussionsgegenstand war unter anderem der Vorschlag, daß die Republik Irland die irische Teilung im Gegenzug für eine Verbesserung der Wirtschaftsbeziehungen mit dem Norden anerkennen könnte. Die von O'Neill vorsichtig betriebene Annäherung der beiden Teile Irlands rief unter den militanten Verfechtern unionistischer Dominanz allerdings zunehmenden Widerstand hervor. Symbolfigur einer extrem ablehnenden Haltung gegen Konzessionen an die Katholiken bzw. die Republik Irland wurde der Prediger und Kirchengründer (Free Presbyterian Church) Ian Paisley, der erfolgreich vor allem die innerhalb des politischen Unionismus durchaus eigenständige fundamentalistische protestantische Strömung bis heute zu mobilisieren weiß.

Die Organisatoren der friedlichen Bürgerrechtsmärsche der NICRA, an denen sich auch Protestanten beteiligten, sahen sich in einem Dilemma als Paisley dazu überging, zu Gegendemonstrationen aufzurufen, mit der Konsequenz, daß die Demonstrationen der NICRA zur Vermeidung von gewaltsamen Auseinandersetzungen regelmäßig verboten wurden. Vor die Frage nach den Möglichkeiten ihrer weiteren Arbeit gestellt entschloß sich die NICRA nach einer Weile, das Demonstrationsverbot zu durchbrechen. Die Folge war eine Zunahme der Auseinandersetzungen der Bürgerrechtler mit der Polizei, aber auch ein Anwachsen der Gewalt zwischen den katholischen und protestantischen Bevölkerungsgruppen. O'Neills Initiative von 1968, die die meisten Forderungen der NICRA aufgriff, kam zu spät. Die Bürgerrechtler lehnten das Reformpaket als unzureichend ab, vielen Protestanten gingen die vorgesehenen Konzessionen an die Katholiken zu weit. Als O'Neill auch nach Neuwahlen die mehrheitliche parlamentarische Unterstützung versagt blieb, trat er 1969 zurück.

Der Bürgerrechtskonflikt nahm immer mehr den Charakter eines Bürgerkrieges zwischen Protestanten und Katholiken an und immer weniger schien die häufig parteiische Polizei fähig, die katholische Bevölkerung vor Übergriffen zu schützen. Als im August 1969 britische Armeeinheiten nach Nordirland gebracht wurden, wurde dies von den Katholiken zunächst als in ihrem Interesse liegende Schutzmaßnahme begrüßt. Diese positive Haltung erwies sich nach den wenig rücksichtsvollen Hausdurchsuchungen der Armee in katholischen Wohngebieten allerdings als nur von kurzer Dauer.

Die katholische Untergrundarmee IRA reagierte erstaunlich langsam auf die Chance die ihr das Schutzbedürfnis der Katholiken bot. Erst die Spaltung der IRA in einen marxistischen (Officials, heute: Workers' Party) Flügel und einen zum bewaffneten Kampf bereiten (Provisionals) 1970, begründete die heutige militärische Präsenz der IRA in Nordirland.

Die britische Regierung war nicht bereit, die Armee für die Aufrechterhaltung der Diskriminierung gegenüber der katholischen Minderheit einzusetzen. Dies bedeutete eine Londoner Ablehnung von Zugeständnissen an protestantische „hardliner", wie Paisley. Für die Regierung stand aber auch außer Frage, daß über die Zukunft Nordirlands auf dem Wege der Mehrheitsfindung zu entscheiden sei und daß sie nicht bereit sein könne, das Gewaltmonopol des Staates aus welchen Gründen auch immer paramilitärischen Organisationen, wie der IRA oder der protestantischen UDA (Ulster Defense Association), auch nur teilweise oder zeitweilig abzutreten. Ziel der Londoner Regierung mußten deshalb innere Reformen in Verbindung mit der Bekämpfung der politischen Gewalt und einer Berücksichtigung der Mehrheitsmeinung in der nationalen Frage sein.

1972 wurde das offensichtlich reformunfähige nordirische Parlament von der britischen Regierung aufgelöst. London übernahm die Direktregierung. Bis 1973 wurden fast alle Forderungen der Bürgerrechtsbewegung durchgesetzt. Das vom britischen Parlament 1973 verabschiedete Verfassungsgesetz für Nordirland wies sogar über die Frage der Gleichstellung der katholischen Minderheit hinaus und bezog die mit den gewaltsamen Auseinandersetzungen Anfang der 70er Jahre neu belebte nationale Frage mit ein. Es sah die Wahl einer nordirischen Vertretung (Northern Ireland Assembly) vor und die Einrichtung einer nordirischen Exekutive unter Beteiligung der Katholiken (power-sharing). Entsprechende Wahlen, nun wieder nach einem System der Verhältniswahl, fanden im Juni 1973 statt.

Ende November des gleichen Jahres erklärten sich der von Brian Faulkner geleitete Unionistenflügel, die 1970 von Bürgerrechtlern gegründete SDLP (Social Democratic and Labour Party) als stärkste Kraft des katholischen Lagers und die überkonfessionelle Allianzpartei bereit, gemeinsam die Regierungsgeschäfte in Nordirland zu übernehmen. Im Dezember 1973 tat die britische Regierung einen weiteren Schritt, der auf die Anerkennung der gesamtirischen Dimension des Nordirlandkonflikts abzielte. Premierminister Edward Heath veranlaßte eine Zusammenkunft von Repräsentanten der neuen Exekutive und der irischen und britischen Regierungen in Sunningdale, einem College in der Nähe Londons. Hier kam man überein, einen gesamtirischen Rat („Council of Ireland") einzurichten, der sich um Angelegenheiten von gemeinsamem Interesse für die irische Republik und Nordirland kümmern sollte.

Beinahe folgerichtig wurden eine Regierungsbeteiligung der Katholiken und vor allem die im Sunningdale-Abkommen vorgesehene gesamtirische Dimension der Regierung Nordirlands von den in ihrer Mehrheit weiterhin in der Selbstbehauptungstradition denkenden Unionisten skeptisch beurteilt. Die Mehrheit der protestantischen Bevölkerung sah im geplanten Regierungsexperiment eine eindeutige Gewichtsverschiebung in der nationalen Frage zugunsten der Nationalisten und der irischen Republik. Es griff eine Verweigerungshaltung um sich, die sich nicht nur in Meinungsumfragen widerspiegelte, sondern auch im Frühjahr 1974 zu einem, von paramilitärischen protestantischen Gruppen unterstützten und von militanten protestantischen Arbeitern in strategisch wichtigen Industriezweigen (Ulster Workers' Council) organisierten Streik führte, der in kurzer Zeit Nordirland paralysierte. Die britische Regierung entschied sich gegen den Einsatz des Militärs zur Niederschlagung des Streiks, was diese aus katholischer Sicht wieder näher an die unionistische Position heranrückte. Sie interpretierte den Streik als Ausdruck der Tatsache, daß ihre Vorschläge zum power-sharing ohne ausreichende Konsultation der protestantischen Mehrheit umgesetzt wurden, weshalb auch der Verzicht auf das Experiment der Machtbeteiligung der Katholiken in dieser Lage die angemessene Reaktion sei.

Ein neuer Anlauf der britischen Regierung, das Nordirlandproblem in die Hände der Betroffenen zu legen, wurde 1975 mit den Wahlen zu einer Verfassunggebenden Versammlung in Nordirland (Northern Ireland Constitutional Convention) unternommen. Vor diesen Wahlen legte London allerdings drei Vorbedingungen für die Anerkennung eventueller Beschlüsse des Verfassungsrates fest:

(1) „power-sharing", also Machtbeteiligung der Katholiken
(2) eine „irische Dimension", also das Anerkennen einer besonderen Beziehung Nordirlands zur Republik
(3) die Anerkennung des Rechts des britischen Parlaments auf die letzendliche Entscheidung über die nordirische Gesetzgebung.

Das Ensemble der Vorbedingungen bedeutete im Grunde genommen den Versuch der Neuauflage des von der protestantischen Mehrheit nicht mitgetragenen power-sharing Experiments des Vorjahres — nun auf der Basis freiwilliger Selbstverpflichtung. Das Ergebnis dieses Versuches war vorhersehbar. Die unionistischen Gegner der Machtbeteiligung der Katholiken gewannen im Verfassungskonvent eine solide Mehrheit (47 von 78 Sitzen). Dies bedeutete das faktische Scheitern dieses erneuten Lösungsversuches des Konfliktes.

Die weitergeltende Londoner Direktregierung konzentrierte sich in den Folgejahren auf flankierende ökonomische und sozialpolitische Maßnahmen zur Befriedung des Nordirlandkonflikts, konnte aber nicht verhindern, daß die gewaltsamen Auseinandersetzungen im Lande den Nordirlandkonflikt zu einem permanenten Polizei-Problem machten. 1976 begannen die nordirischen Behörden alle des Terrorismus Verdächtigen von sogenannten „Diplock courts" aburteilen zu lassen. Die nach ihrem „Erfinder" Lord Diplock benannten Gerichtshöfe operieren ohne die im angelsächsischen Recht sonst übliche Jury. Begründet wird diese Abweichung von der Rechtstradition mit der Möglichkeit einer parteiischen Jury (meist ist die Mehrzahl der Jury-Mitglieder protestantisch, der Angeklagte katholisch bzw. die Mehrzahl möglicher Jury-Mitglieder ist politisch voreingenommen) und der Gefahr für das Leben und die Sicherheit der Bürger, die bei Terroristenprozessen in einer Jury mitarbeiten müssen. Die Arbeit der Diplock courts heute im Rahmen des Prevention of Terrorism Acts von 1984 wird von katholischer Seite als Willkürjustiz kritisiert und ist Streitpunkt zwischen der Republik Irland und Großbritannien geblieben.

Spektakulärer als die Auseinandersetzung um die „Rechtmäßigkeit" der Diplock courts waren die Konsequenzen der Gleichstellung „politischer" Gefangener mit Kriminellen im Strafvollzug ab 1. März 1976. Die meisten IRA-Mitglieder weigerten sich, wie nun von ihnen gefordert, Gefängniskleidung zu tragen oder zu arbeiten. Als sie ihre eigene Kleidung nicht erhielten, blieben sie nackt und hüllten sich in Decken („went on the blanket"). Als ihnen daraufhin der Hofgang und andere Vergünstigungen verwehrt wurden, begannen sie eine Schmutzkampagne und beschmierten ihre Zellen mit ihren Exkrementen. 1980 und 1981 kam es schließlich zu Hungerstreikwellen zur Durchsetzung der Forderungen der IRA-Häftlinge, in deren Verlauf zehn Hungerstreikende starben.

Nach dem Zusammenbruch des Hungerstreiks im Oktober 1981 sah die 1979 neu ins Amt gekommene Regierung Thatcher erstmals in ihrer Regierungszeit weiterreichende Handlungsmöglichkeiten in ihrer Nordirlandpolitik. Im Oktober 1982 wurden Wahlen zu einer von ihr initiierten nordirischen Versammlung (Assembly) abgehalten, die nach dem Modell der „rolling devolution" Einfluß auf die Gestaltung der nordirischen Politik nehmen sollte. Der Modus der „rolling devolution" beinhaltete, daß der Versammlung zugestanden wurde, sie könne immer größere Teile der Selbstverwaltung Nordirlands übernehmen, sofern sie für die Übernahme von Verantwortung im jeweiligen Einzelfall eine 70 %-Mehrheit finden würde. De facto bedeutete diese Regelung den erneuten Zwang zum „powersharing" — nun aber nicht mehr wie früher in einem Schritt und umfassend für alle Politikfelder, sondern graduell und nach Politikbereichen getrennt, je nach Einigungsbereitschaft der Unionisten und der Nationalisten. Dieses Modell war allerdings schon zum Zeitpunkt der Assembly-Wahlen gescheitert, weil sich die Mehrheitspartei der Nationalisten, die SDLP, zwar an diesen beteiligte aber erklärt hatte, sie werde die gewonnenen Sitze nicht einnehmen.

Für die SDLP war dies aus ihrer Sicht die einzige Möglichkeit nach der Phase der innenpolitischen Polarisierung im Gefolge der Hungerstreiks, ihre Position im katholischen Lager zu wahren. Das Dilemma, in dem sich die SDLP Anfang der 80er Jahre befand, nämlich ihre Position zwischen den bewaffneten Nationalisten und dem Verfassungsangebot der britischen Regierung, brachte die Partei in große Bedrängnis bei Fragen nach der von ihr präferierten Strategie. Als Ausweg aus diesem Dilemma sollte ihr eine eigenständige politische Initiative dienen, die mit der Unterstützung und der „Legitimation" der Republik Irland formuliert werden sollte. Auf Drängen der SDLP richteten Vertreter der Regierungs- und Oppositionsparteien der Republik, von Fianna Fáil, Fine Gael und Labour Party, mit ihr zusammen 1983 in Dublin ein New Ireland Forum ein. Das Forum sammelte monatelang Informationen zur Lage in Nordirland, zu den Ursachen des Nordirlandkonfliktes und zu Lösungsmöglichkeiten in der Form von Hearings, schriftlichen Eingaben, Spezialberichten und Reisen durchs Land und nach London.

Als Ergebnis präsentierte das New Ireland Forum 1984 drei Lösungsmodelle für den Nordirlandkonflikt:

(1) den irischen Einheitsstaat (Integration Nordirlands in die Republik)
(2) eine föderale oder konföderale Verbindung der Republik und des Nordens
(3) ein britisch-irisches Kondominium über Nordirland.

Die ablehnende Haltung der protestantischen Mehrheit Nordirlands zu all diesen Optionen war vorauszusetzen. Die britische Regierung betrachtete sie als unrealistisch, zumal das Forum von der Freiwilligkeit der Übernahme einer dieser Vorschläge durch eine Mehrheit der nordirischen Bevölkerung ausging. Die Situation von der man auszugehen habe, so Margaret Thatcher, sei die Einbindung Nordirlands in das Vereinigte Königreich, die auch dem Mehrheitswunsch seiner Bevölkerung entspreche.

Neben den Bemühungen der SDLP und dem Versuch einer internen Lösung mit Hilfe der „rolling devolution" bahnten sich auch auf bilateraler Ebene zwischen den Regierungen in London und Dublin Versuche an, auf die Situation in Nordirland einzuwirken. Der gesprächsbereite irische Premier Fitzgerald (Fine Gael), dessen Partei weit eher als Fianna Fáil geneigt ist, die Bindungen Nordirlands an das Vereinigte Königreich anzuerkennen und entsprechend zu handeln, vereinbarte bereits 1981 mit der britischen Regierung die Einrichtung eines zwischenstaatlichen Rates (Anglo-Irish Intergovernmental Council) als erstes Ergebnis der seit 1980 stattfindenden regelmäßigen Treffen der Regierungschefs beider Länder. Aus diesem Prozeß der Konsultation erwuchs 1985 ein im Grunde an das Sunningdale-Abkommen anknüpfendes Regierungsabkommen (Anglo-Irish Agreement), das als Gegenleistung für eine stärkere Rolle der Republik bei der Bekämpfung von IRA-Aktivitäten dieser ein Vorschlagsrecht zur Behandlung von Nordirland betreffenden Problemen durch die britische Regierung einräumt.

Dieses Abkommen wurde von der protestantischen Mehrheit in Nordirland, wie schon Sunningdale 1974, als Einfallstor der Einflußnahme der Republik Irland auf die nordirische Innenpolitik interpretiert. Auch der politische Flügel der IRA lehnte das Abkommen ab. Für ihn ist die im Abkommen enthaltene Anerkennung des jetzigen Status von Nordirland ein Instrument zur Aufrechterhaltung der irischen Teilung. Eine erste Folge des Abkommens war die Mobilisierung der militanten protestantischen Opposition und damit eine Vertiefung der Spaltung der nordirischen Gesellschaft. Katholiken wurden aus gemischten Wohngebieten vertrieben, protestantische Märsche endeten mit Konfrontationen mit der Polizei. Die unionistische Mehrheit, vereint in der Zusammenarbeit der traditionell größten protestantischen Partei, der Official Unionists (OUP), und der radikaleren Democratic Unionists (DUP) unter Paisley, versuchte vergeblich, jedes verfügbare Mittel des Protestes, bis hin zur Provokation von Unterhausnachwahlen im Januar 1986, deren Wahlergebnis als Volksentscheid gegen das Abkommen verstanden werden sollte, zu mobilisieren. Die unionistischen Parteien funktionierten auch die 1982 gewählte Assembly zu einem Forum des Protestes gegen das anglo-irische Abkommen um. Nachdem sich daraufhin die überkonfessionelle Allianzpartei aus der Mitarbeit zurückgezogen hatte, löste die britische Regierung 1986 die Assembly auf und übernahm erneut in vollem Umfange die Direktregierung.

Gewünschte Lösungen für den Nordirland-Konflikt (in Prozent), Umfrage 1984

	Prote-stanten	Katho-liken
Vereinigung Nordirlands mit der Republik Irland	2	34
Föderation Nordirlands mit der Republik Irland	5	25
Gemeinsame Regierung Nordirlands durch die Republik Irland und Großbritannien	10	18
Andere Lösung	83	23
	100	100
Von denjenigen, die eine andere Lösung wollten, sprachen sich aus für:		
Londoner Direktregierung	46	7
Machtbeteiligung der Katholiken an der Regierung Nordirlands (power sharing)	7	5
Protestantische Mehrheitsregierung	15	1
Neue Grenzen Nordirlands zur Verringerung des katholischen Bevölkerungsanteils	1	1
Nordirische Unabhängigkeit	10	1
Andere Lösung	4	8
	83	23

Quelle: B. Girvin: National Identity and Conflict in Northern Ireland, in: Ders. / R. Sturm (Hg.): Politics and Society in Contemporary Ireland. Aldershot 1986 (105 - 134), S. 130.

Seit dem Ausbruch des Nordirlandkonfliktes Ende der 60er Jahre hat der politische Wettbewerb in Nordirland eine von dem Parteienwettbewerb in Großbritannien unterschiedliche Dimension angenommen:

a) Wahlen sind nur ein Mittel der politischen Auseinandersetzung. Der fehlende Konsens über die Zukunft Nordirlands, der sich an den auseinanderstrebenden Wünschen von Katholiken und Protestanten hinsichtlich der anzustrebenden „Lösungen" des Nordirlandkonfliktes ablesen läßt, schafft Raum für den Versuch, die eigene Überzeugung mit Waffengewalt durchzusetzen.

b) Das Parteiensystem hat sich seit dem Ende der 60er Jahre entlang der Haupttrennlinie der Gesellschaft von Unionisten/Protestanten gegen Nationalisten/Katholiken neu formiert. Die vormals eng mit der Konservativen Partei liierten Unionisten bestehen heute aus der gemäßigteren Gruppierung der Official Unionist Party (OUP), den radikalen Anhängern von Ian Paisleys stärker im Kleinbürgertum und der Arbeiterschaft verankerten DUP (Democratic

Gewalt in Nordirland

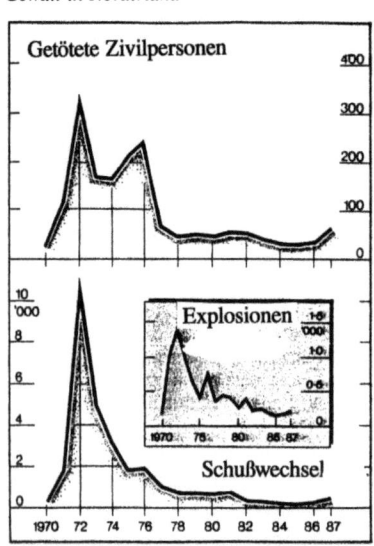

Quelle: The Economist, 26. 3. 1988, S. 22.

Unionist Party), sowie einer kleineren zur überkonfessionellen Allianzpartei abgewanderten Gruppierung. Auf katholischer Seite hat die friedlichen Mitteln politischer Auseinandersetzung verschriebene SDLP (Social Democratic and Labour Party) Konkurrenz von dem politischen Arm der Provisional IRA, von Sinn Féin, bekommen. Die aus der Official IRA hervorgegangene Workers' Party versucht sich zur linken Arbeiterpartei zu wandeln und hat deshalb teilweise auch einen überkonfessionellen Anspruch, wie die auch Katholiken rekrutierende Allianzpartei.

c) Wahlkampfthemen aus Großbritannien spielen bei nordirischen Wahlen, auch zum Westminster Parlament, so gut wie keine Rolle. Die Wahlen von 1987 hatten nur ein Thema: Die Haltung der Parteien zum anglo-irischen Abkommen.

Terroropfer

	Polizei	Armee	Zivilpersonen	Insgesamt
1971	11	48	115	174
1972	17	129	321	467
1973	13	66	171	250
1974	15	35	166	216
1975	11	20	216	247
1976	23	29	245	297
1977	14	29	69	112
1978	10	21	50	81
1979	14	48	51	113
1980	9	16	50	75
1981	21	23	57	101
1982	12	28	57	97
1983	18	15	44	77
1984	9	19	36	64
1985	23	6	25	54
1986	12	12	37	61
1987	16	11	66	93
1988 bis August	3	22	27	52

Quellen: Financial Times, 25. 3. 1988, S. 25 und The Independent, 5. 8. 1988, S. 3.

Wahlen in Nordirland

	1979 Westminster Parlament	1979 Europawahlen	1982 Assembly	1983 Westminster Parlament	1984 Europawahlen	1985 Kommunalwahlen	1987 Westminster Parlament
Unionisten							
OUP	36,6	21,9	29,7	34,0	21,5	29,8	37,8
DUP	10,2	29,8	23,0	20,0	33,6	24,3	11,7
(insgesamt)	46,8	51,7	52,7	54,0	55,1	54,1	49,5
Nationalisten							
SDLP	18,2	24,6	18,8	17,9	22,1	17,8	21,1
Sinn Féin			10,1	13,4	13,3	9,2	11,4
Workers' Party	1,7	0,8	2,7	1,9	1,3	1,6	2,5
(insgesamt)	19,9	25,4	31,6	33,2	36,7	28,6	35,0
Außerhalb der beiden Lager							
Alliance	11,9	6,8	9,3	8,0	5,0	7,1	10,0

) = Gruppierung insgesamt.

Quellen: B. Grivin: National Identity and Conflict in Northern Ireland, in: Ders. / R. Sturm (Hg.): Politics and Society in Contemporary Ireland, Aldershot 1986, (l05 - 134), S. 127. The Times Guide to the House of Commons, June 1987, London 1987, S. 282.

17. Die politischen Parteien

Neben Krone, Parlamentssouveränität und Zentralismus gehört der Mythos vom Zweiparteiensystem zu den Grundkonstanten britischer Politik. Er erlaubt es einen weiten historischen Bogen von den ersten Anfängen parteiähnlicher Gruppierungen im 17., 18. und frühen 19. Jahrhundert, den Auseinandersetzungen zwischen Whigs und Tories im britischen Parlament, über den Dualismus von Konservativen und Liberalen insbesondere in der zweiten Hälfte des 19. Jahrhunderts bis zu der Konkurrenzsituation von Labour und Konservativer Partei nach dem II. Weltkrieg zu schlagen. So entsteht der Eindruck von Kontinuität, in der die Umbruchphase des Niedergangs der Liberalen Partei und die Übernahme ihrer Rolle durch die Labour Party in der ersten Hälfte des 20. Jahrhunderts oder die Perioden von Koalitionsregierungen in Kriegs- und Krisenzeiten als Zwischenspiele erscheinen.

Entwicklung des britischen Zweiparteiensystems seit 1945

Wahl-jahr	Durchschnittl. Zahl der Bewerber um einen Parlamentssitz	Summe des Stimmenanteils der beiden großen Parteien (Kons. + Lab.) in %	Regierungs-partei	Mehrheit im Parlament
1945	2,6	87,6	Labour	146
1950	3,0	89,8	Labour	5
1951	2,2	96,1	Konservative	17
1955	2,2	96,6	Konservative	58
1959	2,4	93,4	Konservative	100
1964	2,8	87,7	Labour	4
1966	2,7	90,3	Labour	96
1970	2,9	90,1	Konservative	30
1974 Febr.	3,4	76,8	Labour	- 33
1974 Okt.	3,5	77,0	Labour	3
1979	4,1	80,8	Konservative	43
1983	4,0	70,0	Konservative	144
1987	3,6	73,0	Konservative	101

Quellen: R. Sturm: Großbritanniens Zweiparteiensystem: Ein Mythos, in: Westeuropas Parteiensysteme im Wandel, Stuttgart etc. 1983, (183-197), S. 185 und The Times Guide to the House of Commons, June 1987, London 1987 S. 251

Wenn auch nur die Konservative Partei oder die Labour Party nach dem II. Weltkrieg Regierungspartei zu werden vermochten, so haben sich am Parteienwettbewerb immer eine ganze Reihe unterschiedlicher Parteien beteiligt und immer auch waren mehr Gruppierungen als die beiden großen Parteien im Parlament vertreten. Von einem Zweiparteiensystem konnte man aber dennoch so lange sprechen, solange sich bei Wahlen durchschnittlich weniger als drei Kandidaten um einen Parlamentssitz bewarben und solange die beiden großen Parteien regelmäßig einen Stimmenanteil von ca. 90 % und mehr Stimmen erhielten. Dies ist seit 1974 nicht mehr der Fall. Noch fabriziert das Wahlsystem aus dem gesunkenen Stimmenanteil für die beiden großen Parteien regierungsfähige Mehrheiten, die Dominanz von Labour Party und Konservativer Partei auf der Wählerebene ist aber gebrochen.

17.1 Die Konservative Partei

Der Name Conservatives kam erstmals in den 30er Jahren des vorigen Jahrhunderts in Gebrauch. Die Conservatives wurden die Nachfolgepartei der Tory Party, der Partei des landbesitzenden niederen Adels, der gentry. Als Interessenpartei spielten die Konservativen in der Mitte des 19. Jahrhunderts eine geringe Rolle in der britischen Politik. Benjamin Disraeli (1804 - 1881) formte die Konservativen organisatorisch und programmatisch zu einer potentiellen Volkspartei um. Seine Zielvorstellungen lassen sich mit dem Bild der „One Nation — that is, One Nation at Home and One nation Abroad" umschreiben. Außenpolitisch einen sollte die Nation das gemeinsame Interesse am Erhalt und dem Erblühen des britischen Empire und im Inneren sollte eine Sozialreformgesetzgebung die Klassengegensätze abmildern.

Im 20. Jahrhundert hat die Konservative Partei schrittweise von ihrer Orientierung am britischen Empire in der Außenpolitik Abstand nehmen müssen. Spätestens nach der Suez-Krise von 1956 (der fehlgeschlagenen britischen Intervention nach der Besetzung des Kanals durch Nassers Ägypten) und dem darauf folgenden Rücktritt des Premierministers Anthony Eden mußte die Konservative Partei ihre außenpolitische Zielsetzung neu definieren. In der Folgezeit trug sie die Politik der Entkolonisierung des früheren britischen Empires mit. Gleichzeitig wurde Europa zu einer akzeptierten Dimension künftiger konservativer Außenpolitik. Unter dem konservativen Premierminister Heath trat Großbritannien 1973 der EG bei. Innenpolitisch führte die in den 40er Jahren vollzogene Hinwendung zur Idee des Wohlfahrtstaates den Gedanken der „one nation at home" weiter. Erst die ökonomischen Schwierigkeiten der 60er Jahre ließen die Konservativen nach einer neuen Balance zwischen staatlicher Intervention und marktwirtschaftlicher Dynamik suchen. Erste Ansätze einer die gesellschaftlichen Kräfteverhältnisse neu definierenden Politik finden sich zu Beginn der Amtszeit Edward Heaths (1970-74), der allerdings vor dem radikalen Umbau der Gesellschaft zurückschreckte. Erst Margaret Thatcher hat die „one nation"-Torys in der eigenen Partei zuerst zur Opposition und dann zur Minderheit in Regierung und Parlamentsfraktion gemacht.

Die Konservative Partei ist die zentralistischste Partei Großbritanniens. In keiner anderen Partei ist die Machtfülle des Parteiführers ähnlich groß. Parteitage sind lediglich Akklamationsveranstaltungen für den vom Parteichef vorgegebenen Kurs. Lange Zeit wurden die Parteiführer von der traditionellen Elite mit aristokratischem Hintergrund gestellt. Erst nachdem Sir Alec Douglas-Home 1965 als Parteiführer zurücktrat wurde die Bestellung des Amtes aus den Händen der Parteipatriarchen genommen, die dafür gesorgt hatten, daß scheinbar im Konsens ein neuer Parteiführer aus der jeweiligen Parlamentsfraktion hervorging (the leader emerged). Die erste Wahl eines Parteivorsitzenden durch die Parlamentsfraktion gewann Edward Heath. Heath verkörperte ebenso wie Margaret Thatcher den neuen Typ des Parteiführers, des sozialen Aufsteigers, im Gegensatz zu der früher üblichen Bestellung von Repräsentanten der Oberschicht.

Wahlkämpfe der Partei werden in erster Linie von den britischen Unternehmern finanziert. Das Einkommen der Konservativen Partei lag mit 1983: 9,8 Millionen deutlich über dem der anderen Parteien (Labour 6,1; Liberale: 0,8; SDP: 1,6). Es wird geschätzt, daß die Partei 1,5 Millionen Mitglieder hat. Deren Mitgliedsbeiträge und zum größeren Teil die Geldbeschaffungsaktionen auf Wahlkreisebene tragen zu über 20 % des Parteihaushalts bei. Ca. 15 % der Einnahmen stammen aus Schenkungen einzelner Personen, der restliche Anteil wird durch Firmenbeiträge aufgebracht.

Programmatische Divergenzen in der Konservativen Partei spiegeln sich in erster Linie auf Parlamentsebene wider. Margaret Thatcher selbst hat die Anhänger und Gegner ihrer Politik in Drys (Prinzipienfeste) und Wets (Waschlappen) eingeteilt. Die wichtigsten organisierten Gruppen sind a) die Mitte-Rechts Tories der Bow

Spendenzahlungen an die Konservative Partei*

Gesellschaft	Vorsitzender	Ende des Rechnungsjahres	£	Vorjahr
Allied-Lyons	Sir Derrick Holden-Brown	3/ 3/84	82,000	82,000
AGB Research	Bernard Audley	30/ 4/83	50,000	50,000
Beecham Group	Sir Graham Wilkins	31/ 3/84	35,000	21,000
Bowring Services	Peter Bowring	31/12/83	41,974	16,870
British & Commonwealth Shipping	Lord Cayzer	31/12/83	97,942	43,889
Brooke Bond	Sir John Cuckney	30/ 6/83	42,630	8,630
Consolidated Goldfields	Rudolph Agnew	30/ 6/83	50,000	25,000
Distillers	John Connell	31/ 3/84	50,000	—
European Ferries	Ken Siddle	31/12/83	61,000	27,000
General Accident	Gordon Simpson	31/12/83	40,000	20,000
Glaxo	Sir Austin Bide	30/ 6/83	32,000	32,000
Guardian Royal Exchange	John Collins	31/12/83	79,234	53,080
Hambros	Charles Hambro	31/ 3/84	36,000	21,000
Hanson Trust	Lord Hanson	30/ 9/83	82,000	42,000
Hawker Siddeley	Sir Arnold Hall	31/12/83	33,380	7,600
Kleinwort, Benson, Lonsdale	Robert Henderson	31/12/83	30,000	20,000
London & Northern	John Mackenzie	31/12/83	54,000	40,000
Marks & Spencer	Lord Rayner	31/ 3/84	50,000	25,000
Morgan Grenfell	Lord Catto	31/12/83	31,200	21,150
Newarthill	Sir John Greenborough	31/10/83	33,000	35,000
Northern Engineering	Sir Duncan McDonald	31/12/83	45,000	45,000
Plessey	Sir John Clark	30/ 3/84	57,000	25,000
Racal	Sir Ernest Harrison	31/ 3/83	75,000	30,000
Rank Organisation	Sir Patrick Meaney	31/10/83	48,500	33,500
Rank Hovis McDougall	Peter Reynolds	3/ 9/83	30,000	20,000
Royal Insurance	Daniel Meinertzhagen	31/12/83	35,000	32,933
Sedgwick Group	Carl Mosselmans	31/12/83	40,000	10,000
Sun Alliance and London Insurance	Lord Aldington	31/12/83	39,116	33,920
Taylor Woodrow	Richard Puttick	31/12/83	79,035	53,950
Trafalgar House	Sir Nigel Broackes	30/ 9/83	50,000	40,000
Trusthouse Forte	Lord Forte	31/10/83	41,100	35,700
United Biscuits	Sir Hector Laing	31/12/83	43,000	33,500
Willis Faber	David Palmer	31/12/83	41,850	27,500
Wimpey	Clifford Chetwood	31/12/83	34,000	26,000

* Spenden für das Wahljahr 1983 von £ 30,000 und mehr

Quelle: A.G. Jordan/J.J. Richardson: British Politics and the Policy Process, London 1987, S. 115.

Group, die in der Tradition der „one-nation Konservativen" auch durch publizistische Tätigkeit zur Meinungsbildung innerhalb der Partei beitragen. b) der Monday Club als Gegengewicht zur Bow Group gegründet ist eine Organisation der harten Rechten, die Recht und Ordnung und eine der Einwanderung aus dem Commonwealth ablehnend gegenüberstehende Politik vertritt. c) Die Tory Reform Group sucht den mittleren Weg zwischen Markt und Staatsintervention. Sie vertritt den alten wohlfahrtsstaatlichen Konsens und das Charter Movement, das sich für eine Demokratisierung der Partei einsetzt.

Wahlkampfausgaben der Parteizentralen der beiden großen Parteien in £ 1 000

	Konservative 1983	Konservative 1987	Labour 1983	Labour 1987
Zuschüsse an die Wahlkreis-organisationen	62	137	305	388
Werbung				
Poster	843	1 834*	k.A.	313
Presse	1 725	4 523	k.A.	1 862
Insgesamt	2 568	6 357	878	2 175
Rundfunkwerbung	306	366	182	143
Meinungsumfragen	96	219	145	148
Veröffentlichungen	212	714	140	269
Auftritte des Spitzen-kandidaten	52	417	58	233
Helfer	262	818	319	838
Insgesamt	3 588	9 028	2 057	4 194

* einschließlich Handzettel

Quelle: M. Pinto-Duschinsky: Last minute charge by the head office big spenders, in: Financial Times, 23. 10. 1987, S. 15.

Die Parteiorganisationen im Vergleich

Organisationsebene	Konservative	Labour	Liberale	SDP
Parteiführer	wählt Schattenkabinett bzw. Kabinett, kontrolliert Parteizentrale, stimmt Wahlprogramm zu, bestimmt die politische Richtung der Partei	wählt Kabinett	wählt Schattenkabinett bzw. Kabinett, kontrolliert Parteizentrale, stimmt Wahlprogramm zu, bestimmt die politische Richtung der Partei	wählt Schattenkabinett bzw. Kabinett, kontrolliert die Parteizentrale, bestimmt die politische Richtung der Partei
Fraktion im Parlament	wählt Parteiführer	wählt Parteiführer mit und wählt Schattenkabinett	bestimmt mit die politische Richtung der Partei, stimmt Wahlprogramm zu	bestimmt mit die politische Richtung der Partei
Parteitag		bestimmt bei Labour, Liberalen und SDP die politische Richtung der Parteien mit		
Parteivorstand		Zustimmung zum Wahlprogramm — bei Labour, Liberalen und SDP daneben Mitwirkung an der Parteipolitik und Kontrolle der Parteizentrale		Zustimmung zum Wahlprogramm
Wahlkreisorganisationen	Kadidatenkür, Erheben von Beiträgen	Kandidatenkür, Erheben von Beiträgen, wählt Parteiführer mit, bestimmt Politik mit	Kandidatenkür, Erheben von Beiträgen, bestimmt Politik mit	Kandidatenkür, Erheben von Beiträgen, bestimmt Politik mit
Einzelnes Mitglied	zahlt Beiträge, wählt Kandidaten	zahlt Beiträge	zahlt Beiträge, wählt Kandidaten und Parteiführer	zahlt Beiträge, wählt Kandidaten und Parteiführer
Unternehmen / Gewerkschaften	finanzieren Partei	finanzieren Partei, wählen Parteiführer mit und bestimmten Politik mit		

Die Labour Party wurde am 27. Februar 1900 (damals noch unter der Bezeichnung Labour Representation Commitee, der heutige Name stammt aus dem Jahr 1906) als politischer Arm der Gewerkschaftsbewegung gegründet. Schon mit der Entstehung der Partei waren damit zum einen die starke Rolle der Gewerkschaften innerhalb der Partei und deren Verpflichtung zur Arbeit für eine gesellschaftliche Umgestaltung innerhalb und nicht gegen das politische System feststehende politische Schwerpunktsetzungen. 1922 wurde die Labour Party erstmals zweitstärkste Partei im britischen Parlament und löste die Liberale Partei als Konkurrentin der Konservativen Partei ab. Bereist in den zwanziger Jahren kamen unter Ramsay MacDonald Labour-geführte Regierungen zustande. In der Nachkriegszeit folgte auf sechs Regierungsjahre der Partei von 1945-51 eine lange Periode konservativer Vorherrschaft, in denen sich die Partei die Frage stellte, ob sie die Fähigkeit Wahlen zu gewinnen, verloren habe. Der gesellschaftliche Umbruch der 60er Jahre machte Labour erneut zur Regierungspartei. Die Krise des Wohlfahrtsstaates, die in den 70er Jahren evident wurde, aber auch die in den Augen der Wähler als die Partei lähmende Kraft betrachtete enge Verbindung zu den Gewerkschaften entzogen der Labour Party Ende der 70er Jahre ihre Popularitätsbasis. Die achtziger Jahre sind für die Partei zu einer ähnlichen Belastungsprobe geworden, wie die fünfziger Jahre, zumal es ihr lange Zeit nicht gelang, ihre sich beispielsweise in der Parteiabspaltung der SDP 1981 manifestierenden innerorganisatorischen und innerparteilichen Konflikte zu lösen.

Programmatische und organisatorische Konflikte sind bei den innerparteilichen Auseinandersetzungen eng verknüpft. Hauptstreitpunkt bleibt die Frage nach der konsequenten Vertretung einer sozialistischen Politik. Für die gemäßigte Labour-Mehrheit in Regierung und Parlament ist der noch immer geltende Clause 4 des Parteistatus (Verstaatlichung der Schlüsselindustrien) vernachlässigbarer historischer Ballast, für die Labour-Linke bleibt eine konsequente antikapitalistische Politik Dreh- und Angelpunkt ihres Selbstverständnisses. Anders als in der Bundesrepublik, wo die soziale Frage auch in der Sozialdemokratie als zentraler programmatischer Ansatz von den Problemstellungen beeinflußt und überlagert wird, die die neuen sozialen Bewegungen in die Partei hineintragen, findet die Positionsbestimmung der Labour Party zur Friedensbewegung (Campaign for Nuclear Disarmament, CND) oder zum politischen Engagement der farbigen Briten innerhalb des tradierten Rechts-Links-Schemas statt.

Vor allem die Linke hat sich in einer Reihe von Gruppierungen innerhalb der Labour Party formiert. Die größte ist die Tribune Group, benannt nach ihrer Wochenschrift. Daneben gibt es die von Tony Benn initiierte Campaign for Labour Party Democracy, die sich dafür einsetzt, die Entscheidungskompetenzen innerhalb der Partei aus dem Parlament heraus auf die radikalere Basis hin zu verlagern. Linke Strategien auf nationaler Ebene werden durch das Labour Co-ordinating Committee abgestimmt. Den britischen Trotzkisten ist es durch ihre Strategie des Entrismus, d.h. des Verzichts auf eine eigene Parteiorganisation zugunsten einer Unterwanderung der Labour Party, gelungen, zeitweise die Young Socialists, die Jugendorganisation der Partei zu dominieren. Die Parteiführung der achtziger Jahre unter Michael Foot (1979-83) und Neil Kinnock (seit 1983) hat trotzkistischen Einfluß auf allen Ebenen den Kampf ange-

Mitgliedschaft in der Labour Party (in Millionen)

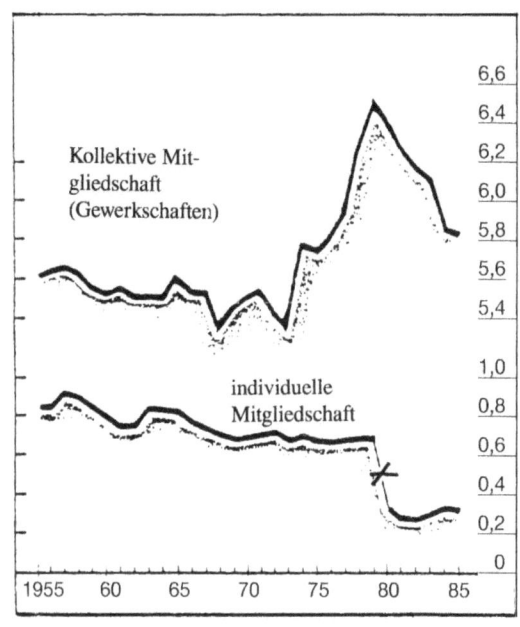

Quelle: The Economist, 8. 8. 1987, S. 22.

sagt. Anhängern der trotzkistischen „Militants" (benannt nach ihrem Publikationsorgan) droht der Parteiausschluß. Neben der Organisation der linken Strömungen hat sich bis heute die Fabian Society, ein aus dem 19. Jahrhundert stammender Intellektuellenzirkel mit so berühmten Mitgliedern, wie den Gründern Sidney und Beatrice Webb und George Bernhard Shaw, erhalten, die eine sachbezogene Publikationsarbeit im Sinne des gemäßigten demokratischen Sozialismus pflegen. Mit der Abspaltung eines Teils der Labour-Rechten haben die als Gegenpol zur Tribune Group gedachte Manifesto Group und die Campaign for Labour Victory an Bedeutung verloren und sind durch die neugebildete Labour Solidarity Campaign als wichtigste Gruppe der Labour-Rechten abgelöst worden.

Mangels tatsächlicher politischer Macht in der Gesellschaft haben sich die Auseinandersetzungen innerhalb der Labour Party Anfang der achtziger Jahre auf innerparteiliche Positionskämpfe beschränkt. Die Linke setzte eine Schwächung der Parlamentsfraktion durch und eine Entmachtung des Parteiführers, die in der britischen Parteienlandschaft beispiellos ist. Der Fraktion wurde die Mitbestimmung über das künftige Wahlprogramm der Labour Party genommen und auf den Parteivorstand übertragen. Die Abgeordneten verloren das automatische Anrecht auf eine nochmalige Kandidatur. Sie mußten sich nun auf Wahlkreisebene einem neuen Auswahlverfahren unterziehen (mandatory reselection), das der Basis die Möglichkeit geben sollte, Kandidaten nach Bedarf auszuwechseln. Vor allem aber kann die Fraktion nicht mehr den Parteivorsitzenden alleine bestimmen. Ihre Meinung hat nur noch das Gewicht von 30 % der Stimmen in einem Wahlgremium, in dem weitere 30 % der Stimmen von den Wahlkreisorganisationen und weitere 40 % der Stimmen von den Gewerkschaften kommen. Gewinner dieser Reformen waren die militanten Aktivisten, die die Wahlkreisorganisationen beherrschen (das einzelne Parteimitglied wurde nicht einflußreicher) und die Gewerkschaften, deren Rolle bei der Meinungsbildung in der Labour Party zunehmend Kritiker bis in die Parteispitze findet. 1989 startete der Parteivorsitzende Kinnock eine gegen die Parteilinke gerichtete Kampagne zur „Demokratisierung" der Labour Party. Diese hatte zunächst v.a. zwei Konsequenzen:

a) die Zentralisierung der Parteiverwaltung im Parteihauptquartier in der Walworth Road im Süden Londons. Hier wird ein Computersystem aufgebaut, das Mitgliedschaft und Mitgliedsbeiträge erstmals in der Geschichte der Partei zentral verwaltet.

b) eine Reform der Auswahl von Kandidaten für Parlamentswahlen, die von Ausschüssen der Wahlkreispartei auf ein Wahlgremium übergehen soll, in dem 40 % der Stimmen von der Labour Party angegliederten Organisationen (v.a. den Gewerkschaften) kommen und der Rest der Stimmen von der Gesamtheit der örtlichen Parteimitglieder, womit die bisherige Dominanz der aktiven linken Minderheiten in den Wahlkreisen durchbrochen werden soll.

Die Teilnehmer an Labour Parteitagen

von ihnen vertretene Organisationen	Zahl der Delegierten	Zahl der Organisationen	Stimmenpotential
Trade Unions	602	47	6 189 000
Socialist Societies	12	8	42 000
Co-operative Organizations		2	24 000
Constituency Labour Party	623	607	626 000
Insgesamt	1 243	664	6 881 000

Quelle: A.G. Jordan / J.J. Richardson: British Politics and the Policy Process, London 1987, S. 99.

Gewerkschaftsabgaben an die Labour Party (1983)

Gewerkschaft	Mitglieder	% der Mitglieder bezahlen Abgabe	der Partei übertragener Betrag in £
Transport and General	1 547 443	98	625 000
Public employees	689 046	97	300 000
Railwaymen	143 404	97	75 000
Miners	208 051	96	118 000
Communication workers	196 426	93	93 500
Shopworkers	403 446	92	192 500
Health Service employees	222 869	91	100 000
General and Municipal	875 187	87	325 000
Post Office engineers	129 950	76	47 500
Electricians	401 092	74	90 000
Apex (clerks)	100 000	69	42 500
Building workers	259 873	66	85 500
Engineers	943 548	58	425 000
Sogat (print)	216 639	56	38 000
Draughtsmen	215 052	53	50 500
NGA (print)	133 949	44	15 500
Steelworkers	93 175	43	35 000
ASTMS (white collar)	410 000	32	65 000

Quelle: A.G. Jordan / J.J. Richardson: British Politics and the Policy Process, London 1987, S. 116.

	Zahl	gewählt
Transport and General Workers Union (TGWU)	44	33
National Union of Mineworkers (NUM)	13	13
Amalgamated Engineering Union (AEU)	15	12
General Municipal Boilermakers' and Allied Trades Union (GMBATU)	12	11
National Union of Public Employees (NUPE)	16	9
Association of Scientific Technical and Managerial Staffs (ASTMS)	9	8
National Union of Railwaymen (NUR)	9	8
Union of Shop Distributive and Allied Workers (USDAW)	9	8
Technical and Supervisory Staffs (TASS)	7	5
Confederation of Health Service Employees (COHSE)	8	4
Association of Professional Executive Clerical and Computer Staffs (APEX)	3	3
Electrical Electronic Telecommunications and Plumbing Union (EETPU)	3	2
National Communications Unions (NCU)	2	2
National Graphical Association (NGA)	2	2
Society of Graphical and Allied Trades (SOGAT)	2	2
Transport Salaried Staffs Association (TSSA)	2	2
Fire Brigades' Union (FBU)	1	1
Iron and Steel Trades Confederation (ISTC)	3	1
National Association of Colliery Overmen Deputies and Shotfirers (NACODS)	2	1
National Union of Seamen (NUS)	1	1
Union of Communication Workers (UCW)	1	1
Union of Construction Allied Trades and Technicians (UCATT)	1	1
Trade union sponsored	164	129
Co-operative Party	20	10
„Sponsored candidates" insgesamt	184	139

Quelle: D. Butler / D. Kavanagh: The British General Election of 1987, Basingstoke / London 1988, S. 206.

Die Gewerkschaften bleiben ein unverzichtbarer Teil der Parteiorganisation. Die individuelle Mitgliedschaft in der Labour-Party ist, beispielsweise verglichen mit der Mitgliedschaft der deutschen Sozialdemokraten, äußerst gering. Optimistische Schätzungen gehen von 200000 bis 300000 Mitgliedern aus (289000 Anfang 1989 nach: The Economist vom 14. Januar). Die hohe Zahl von heute knapp 6 Millionen Parteimitgliedern kommt nur durch die kollektive Mitgliedschaft der Gewerkschaften zustande. Die Gewerk-

schaften finanzieren nach wie vor die Labour Party über die Partei-
beiträge, die sie mit den Gewerkschaftsbeiträgen einziehen, sofern
das betroffene Mitglied nicht ausdrücklich den Beitrag für die Labour-Party verweigert (contracting out). Je nach der Summe der an
die Partei abgeführten Gelder richtet sich die Größenordnung in der
Gewerkschaftsführer bei Labour Parteitagen Stimmenpakete führen. Zur Demokratisierung des Willensbildungsprozesses auf Parteitagen beschloß der Labour Parteitag von 1989 das Abstimmen mit
Stimmenpaketen (block vote) abzuschaffen. Neben der Finanzierung der Labour Party engagieren sich einzelne Gewerkschaften und
die bei Labour Parteitagen ebenfalls stimmberechtigten genossen-
schaftlichen Organisationen (co-operative organizations) und anderen sozialistischen Vereinigungen bei der Finanzierung des Wahl-
kampfs einzelner Labour-Bewerber um einen Parlamentssitz. 1987
wurden von 184 „sponsored candidates" 139 ins Parlament gewählt.

17.3 Liberal Democrats und die SDP

Die Gründung der Social Democratic Party (SDP) war die unmittelbare Reaktion eines Teiles des gemäßigten Flügels der Labour Party
auf die innerparteilichen Machtkämpfe zu Beginn der 80er Jahre.
Führende Politiker dieses Flügels — der aus Brüssel zurückgekehrte
ehemalige Präsident der EG-Kommission und frühere Minister in
verschiedenen Labour-Regierungen Roy Jenkins und drei weitere
ehemalige Labour-Minister: Shirley Williams, David Owen und
William Rodgers — nahmen den Beschluß einer Sonderkonferenz
der Labour Party im Januar 1981, der der Parlamentsfraktion der
Partei bei der Wahl des Parteivorsitzenden nur noch eine Minder-
heitsposition einräumt, zum Anlaß für den Bruch. Am 25. Januar
gründeten sie den Rat für Sozialdemokratie (Council for Social Democracy), dessen programmatische Absichten als „Limehouse
Declaration" (benannt nach dem Ort der CSD-Gründung, der Wohnung von David Owen in Limehouse, London) Schlagzeilen machten. Neun Labour-Abgeordnete schlossen sich sogleich dem CSD
an.
   Der endgültige Bruch der Sozialdemokraten mit ihrer Mutterpar-
tei erfolgte schon zwei Monate später. Am 26. März wurde die SDP
gegründet. Die Perspektive, mit der die neue Partei antrat war, die
von den großen Parteien geräumte politische Mitte durch eine Al-

lianz mit den Liberalen neu zu besetzen und langfristig Labour als große linke Volkspartei des Landes abzulösen. Spät, aber nicht zu spät, sollte mit der SDP-Gründung die Godesberger Wende der deutschen SPD im britischen Kontext nachvollzogen werden.

Zumindest was die Zusammenarbeit mit der Liberalen Partei anbetrifft, ließen sich die Vorstellungen der SDP-Gründer relativ reibungslos in die politische Praxis umsetzen. Es kamen Absprachen bei der heiklen Frage der Kandidaturen bei Nachwahlen zustande, und der Parteitag der Liberalen im September 1981 gab seine grundsätzliche Zustimmung zu einer Wahlallianz mit der SDP bei den nächsten Parlamentswahlen. Diese erstreckte sich auch auf gemeinsame programmatische Vorstellungen. Beide Parteien befürworteten die EG-Mitgliedschaft Großbritanniens, den Wohlfahrtsstaat, die „gemischte Wirtschaft" („mixed economy") und eine keynesianische Wirtschaftspolitik. Sie traten ein für eine Dezentralisierung Großbritanniens („devolution") und vor allem für eine Reform des britischen Wahlsystems. Die relative Mehrheitswahl sollte einem System der Verhältniswahl Platz machen, um eine angemessenere Repräsentation von Drittparteien im britischen Parlament zu ermöglichen, mit der letztendlichen Konsequenz der Notwendigkeit von Koalitionen zur Bildung von Regierungsmehrheiten, in denen SDP und Liberale sich zumindest als Juniorpartner ständigen Einfluß erhofften.

Die SDP hatte ungefähr 60 000 Mitglieder, die mit ihren Beiträgen fast 90 % des Parteihaushalts finanzierten. Entgegen den Erwartungen der Parteigründer blieben großzügige Industriespenden aus. Unterstützung fand der seit 1983 amtierende Parteivorsitzende vor allem bei der Sainsbury Supermarkt-Kette. Wie die Liberale Partei gab die SDP dem einzelnen Parteimitglied die entscheidende Stimme bei der Wahl des Parteivorsitzenden. Mit ihrem hohen Medienprofil und ihrem Programm der Mitte gelang es der SDP große Teile der früher nicht an Politik interessierten Mittelschichten kurzfristig zu mobilisieren, denen sie sich als vernünftige Alternative zur immobilen, gewerkschaftsbeherrschten Labour Party und dem Radikalismus von Margaret Thatcher präsentierte. Ihr strategisches Hauptziel, Zünglein an der Waage für parlamentarische Mehrheiten zu werden, erreichte sie trotz der Wahlallianz mit der Liberalen Partei nie. 1983 wurden lediglich 6 SDP-Kandidaten ins Unterhaus gewählt (Allianz: 23) und 1987: 5 (Allianz 22).

Nach dem Mißerfolg des Jahres 1987 brachen die Gegensätze innerhalb der Partei und der Allianz, die sich schon in unterschiedlichen Neigungen hinsichtlich eines künftigen Koalitonspartners angedeutet hatten (David Owen den Konservativen zugeneigt, die Liberalen und weite Teile seiner Partei der Labour Party), nicht zuletzt auch befördert durch den autokratischen Führungsstil David Owens erneut auf. Anders als der Vorsitzende der Liberalen Partei David Steel war Owen nicht bereit, als Konsequenz seiner Wahlniederlage vom Parteivorsitz zurückzutreten und seine Partei mit der Liberalen Partei zu verschmelzen. Er führt seine SDP als Konkurrenzpartei zu der am 3. März 1988 gegründeten SLD (aus alter SDP und der Liberalen Partei entstanden die Social and Liberal Democrats, respektlos „Salads" genannt, und deshalb 1989 in Liberal Democrats umgetauft) weiter. Der erste Test für die konkurrierenden Parteiorganisationen, die Kommunalwahlen vom Mai 1988, deuteten neben einer allgemeinen Schwächung der dritten Kraft in der britischen Politik, die Reduzierung der Owen-SDP zur unbedeutenden Splitterpartei an. Während die von dem früheren liberalen Abgeordneten für Yeovil, Paddy Ashdown, geführte SLD 385 Ratssitze gewann, war die SDP in gerade 6 Sitzen erfolgreich. 1990 beschloß die SPD ihre Selbstauflösung.

Der Beschluß zur Verschmelzung von Liberaler Partei und SDP wurde durch eine Befragung der Parteimitglieder gefaßt. Von den ca. 90 000 Parteimitgliedern der Liberalen sprachen sich 46 376 für den Zusammenschluß aus, 6 365 votierten dagegen, der Rest beteiligte sich an der Entscheidung nicht. Bei der SDP lauteten die entsprechenden Abstimmungsergebnisse: Mitgliedschaft ca. 52 000; 18 722 dafür, 9 929 dagegen, über 23 000 beteiligten sich nicht.

Mit diesem Beschluß ging die 110jährige Geschichte der Liberalen Partei zuende. Als Nachfolgeorganisation der Whigs, der Partei des Großgrundbesitzes und der reichen Kaufleute, bestimmte sie zwischen 1860 und 1920 als zweite Kraft die britische Politik entscheidend mit. Die Hauptthemen des von William Gladstone (1809-1898) geprägten Liberalismus des 19. Jahrhunderts waren der Freihandel, Home Rule für Irland und soziale Reformen. Nach dem I. Weltkrieg wurden die Liberalen als stärkste Oppositions- bzw. potentielle Regierungspartei von der Labour Party abgelöst. Nach dem II. Weltkrieg erreichte die Liberale Partei zwischen 6 und 14 Sitze im britischen Parlament, obwohl ihr Stimmenanteil zwischen 10 und 20 % lag. Als permanente Oppositionspartei, die nur 1977-78 im informellen Regierungsbündnis mit der Labour-Minderheitsregierung (dem Lib-Lab Pact) Regierungsentscheidungen zu beeinflussen vermochte, entwickelte sich die Liberale Partei zu einem Hort von Abrüstungsbefürwortern und ökologisch geneigten Individualisten, die einen einflußreichen Anteil der Parteibasis ausmachen. Besonderes Gewicht legte die Partei auf die Arbeit in den Kommunen, für deren Koordination eine eigene Association of Liberal Councillors bestand. Vor dem Entschluß, sich über das Bündnis mit der SDP ein größeres politisches Gewicht zu verschaffen, galt (und gilt noch immer) als aussichtsreiche politische Strategie der Liberalen der Neuaufbau der Partei von unten, aus der lokalen (grass roots) Ebene heraus.

17.4 Die schottischen und walisischen Nationalparteien

Am Nachmittag des 5. August 1926 trafen sich sechs Repräsentanten walisischer nationalistischer Gruppen während der walisischen Kulturwoche („National Eisteddfod") in einem Café in Pwllheli, um die walisische Nationalpartei (Plaid Cymru) zu gründen. Als zentralen Programmpunkt fordert die Partei die nationale Selbstbestimmung für Wales, dessen Anerkennung als eigenständige Nation und als Konsequenz seine Ausgliederung aus dem britischen Staatsverband. Von besonders großer Bedeutung für die Partei ist daneben der Kampf um die Verbreitung der walisischen Sprache, denn — wie der von 1926-39 an der Spitze Plaid Cymrus stehende Saunders Lewis sagte — nicht der Erhalt von Wales als Nation ist das entscheidende, sondern der Erhalt der walisischen Zivilisation.

Lewis christlicher Mystizismus, sein Pazifismus und die radikale Tradition der walisischen Bergarbeiter, gepaart mit kulturellen Einflüssen der nonkonformistischen Kirche, prägten das Erscheinungsbild der Partei vor und während des II. Weltkrieges. Die Partei beteiligte sich kaum an Wahlen und errang ihre größten Erfolge im Wahlkreis der Universität Wales, wo Lewis kandidierte. Spektakuläre Publizität erhielt Plaid Cymru, als ihre Parteiführung 1936 wegen Brandstiftung an Gebäuden der britischen Luftwaffe aus Protest gegen die Umwandlung eines walisisch-historischen Geländes in einen Bombenabwurfübungsplatz vor Gericht stand und verurteilt wurde.

Nach dem II. Weltkrieg hatte Plaid zunächst trotz zahlreicher Kampagnen zur Verteidigung walisischer Interessen bei Wahlen weiterhin wenig Erfolg. Die Parteiführung mit Gwynfor Evans, einem Landwirt und Anwalt an der Spitze, behielt im wesentlichen die von Lewis vorgezeichnete Orientierung der Partei bei. Die Verteidigung von Wales bedeutet heute sowohl den Kampf um Traditionen, also das Engagement für die Sprache und Wertvorstellungen des

Nonkonformismus, als auch — besonders seit Einsetzen der ökonomischen Krise im Bergbau in den 60er Jahren — den Kampf um die sozialen Belange der walisischen Bevölkerung. Plaid Cymru setzt sich zur Wehr gegen den Verlust der Arbeitsplätze in der Industrie und auf dem Lande, gegen die Abwanderung der Menschen, die die walisischsprachigen Kerngebiete besonders hart trifft, gegen die Zerstörung der walisischen Gemeinschaften und gegen die Verwandlung der landschaftlich schönen Teile des Landes in Refugien finanzkräftiger englischer Besitzer von Zweitwohnungen und Touristenghettos.

1966 gelang der Partei durch einen Nachwahlsieg von Evans in Carmarthen zum ersten Mal der Einzug in das britische Parlament, was ihr die Möglichkeit eröffnete, ihre Forderungen nun auch dort einzubringen und einen Teil der Wähler davon zu überzeugen half, daß trotz des britischen Mehrheitswahlsystems Stimmen für Plaid keine verschenkten Stimmen sein mußten.

Auf Schottland, so scheint es, hat dieser Nachwahlsieg seine Wirkung nicht verfehlt. 1967 gelangte mit Winifred Ewing erstmals seit langer Zeit wieder ein Kandidat der schottischen Nationalpartei („Scottish National Party" = SNP) in das britische Parlament.

Die 1934 gegründete SNP hatte ebenso wie Plaid Cymru lange auf durchschlagende politische Erfolge warten müssen. Ihre Parteigeschichte verlief allerdings weit turbulenter als die der walisischen Nationalpartei und ihr Nationalismusverständnis unterscheidet sich wesentlich von dem Plaids.

Wie Plaid ging die SNP aus unterschiedlichen, allerdings schon als Parteien konstituierten nationalistischen Gruppen hervor: aus der 1928 gegründeten und für ein unabhängiges Schottland kämpfenden „National Party of Scotland" und aus der 1932 gegründeten autonomistischen („Home Rule") „Scottish Party". Die Allianz zwischen beiden Strömungen des schottischen Nationalismus zerbrach 1942, als John MacCormick an der Spitze der neuformierten „Home Rule"-Fraktion aus der SNP austrat. MacCormick versuchte in der Folgezeit, Teile der großen britischen Parteien von der „Seriosität" des von ihm vertretenen Nationalismus zu überzeugen und ihre Unterstützung für seine Überzeugungen zu gewinnen. Große Publizität erreichte er mit einer 1949 gestarteten Unterschriftensammlung, an der sich die Hälfte der erwachsenen Bevölkerung Schottlands beteiligt haben soll.

Die Regierung in London reagierte mit der Berufung einer „Royal Commission on Scottish Affairs" (1952), deren Bericht für Schottland jedoch ohne Konsequenzen blieb.

Nach MacCormicks Auszug waren die Anhänger der schottischen Unabhängigkeit in der SNP unter sich. Über das Programm der Partei bestand nun ein hohes Maß an Klarheit und Übereinstimmung, denn bereits früher war ebenfalls als Konsequenz einer Entscheidung MacCormicks eine andere entscheidende Weichenstellung erfolgt. Um den Zusammenschluß von „National Party" und „Scottish Party" zu ermöglichen, hatte er 1934 als „Vorleistung" alle Vertreter des literarischen Nationalismus, wie den marxistischen Poeten Hugh MacDiarmid, und die Anhänger einer Wiederbelebung des Gaelischen als schottischer Nationalsprache aus der „National Party" gedrängt. In der SNP-Programmatik überwogen seither sozialpolitische Themen. Die für Plaid Cymru so typische Verbindung zwischen Nationalismus, Sprache und Kultur stellt die SNP nicht her.

Die Erfolge nationaler Parteien in Schottland und Wales in den 70er und 80er Jahren verdanken sich sehr unterschiedlichen Ursachen. In Wales spielt, wie die Konzentration der Wahlerfolge der Nationalpartei Plaid Cymru auf die Wahlkreise Caernarvon und Merioneth zeigt, in denen sie seit 1974 die Mehrheit bei Parlamentswahlen behauptete, der politisch-kulturelle Faktor zur Erklärung des Durchsetzungsvermögens dieser Partei eine entscheidende Rolle. Beide Wahlkreise liegen im Herzen des walisischsprachigen, ländlichen, nonkonformistischen Mid-Wales. Ausdruck der kulturellen Homogenität der beiden Wahlkreise ist auch die hier bisher nicht erschütterte Mehrheit für ein Alkoholverbot an Sonntagen, über das in ganz Wales seit 1961 alle sieben Jahre abgestimmt wird (die nächste Abstimmung findet 1996 statt) und das im Laufe der Zeit in immer weniger Gebieten Unterstützung fand. Plaid Cymru ist trotz vieler Anstrengungen, das politisch-kulturelle „Ghetto" zu verlassen und Anerkennung als Partei der Waliser auch in anderen Teilen von Wales zu finden, die Sprachpartei einer walisischen Minderheit geblieben.

Ganz anders ist die politische Ausgangsposition für die schottische Nationalpartei SNP. Sie hat zwar auch große Schwierigkeiten, im urbanen schottischen Tiefland Mehrheiten zu finden, dank ihrer breiten Unterstützung in allen Teilen Schottlands ist es ihr aber gelungen, die Konstellationen des innerschottischen Parteienwettbewerbs zu verändern. Schottland hat heute ein Vierparteiensystem, mit der Labour Party als dominierender Partei und drei kleineren Parteien in der Reihenfolge Konservative Partei, Liberal Democrats und SNP. Ein Indiz für die nationale Resonanz, die die SNP findet, ist

Das Abschneiden der schottischen und walisischen Nationalparteien bei den Parlamentswahlen

Jahr	SNP Stimmenzahl	SNP Parlamentssitze	% der schottischen Stimmen	Plaid Cymru Stimmenzahl	Parlamentssitze	% der walisischen Stimmen
1970	306 802	1	11,4	175 016	0	11,5
1974 (Febr.)	632 032	7	21,9	171 264	2	10,7
1974 (Okt.)	839 617	11	30,4	166 321	3	10,8
1979	504 259	2	17,3	132 544	2	8,1
1983	331 975	2	11,8	125 309	2	7,8
1987	416 873	3	14,0	123 589	3	7,3

Quellen: R. R. Sturm: Das Vereinigte Königreich von Großbritannien und Nordirland, in: Regionen und Regionalismus in Westeuropa, Stuttgart etc. 1987, (22-45), S. 37. Times Guide to the House of Commons June 1987, London 1987, S. 251.

auch ihr Abschneiden bei Kommunalwahlen. So beteiligte sich die SNP beispielsweise bei den Distriktwahlen von 1984 mit 493 Kandidaten (Labour Party: 830; Konservative: 571; Allianz: 417) und gewann 59 Sitze (Labour Party: 545; Konservative: 189; Allianz: 78).

Anders als die „Kulturpartei" Plaid Cymru in Wales bietet die SNP programmatisch das Bild einer ökonomischen „Modernisierungspartei". Sie klagt nicht über die Bedrohung der schottischen Identität durch englische Überfremdung — diese Identität ist für die schottische Bevölkerung eine Selbstverständlichkeit, die keiner zusätzlichen Bemühungen bedarf —, sie kritisiert aber heftig die Unfähigkeit der Londoner Zentralregierung bei der Nutzung der ökonomischen Entwicklungsmöglichkeiten Schottlands. Sieht man einmal vom sozialistischen Minderheitsflügel der SNP, der 79-group, ab, so könnte man das Programm der SNP als (im deutschen Verständnis) sozialdemokratisch bezeichnen. Es fordert den Ausbau des Wohlfahrtsstaates in Verbindung mit einer Modernisierung der Wirtschaft, die die hochqualifizierten Arbeitskräfte, die von Schottlands Universitäten kommen, ebenso wie die technisch-wissenschaftlichen Traditionen des Landes nutzt und nationale Reichtümer, wie beispielsweise das Nordseeöl, zur Entwicklung Schottlands einsetzt.

Beide Nationalbewegungen, Plaid Cymru und die SNP, wollen mehr Autonomie für ihre jeweiligen Nationen. Für Wales wäre Plaid Cymru mit einem höheren Grad gesellschaftlich-kultureller Eigenständigkeit in Verbindung mit einer stärkeren wirtschaftlichen Entwicklung als erstem Schritt einverstanden, für Schottland erwartet die SNP entsprechend eine Stärkung der nationalen schottischen Kontrolle über die Ressourcen des Landes. Als Fernziel steuern die walisischen Nationalisten eine Zukunft für ihr Land innerhalb des Rahmens einer gesamtbritischen Föderation an, während sich die schottischen Nationalisten durchaus einen höheren Grad nationaler Unabhängigkeit für ihr Land vorstellen können, etwa verbunden mit einer stärkeren Kooperation Schottlands mit seinen nordischen Nachbarländern, bzw. einen anderen Kleinstaaten in der EG vergleichbaren Status.

18. Wahlen und Referenden

18.1 Die Parlamentswahlen

Die 650 Abgeordneten des Unterhauses werden nach dem System der relativen Mehrheitswahl in Einerwahlkreisen gewählt. Dafür wird das ganze Land in 650 Wahlkreise (constituencies) unterteilt, deren Grenzlinien entsprechend der Bevölkerungsentwicklung von 4 Wahlkreiskommissionen (boundary commissions) — je eine für England, Schottland, Wales und Nordirland — frühestens alle 10 und nicht später als alle 15 Jahre korrigiert werden. Die letzte Revision der Wahlkreisgrenzen fand 1983 statt. Die durchschnittliche Zahl der Wahlberechtigten pro Wahlkreis, die zum Maßstab gemacht wurde ist 65 753 für England, 53 649 für Schottland, 58 753 für Wales und 61 206 für Nordirland.

Um gewählt zu werden muß der Kandidat einer Partei in seinem Wahlkreis mehr Stimmen bekommen als einer der Kandidaten der anderen Parteien (relative Mehrheit), der Stimmenanteil des gewählten Kandidaten muß aber nicht über 50 % liegen (absolute Mehrheit). Die Stimmen für die Kandidaten, die in ihren Wahlkreisen nicht an erster Stelle plaziert sind, werden bei der Sitzvergabe für das Parlament nicht berücksichtigt. Kandidaten müssen das Kriterium der Wählbarkeit erfüllen, also 21 Jahre alt sein, dürfen nicht geisteskrank sein, nicht dem Oberhaus angehören, nicht Gemeinschuldner sein, nicht wegen Wahlbetrugs verurteilt sein, nicht dem Klerus der großen Kirchen angehören, bestimmte öffentliche Ämter nicht innehaben, wie Berufsrichter, Civil Servant, Soldat, Polizist, oder Mitglied eines Quango und nicht ein bezahltes Kronamt angenommen haben. Außerdem muß jeder Kandidat nach den Bestimmungen des Representation of the People Act von 1985 eine Summe von £ 500,— hinterlegen, die er verliert, wenn er nicht wenigstens 5 % der Stimmen im Wahlkreis erhält. Seine Kandidatur müssen 10 Wahlberechtigte unterstützen. Die Ausgaben der Wahlkreiskandidaten für ihren Wahlkampf sind gesetzlich begrenzt, während es gleichzeitig für den Finanzeinsatz der Parteizentralen keine Beschränkungen gibt. Dennoch wird der Effekt erreicht, daß die britischen Wahlkämpfe weit kürzer und billiger sind als diejenigen in anderen westlichen Demokratien. Für Stadtbezirke wurde der durchschnittliche Ausgabenbetrag für Wahlkreiskandidaten von 1983 £ 4 200 auf 1987 £ 4 700 angehoben, für Landbezirke von £ 4 700 auf

£ 5 800. Im Durchschnitt gab die Konservative Partei in ihren Wahlkreisen bei den Wahlen von 1987 £ 4 400 aus, die Labour Party £ 3 900, die Allianz £ 3 400, die SNP £ 2 000 und Plaid Cymru £ 1 900.

Wahlberechtigt sind alle geistig gesunde Briten, die das 18. Lebensjahr vollendet haben und nicht Mitglieder im Oberhaus sind. Ihre Namen werden in einem Wahlregister festgehalten, das periodisch auf den neuesten Stand gebracht werden muß, da Todesfälle und Wohnortwechsel zu starken Verzerrungen bei der Erfassung der Wahlberechtigten führen. Das Briefwahlrecht wurde durch das erwähnte Gesetz von 1985 auf Ferienreisende und solche Briten ausgedehnt, die seit weniger als sieben Jahren im Ausland leben. Wahltag ist in Großbritannien traditionell der Donnerstag.

Die Struktur des Wahlsystems hat Konsequenzen für den Parteienwettbewerb. Parteien mit einer breiten Unterstützung, aber wenigen Hochburgen werden deutlich benachteiligt, da in fast allen Wahlkreisen die für sie abgegebenen Stimmen unberücksichtigt bleiben. Dies läßt sich deutlich an der Unterrepräsentation der Allianz nach den Wahlergebnissen von 1983 und 1987 ablesen. Parteien die sich, wie die walisische Nationalpartei Plaid Cymru, auf wenige Hochburgen konzentrieren, können dagegen solche nachteiligen Effekte weitgehend vermeiden. Die Schwelle für den landesweiten Durchbruch einer Partei liegt bei etwas über 30 %. Dies verhindert zwar nicht das Aufkommen einer Drittpartei, wie das Ablösen der Liberalen Partei als zweitgrößter Partei durch die Labour Party bewies, es erschwert dieses aber. Deshalb auch ist die Debatte um eine Reform des Wahlsystems in Großbritannien nie verstummt, ja hat mit der offensichtlichen Benachteiligung der Allianz in den 80er Jahren neue Nahrung erhalten.

Sitzverteilung im Unterhaus nach unterschiedlichen Wahlsystemen

	tatsächliche Verteilung		Verteilung bei proportionaler Berücksichtigung der Stimmabgabe	
	1983	1987	1983	1987
Konservative	397	376	277	275
Labour	209	229	180	200
Allianz	23	22	166	147
SNP	2	3	7	8
Plaid Cymru	2	3	3	2

Quelle: Eigene Berechnungen anhand der Wahlergebnisse.

Wahlergebnisse 1945 - 1987: Stimmen und Sitze

	Wahlbeteili-gung / Wahl-berechtigte	Stimmen und Sitze ins-gesamt	Conservative	Labour	Liberal (1983-87 Alliance)	Welsh & Scottish Nationalist	Communist	Andere (v.a. Nordirland)
1945	73,3 % 32836419	100 % — 640 24082612	39,8 % — 213 9577667	48,3 % — 393 11632191	9,1 % — 12 2197191	0,2 % 46612	0,4 % — 2 102760	2,1 % — 20 525491
1950	84,0 % 34269770	100 % — 625 28772671	43,5 % — 299 12502567	46,1 % — 315 13266592	9,1 % — 9 2621548	0,1 % 27288	0,3 % 91746	0,9 % — 2 262930
1951	82,5 % 34645573	100 % — 625 28595668	48,0 % — 321 13717538	48,8 % — 295 13948605	2,5 % — 6 730556	0,1 % 18219	0,1 % 21640	0,5 % — 3 159110
1955	76,8 % 34858263	100 % — 630 26760493	49,7 % — 345 13311936	46,4 % — 277 12404970	2,7 % — 6 722405	0,2 % 57231	0,1 % 33144	0,8 % — 2 230807
1959	78,7 % 35397080	100 % — 630 27859241	49,4 % — 365 13749830	43,8 % — 258 12215538	5,9 % — 6 1638571	0,4 % 99309	0,1 % 30897	0,5 % — 1 145090
1964	77,1 % 35892572	100 % — 630 27655374	43,4 % — 304 12001396	44,1 % — 317 12205814	11,2 % — 9 3092878	0,5 % 133551	0,2 % 45932	0,6 % 169431
1966	75,8 % 35964684	100 % — 630 27263606	41,9 % — 253 11418433	47,9 % — 363 13064951	8,5 % — 12 2327533	0,7 % 189545	0,2 % 62112	0,7 % — 2 201032
1970	72,0 % 39342013	100 % — 630 28344798	46,4 % — 330 13145123	43,0 % — 288 12178295	7,5 % — 6 2117033	1,3 % — 1 381818	0,1 % 37970	1,7 % — 5 486557
Febr. 1974	78,1 % 39770724	100 % — 635 31340162	37,8 % — 297 11872180	37,1 % — 301 11646391	19,3 % — 14 6058744	2,6 % — 9 804554	0,1 % 32743	3,1 % — 14 958293
Okt. 1974	72,8 % 40072971	100 % — 635 29189178	38,8 % — 277 10464817	39,2 % — 319 11457079	18,3 % — 13 6346754	3,5 % — 14 1005938	0,1 % 17426	3,1 % — 12 897164

1979	76,0 % 41 093 264	100 % – 635 31 221 361	43,9 % – 339 13 697 923	37,0 % – 269 11 532 218	13,8 % – 11 4 313 804	2,0 % – 4 636 890	0,1 % 16 858	3,2 % – 12 1 043 755
1983	72,7 % 42 197 344	100 % – 650 30 671 136	42,4 % – 397 13 012 315	27,6 % – 209 8 456 934	25,4 % – 23 7 780 949	1,5 % – 4 457 676	0,04 % 11 606	3,1 % – 17 951 656
1987	75,3 % 43 181 321	100 % – 650 32 536 137	42,3 % – 376 13 763 066	30,8 % – 229 10 029 778	22,6 % – 22 7 341 290	1,7 % – 6 543 559	0,02 % 6 078	2,6 % – 17 852 368

Quelle: D. Butler / D. Kavanagh: The British General Election of 1987, London / Basingstoke 1988, S. 283.

Eine weitere Konsequenz des Wahlsystems ist, daß beim Ausscheiden eines Abgeordneten aus dem Parlament Nachwahlen (by-elections) in seinem Wahlkreis erforderlich werden, um für diesen einen neuen Vertreter zu bestimmen. Nachwahlen nehmen häufig die Form von Popularitätstests der Regierung während ihrer Amtszeit an. Allerdings sollten ihre Ergebnisse nicht überbewertet werden. Selten werden Nachwahltrends, die lokale Umstände widerspiegeln können oder auch einen nur taktischen oder temporären Protest gegen die Politik der amtierenden Regierung, bei Parlamentswahlen in vollem Umfang bestätigt.

Die Wahlforschung sieht das Wählerverhalten weniger von wahltaktischen Überlegungen der Nutzung der Vorteile des Wahlsystems als vom sozialstrukturellen Wandel beeinflußt. Dessen wichtigste Konsequenzen sind:

a) Die wahlgeographische Spaltung des Landes in zwei Nationen, den immer stärker den Tories zuneigenden prosperierenden Südosten des Landes und den Norden und Westen, sowie Schottland und Wales, die zu Hochburgen der Labour Party wurden. Im Vergleich zur Wahl von 1983 verloren die Konservativen in Schottland 4,4 % der Stimmen, im englischen Norden 1,7 % und in Wales 1,5 %. In allen drei Gebieten liegt der Stimmenanteil von Labour weit vor dem der Konservativen. In Schottland mit 42,4 % im Vergleich zu 24 % für die Konservativen, im englischen Norden mit 41,7 % im Vergleich zu 36,9 % und in Wales mit 45,1 % im Vergleich zu 29,5 %. Im Süden und den Midlands wuchs demgegenüber der Stimmenanteil der Konservativen von 1983 auf 1987 um 1,1 %. Labour ist hier hinter der zweitplazierten Allianz, die mit 25 % der Stimmen ein Prozent mehr Stimmen als Labour errang, nur drittstärkste Kraft bei den Wahlen von 1987 geworden. Die Konservativen führen unangefochten mit 50,5 %.

b) Das Aufbrechen des Stimmenblocks der Arbeiterschaft für Labour. Die Konservativen verdankten ihren Wahlsieg von 1987, wie schon 1979 und 1983 ihrer Unterstützung in der sogenannten „new working class" (Crewe), womit im Süden lebende Arbeitnehmer gemeint sind, die in der Privatindustrie arbeiten, ein Haus besitzen und keiner Gewerkschaft angehören. Labours Unterstützung ist dagegen eher unter Gewerkschaftsmitgliedern, öffentlich Bediensteten und Mietern von Sozialwohnungen zu finden, obwohl selbst unter Gewerkschaftsmitgliedern die Unterstützung der Partei, die 1979 noch bei 50 % lag, um mehr als 10 % zurückgegangen ist.

Veränderung des Stimmenanteils der konservativen Partei seit 1979
(Wahlen 1987)

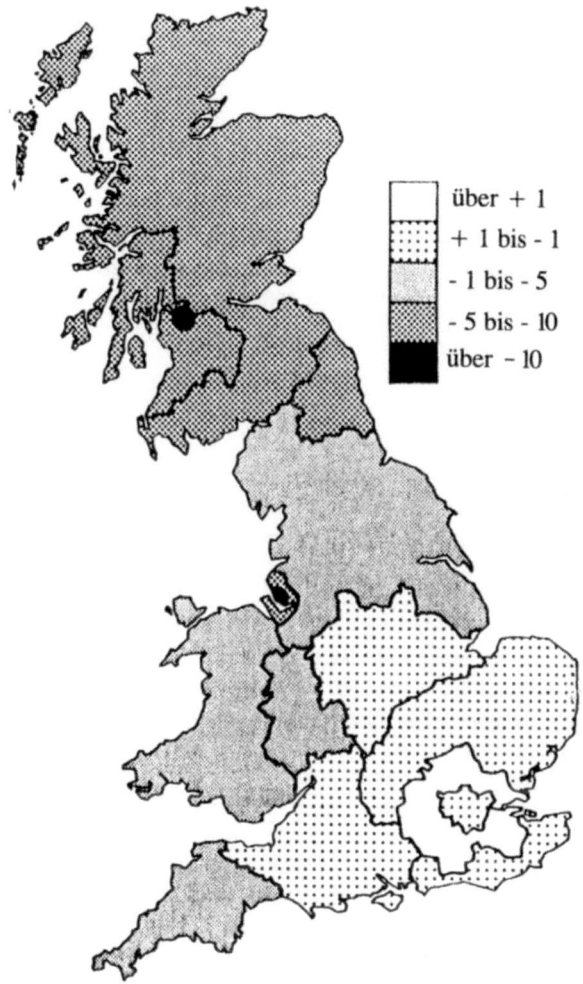

über + 1
+ 1 bis - 1
- 1 bis - 5
- 5 bis - 10
über - 10

Quelle: The Economist, 20. 6. 88, S. 32.

c) Das Gewicht politischer Themen und der Persönlichkeit des Spitzenkandidaten hat gegenüber traditionellem Wahlverhalten zugenommen. Hier liegt einer der Gründe, weshalb die Allianz 1987 jeden fünften Wähler mobilisieren konnte. Die Labour Party war weit davon entfernt, die Themenführerschaft in der Politik zu übernehmen. Sie reagierte eher auf neue Themen der Konservativen, wie den Verkauf der Sozialwohnungen an die ehemaligen Mieter oder die Privatisierung von Staatsunternehmen. Sie debattierte Modifikationen der neu geschaffenen Realitäten, wobei sie ersichtliche Mühe hatte, traditionelle innerparteiliche Dogmen zu überwinden. Im Wahlkampf 1987 gelang es der Labour Party nur für wenige Politikfelder, wie Bekämpfung der Arbeitslosigkeit und Stärkung des National Health Service, die Wähler von ihrer Kompetenz zu überzeugen. Die Konservative Partei galt bei der Mehrheit der Wähler als realistischere und fähigere Alternative, was auch Umfragen zum Ergebnis des Abwägens zwischen den Alternativen als Premierminister, Neil Kinnock und Margaret Thatcher, ergaben.

18.2 Die Kommunalwahlen

Die endgültige Verallgemeinerung des Kommunalwahlrechts nach dem II. Weltkrieg eröffnete die Möglichkeit einer allgemeinen Partizipation bei den Wahlen zu den lokalen Councils. Damit verband sich in der politischen Praxis allerdings keineswegs automatisch eine parteipolitische Durchdringung der Kommunalverwaltung, ganz im Gegenteil. Große Teile der Öffentlichkeit hielten noch lange Zeit an der Überzeugung fest, daß Parteien in der Kommunalpolitik eigentlich keinen Platz haben. Hier zu treffende konkrete Entscheidungen, wie beispielsweise über den Bau einer Straße, eigneten sich nicht für parteipolitische Auseinandersetzungen.

Eine zentrale Konfliktlinie im lokalen Bereich wurde eher zwischen den Interessen der Steuerzahler („ratepayers") und allen anderen Bürgern (insbesondere den Bewohnern der Sozialwohnungen) gesehen. Auslösend für diesen Konflikt ist die Struktur der Finanzierung lokaler Aufgaben. Das lokale Steueraufkommen („rates"), das vor allem an Hausbesitz gebunden ist, begünstigt beispielsweise Bewohner von Sozialwohnungen, weil sie von den auf kommunaler Ebene zur Verfügung gestellten Dienstleistungen profitieren können, ohne (sieht man einmal von den oft nicht unerheblichen Benutzergebühren ab) einen direkten Beitrag zu deren Finanzierung leisten zu müssen. Konsequenterweise setzten die „ratepayers" alles daran, die durch den Ausbau des Wohlfahrtsstaates entstehenden Belastungen von der kommunalen Ebene fernzuhalten. Eine solche pragmatische Ausrichtung entsprach auch ihrer eher konservativen Grundhaltung, während die Bewohner der Sozialwohnungen — in ihrer überwiegenden Mehrheit Anhänger der Labour Party — stärker dem Ausbau des Wohlfahrtsstaates auch als allgemeingültigem politischen Programm den Vorzug gaben.

Neben den Vertretern der Ratepayers-Organisationen waren bei den Kommunalwahlen auch zahlreiche unabhängige Kandidaten erfolgreich. Unmittelbar vor der ersten Wahl zu den durch die Kommunalreform neugeschaffenen Councils im Jahre 1973 hatten nicht parteigebundene Councillors eine Mehrheit in 13 der 45 englischen County Councils und stellten die größte Gruppe in weiteren fünf; in Wales hatten sie eine Mehrheit in 8 der 13 County Councils und waren in einem weiteren die größte Gruppe. Ähnlich waren die Kräfteverhältnisse auch in Schottland.

Nach der Kommunalreform Anfang der 70er Jahre ging der Anteil der Unabhängigen an der Mitgliedschaft in den neuen Councils stark zurück. Einerseits verschwanden viele der kleinen, ländlich geprägten Einheiten der Kommunalverwaltung, in denen überparteiliche Traditionen und der Persönlichkeitsfaktor eine besonders große Rolle gespielt hatten, andererseits war die Reduktion der Zahl der parteipolitisch ungebundenen Ratsherren auch Resultat einer veränderten Taktik der Konservativen Partei. Sie stellte nun vielerorts eigene Kandidaten auf, anstatt die Vertretung ihrer programmatischen Positionen formal unabhängigen Kandidaten, die unter Bezeichnungen wie „ratepayers", „moderates" oder „progressives" sich zur Wahl stellten, zu überlassen.

Untersuchungen der schottischen Kommunalwahlergebnisse seit 1974 haben gezeigt, daß sich das politische Interesse der Bürger zunehmend von der lokalen Ebene wegverlagert hat. Gleichzeitig aber hat sich die parteipolitische Durchdringung, die Nationalisierung des kommunalen Parteiensystems, verstärkt. Zwar ist die Zahl der Kandidaturen sowohl bei den Distrikt- als auch bei den Regionalwahlen gewachsen, dieses Wachstum ist aber fast ausschließlich auf das Auftreten neuer Parteien im nationalen Maßstab zurückzuführen (SNP — schottische Nationalpartei/SDP — Sozialdemokratische Partei), die auch bei Kommunalwahlen kandidierten. Der gleichzeitige Rückgang sowohl der parteiunabhängigen Kandidaturen als auch der Stimmen- und Sitzanteile für Unabhängige macht deutlich, daß lokale Politik in Schottland heute in zunehmendem Maße durch die parteipolitische Brille gesehen wird. Rückläufig ist auch die im europäischen Vergleich schon immer relativ niedrige

Die Kommunalwahlergebnisse 1988

% Änderung seit K.W.

	Stimmen in %						1984				1987		
	CON	LAB	SLD	SDP	SNP	And.	CON	LAB	SLD	SNP	CON	LAB	SLD
Barrow	39.6	45.3	–	–	–	15.1	–	–	–	–	–	–	–
Blackburn	38.9	48.9	10.0	2.0	–	0.2	–4.0	+3.5	+0.5	–	+0.7	–0.3	–0.4
Bradford	43.4	43.2	10.6	1.0	–	1.8	+4.1	+0.1	–6.5	–	+3.2	+6.7	–9.7
Doncaster	25.9	61.9	7.5	1.5	–	3.3	–0.3	+6.9	–6.4	–	–0.2	+6.3	–6.1
Halton	21.3	66.9	7.8	3.0	–	1.1	††	††	††	–	–3.8	+6.5	–2.7
Hartlepool	26.9	53.0	13.2	5.7	–	1.2	–	–	–	–	+0.4	+10.3	–10.8
Hull	21.3	65.4	10.1	1.4	–	1.8	–3.4	+6.0	–5.6	–	–0.4	+8.9	–10.6
Kirklees	37.3	43.9	15.0	1.0	–	2.8	+3.7	+1.0	–7.1	–	+2.9	+7.1	–11.5
Leeds	33.1	46.2	17.1	0.9	–	2.7	–0.9	+5.4	–6.2	–	+0.4	+8.8	–10.8
Liverpool	11.6	55.1	30.4	1.2	–	1.7	–6.2	+10.6	–6.0	–	+2.0	+11.2	–14.0
Manchester	28.7	52.5	14.8	1.4	–	2.6	+1.4	–3.0	–0.4	–	–1.4	+6.9	–10.9
Newcastle	25.9	53.8	17.1	2.3	–	0.9	–4.0	+8.4	–5.1	–	–0.1	+6.9	–7.3
Preston	46.0	38.8	13.5	0.2	–	1.4	+0.6	+3.1	–5.1	–	+8.7	+1.3	–11.2
Salford	27.3	61.3	10.8	–	–	0.6	+0.7	–6.0	+5.3	–	–2.5	+6.4	–4.0
Sheffield	22.1	59.0	16.3	1.8	–	0.7	–3.6	+6.2	–4.7	–	+0.1	+7.1	–9.5
Stockport	38.5	24.9	28.9	2.3	–	5.3	–2.5	–1.2	–1.0	–	+1.0	+4.3	–9.1
Sunderland	22.0	64.6	8.1	1.3	–	4.0	–5.7	+7.4	–2.9	–	–1.2	+6.3	–5.3
Wigan	17.0	68.7	12.6	–	–	1.6	–0.1	–1.4	+0.8	–	–0.9	+2.8	–2.4
Wirral	41.9	41.9	13.5	0.3	–	2.3	–1.7	+4.7	–5.5	–	–0.7	+8.6	–9.5
York	38.3	46.7	13.6	–	–	1.4	+2.4	+5.8	–9.6	–	+0.3	+7.5	–8.4
NORTH	**29.8**	**50.8**	**15.7**	**1.2**	–	**2.4**	**–1.2**	**+3.9**	**–4.6**	–	**+0.6**	**+7.7**	**–9.4**
Birmingham	37.9	47.0	9.7	3.3	–	2.2	–1.7	+1.8	–1.2	–	–4.1	+12.0	–8.2
Cambridge	34.4	41.8	21.5	–	–	2.3	+1.8	+4.4	–7.8	–	–2.2	+9.2	–9.1
Coventry	32.6	55.9	10.0	0.8	–	0.6	–2.6	+6.0	–4.1	–	+0.3	+10.1	–10.8
Derby	56.5	34.1	7.1	1.4	–	0.9	+13.4	–6.8	–8.5	–	+9.7	+1.0	–12.3
Dudley	45.3	48.6	2.9	–	–	3.2	+3.5	+0.5	–4.0	–	–5.2	+13.0	–7.9
Ipswich	35.3	57.8	6.5	–	–	0.4	–4.6	+7.5	–3.6	–	–3.2	+11.1	–8.6
Lincoln	39.5	60.2	–	–	–	0.2	–	–	–	–	–	–	–

Norwich	23.6	51.8	19.6	—	—	5.1	-4.7	-0.6	+1.3	-2.3	+10.2	-11.9
Sandwell	30.3	58.4	10.3	0.7	—	0.2	-1.7	+6.1	-4.3	-2.7	+10.2	-7.5
Stoke	31.4	63.9	3.4	0.8	—	0.5	+1.4	+1.9	-3.3	-0.1	+12.5	-12.4
Worcester	40.3	47.2	11.8	—	—	0.7	-3.2	+4.0	-1.8	-3.1	+10.8	-8.8
MIDLANDS	**37.4**	**50.3**	**9.1**	**1.5**	—	**1.7**	**-0.3**	**+2.5**	**-3.5**	**-1.6**	**+10.1**	**-9.6**
Basildon	40.2	37.9	21.9	—	—	—	+5.3	-6.2	+1.5	+4.1	+4.3	-8.5
Bedford	33.2	35.2	30.6	—	—	1.0	+0.1	+1.9	-2.5	-7.3	+6.3	-0.0
Brighton	47.1	42.0	9.6	—	—	1.3	+4.2	+3.6	-8.5	+0.3	+8.3	-8.5
Bristol	41.7	40.9	13.9	1.3	—	2.2	-0.5	+4.9	-6.3	-0.7	+10.0	-11.0
Gillingham	43.1	26.0	25.0	5.8	—	—	-1.6	+1.0	-3.0	-2.5	+7.9	-9.7
Gloucester	43.1	35.3	21.7	—	—	—	+5.2	+0.1	-5.3	-4.3	+6.7	-2.4
Maidstone	37.4	24.4	38.2	—	—	—	+4.3	+4.1	-8.4	-1.2	+6.7	-5.5
Oxford	38.3	45.3	13.5	1.0	—	1.9	+5.0	-1.1	-5.0	+3.7	+5.4	-9.7
Portsmouth	44.3	34.1	12.7	4.9	—	3.9	-4.0	-4.2	+4.7	-0.6	+14.5	-16.4
Reading	40.4	39.9	14.1	4.2	—	1.4	-1.8	+5.1	-7.0	-0.9	+8.4	-10.6
Reigate & Banstead	47.0	21.7	19.7	1.3	—	10.3	+0.3	+1.8	-0.5	+0.2	+6.9	-7.1
Runnymede	43.2	28.5	13.6	3.4	—	11.3	+1.8	+0.7	-3.4	+1.3	+6.8	-8.9
Southampton	39.7	44.1	13.1	—	—	3.1	+0.0	+2.4	-5.5	-0.1	+9.1	-11.2
Southend	49.0	18.5	32.5	—	—	—	+4.5	-3.5	-0.8	+4.6	+5.4	-9.9
Thanesdown	34.9	47.1	12.6	4.9	—	0.5	+0.0	-0.2	-1.4	+0.3	+6.8	-8.7
Torbay	46.6	15.4	28.4	3.9	—	5.7	—	—	—	-0.5	+8.0	-5.4
Watford	41.4	40.3	14.8	1.2	—	2.3	+2.1	-0.1	-4.7	+2.4	+7.7	-12.8
Worthing	59.2	7.4	33.4	—	—	—	+5.2	+6.3	-11.4	+2.4	+4.5	-6.9
SOUTH	**42.7**	**34.7**	**18.6**	**1.7**	—	**2.3**	**+1.8**	**+1.1**	**-4.2**	**+0.2**	**+7.4**	**-8.7**
ENGLAND	**34.6**	**47.1**	**14.7**	**1.4**	—	**2.1**	**-0.1**	**+2.7**	**-4.2**	**+0.0**	**+8.1**	**-9.2**
Aberdeen	18.2	45.4	25.5	1.5	9.2	0.3	-4.8	-1.7	-1.2		+7.8	
Dundee	22.5	47.2	3.2	—	25.3	1.7	-9.1	-3.0	-8.2		+18.7	
Edinburgh	36.3	36.7	12.0	0.6	13.8	0.6	+3.5	-1.9	-9.2		+7.8	
Glasgow	14.4	57.7	6.5	0.1	19.3	2.2	-3.2	-1.5	-6.4		+9.8	
SCOTTISH CITIES	**23.2**	**47.8**	**10.3**	**0.4**	**16.9**	**0.8**	**-0.7**	**-1.8**	**-7.4**		**+9.3**	

Quelle: The Economist, 14. 5. 1988, S. 48.

Die Kontrolle der Parteien über die Kommunalverwaltungen

	C 1976	C '85	L '76	L '85	A '76	A '85	U '76	U '85	oD '76	oD '85	Andere '76	Andere '85	Insges.
England													
Non-metropolitan districts	163	139	30	54	—	3	53	25	49	67	1	8	296
Non-metropolitan counties	20	10	6	5	—	1	1	0	12	23	0	0	39
Metropolitan counties	2	0	4	6	—	0	0	0	0	0	0	0	6
Metropolitan districts	13	5	20	24	—	0	0	0	3	7	0	0	36
GLC	0	0	1	1	—	0	0	0	0	0	0	0	1
London boroughs	13	13	18	15	—	0	0	0	1	4	0	0	32
City of London	0	0	0	0	—	0	1	1	0	0	0	0	1
Scilly Islands	0	0	0	0	—	0	1	1	0	0	0	0	1
Northern Ireland													
Districts	—	—	—	—	—	—	—	—	6	1	20	25	26
Scotland													
Regions	1	1	2	3	—	0	2	2	4	3	0	0	9
Districts	4	3	17	25	—	1	18	16	13	5	1	3	53
Islands	0	0	0	0	—	0	3	3	0	0	0	0	3
Wales													
Counties	0	0	4	4	—	0	3	2	1	2	0	0	8
Districts	4	3	11	16	—	0	13	9	8	4	1	5	37

C = Conservative, L = Labour, A = Alliance (einschließlich liberaler und sozialdemokratischer Räte), U = Unabhängige, oD = ohne Dominanz, d.h. keine der genannten Gruppierungen kann alleine den Rat kontrollieren.

Quelle: R.A.W. Rhodes: Beyond Westminster and Whitehall. The sub-central governments of Britain, London 1988, S. 197.

Wahlbeteiligung bei Kommunalwahlen, trotz der gewachsenen Zahl der Kandidaturen und der kandidierenden Parteien und damit der größeren Auswahl an politischem Personal. In Großbritannien insgesamt hat sich die Wahlbeteiligung bei Kommunalwahlen auf ca. 40 % eingependelt.

Das Wahlsystem für die Kommunalwahlen ähnelt dem für die Parlamentswahlen gültigen. Auch auf kommunaler Ebene wird in Wahlbezirken (wards) nach relativer Mehrheitswahl das jeweilige Ratsmitglied gewählt. Im Unterschied zur Wahlperiode für ein Mitglied des Unterhauses, die nur an die Obergrenze von fünf Jahren gebunden ist, aber nach Belieben der Regierung bzw. des Parlaments verkürzt werden kann, steht die Amtszeit eines kommunalen Amtsträgers fest. Sie beträgt vier Jahre.

Unübersichtlich ist die Termingestaltung für die Kommunalwahlen. Am einfachsten ist noch die schottische Regelung. Auf regionaler und Inselebene wird in Schottland alle 4 Jahre, zuletzt 1986, demnächst 1990, die Gesamtheit der Räte gewählt. Ebenso wird — im um zwei Jahre versetzten Abstand, also 1988, 1992 etc. auf Distriktebene verfahren. In England und Wales haben die Kommunen größere Wahlmöglichkeiten bezüglich des von ihnen bevorzugten Wahlrythmus. Einige der Kommunen wählen jedes Jahr ein Drittel der Ratsmitglieder mit einer Wahlpause im vierten Jahr, während andere jeweils die Gesamtheit der Ratsmitglieder wählen. Die Metropolitan Districts der Großstädte hatten für eine Drittelerneuerung ihrer Räte optiert, während die meisten county councils und die Londoner boroughs jeweils die Gesamtheit ihrer Ratsmitglieder wählen. Die nächsten Wahlen für letztere finden 1990 statt.

18.3 Die Referenden von 1975 (EG) und 1979 (Devolution)

Referenden sind ein systemfremdes Element unter den britischen Institutionen. Zum einen sollte man annehmen, daß die Ergebnisse von Referenden für die jeweilige Regierung verbindlich sind, dem steht aber auf der anderen Seite die Regel der absoluten Souveränität des Parlaments entgegen. Der Einsatz von Referenden, trotz der unantastbaren Superiorität des Parlaments, wurde politisch wenig überzeugend als Bemühen interpretiert, den Rat des Volkes zu hören, dem das Parlament folgen könne oder auch nicht. Faktisch haben beide Referenden eine absolut bindende Wirkung entfaltet. In beiden Fällen ging es der regierenden Labour Party darum, nicht zu lösende innerparteiliche Konflikte aus der eigenen Verantwortung in die des Stimmbürgers zu übertragen, um so der Führung der Partei einen weiteren „Koalitionspartner" für die notwendige Entscheidungsfindung zu beschaffen.

Nach zwei anti-EG Wahlkämpfen 1974 ermöglichte die Zustimmung der Mehrheit von 67,2 % der Abstimmenden beim EG-Referendum vom 15. Juni 1975 (die Wahlbeteiligung lag bei 64,5 %) der nun regierenden Labour Party, ihre Opposition zum Verbleib des Landes in der EG aufzugeben und die von der konservativen Vorgängerregierung Heath eingegangenen internationalen Verpflichtungen zu erfüllen.

Weniger entlastend als die Regierung belastend wirkten sich die Devolution-Referenden vom 1. März 1979 in Schottland und Wales aus, mit denen über die Einrichtung parlamentarischer Vertretungen in diesen Gebieten und die Übertragung von administrativen und teilweise auch legislativen Kompetenzen auf die regionalen Exekutiven bzw. Legislative (im schottischen Fall) abgestimmt wurde. Nachdem die Labour Party in einem langwierigen Prozeß entsprechende Gesetzesentwürfe formuliert und parlamentarisch durchgesetzt hatte, um dem Erstarken der schottischen Nationalpartei SNP entgegenzuwirken, die bei den Wahlen vom Oktober 1974 in Schottland einen Stimmenanteil von 30,4 % erreichte, wurde im letzten Augenblick im Gesetzgebungsverfahren ein zusätzliches systemfremdes Element mit dem geplanten Referendum verbunden. Für eine Annahme der Devolution-Vorschläge der Regierung sollte nicht mehr die Mehrheit der abgegebenen Stimmen zählen, sondern eine Mehrheit, die auf einer Zustimmung von mindestens 40 % der Wahlberechtigten beruhte. Nichtwählen wurde so zur Gegenstimme. Würde dieses Quorum zum Maßstab der Beurteilung der Ergebnisse britischer Parlamentswahlen gemacht, so wäre keine der britischen Nachkriegsregierungen rechtmäßig im Amt gewesen, ganz zu schweigen von dem Qualitätsurteil, das ein solches Quorum über Parlamentsbeschlüsse eines Parlaments abgibt, das wie das britische beansprucht, selbst mit einer Einstimmenmehrheit die weitreichendsten Beschlüsse fassen zu dürfen.

Das walisische Referendum-Ergebnis ließ keinen Zweifel offen. Nur 20,3 % der Abstimmenden (11,9 % der Wahlberechtigten) wollten eine walisische Regionalversammlung (Wahlbeteiligung 59,0 %). In Schottland aber sprachen sich 51,6 % der Wahlbeteiligten für ein schottisches Parlament aus. Da dies gemessen an der Zahl der Wahlberechtigten aber nur 32,9 % der Stimmen ausmachte, war auch in Schottland das Devolution-Referendum gescheitert (Wahlbeteiligung 63,7 %). Die schottischen Nationalisten wollten sich mit dieser Interpretation des schottischen Wählerwillens nicht zufrieden geben und beantragten ein Mißtrauensvotum gegen den Labour-Regierungschef Callaghan, dem sich die Konservative Partei anschloß und das zum Sturz der Labour-Minderheitsregierung führte.

18.4 Wahlen zum Europäischen Parlament

Trotz der ursprünglichen Absicht, das System der Verhältniswahl in allen europäischen Ländern verbindlich zu machen, ist bei den bisherigen Europawahlen die Wahlentscheidung weiterhin im Rahmen der traditionellen Wahlsysteme der einzelnen Länder gesucht worden. Großbritannien wählt seine Abgeordneten in 78 Einerwahlkreisen nach relativer Mehrheitswahl, Nordirland bildet einen Dreierwahlkreis, in dem die Wahlsieger nach dem Single Transferable Vote-System bestimmt werden. Mit der gewachsenen Größe der Wahlkreise hatten es die Liberalen bzw. die Allianz noch schwerer sich durchzusetzen. Ihre Unterstützung durch jeden fünften Wähler war nicht ausreichend genug geographisch konzentriert, um ihr einen Sitz im Europaparlament zu sichern, wie dies der SNP nun schon zum dritten Mal durch eine Hochburgenbildung im hohen Norden Schottlands gelang.

Insgesamt ist das an der niedrigsten Wahlbeteiligung aller EG-Länder abzulesende Desinteresse des britischen Wählers an Europa nicht zu übersehen. Für die Labour Party fanden die ersten beiden Wahlen zu ungünstigen Zeitpunkten, jeweils relativ kurz nach Wahlniederlagen 1979 und 1983 statt. Hinzu kam die skeptische Haltung eines wichtigen Teils der Partei gegenüber Europa, obwohl 1984 die Parteiführung große organisatorische Anstrengungen unternahm, um besser als 1979 abzuschneiden. Der Europawahlkampf hatte allerdings kaum europäische Themen. Das verbesserte Abschneiden Labours 1984 in London verdankte sich in erster Linie der dortigen Opposition gegen die für 1986 geplante Abschaffung des Greater London Council. Die besonderen Merkmale der Europawahl von 1989 waren:

a) Das herausragende Ergebnis für die britischen Grünen, die zur drittstärksten Partei wurden, auch wenn das britische Wahlsystem diesen Erfolg nicht honorierte (ein Indikator für das gewachsene Umweltbewußtsein, politisch auch von Margaret Thatcher akzeptiert).

Ergebnisse der Europawahlen

	1979	1984	1989
Wahlbeteiligung			
Großbritannien	32,1 %	31,8 %	36 %
Nordirland	56,9 %	65,4 %	k.A.
Sitzverteilung			
Großbritannien:			
Konservative	60	45	32
Labour	17	32	45
Liberale / Allianz / Democrats	—	—	—
SNP	1	1	1
Plaid Cymru	—	—	—
Insgesamt	78	78	78
Sitzverteilung			
Nordirland:			
DUP	1 (Paisley)	1 (Paisley)	1
OUP	1 (Taylor)	1 (Taylor)	1
SDLP	1 (Hume)	1 (Hume)	1
Insgesamt	3	3	3
Stimmenanteile			
Großbritannien:			
Konservative	50,6 %	40,8 %	33,6 %
Labour	33,0 %	36,6 %	38,7 %
Liberale / Allianz / Democrats	13,1 %	19,5 %	5,9 %
SNP + Plaid Cymru	2,6 %	2,5 %	3,4 %
Andere (1989: Greens)	0,7 %	0,8 %	14,5 %
Stimmenanteile			
Nordirland:			
DUP	29,8 %	33,6 %	22,1 %
OUP	21,9 %	21,5 %	16,4 %
Alliance Party	6,8 %	4,9 %	k.A.
SDLP	24,6 %	22,1 %	18,8 %
Sinn Féin	—	13,3 %	k.A.
Workers' Party	0,8 %	1,3 %	k.A.
Andere	16,1 %	3,3 %	k.A.

Quellen: P. Jowett: Great Britain, in: Electoral Studies 3 (1984), S. 282-284,
C. O'Leary: Northern Ireland, in: ebda., S. 306-309 und The Economist, 24. 6. 1989, S. 38.

b) Der Einbruch der Liberal Democrats, denen vom Wähler offensichtlich die Begleitumstände der Parteigründung und die Perspektivlosigkeit dieser Gruppierung noch immer angekreidet werden und

c) Die Niederlage der Konservativen Partei, die von der Labour Opposition als Quittung des Wählers für zehn Jahre Thatcherismus interpretiert wurde. In gewissem Maße mag aber die Konservative Partei auch selbst zu ihrer Niederlage beigetragen haben. Innerparteiliche Kritiker hoben die Mängel der Wahlkampagne hervor. In der Presse wurde betont, daß die Regierung Thatcher einen unmöglichen Spagat versucht habe, nämlich auf der einen Seite den EG-Binnenmarkt 1992 zu propagieren und auf der anderen Seite sich als Verteidiger nationaler Interessen gegen den EG-Sozialismus zu gerieren.

Die höhere Wahlbeteiligung in Nordirland ist keineswegs als größere Europabegeisterung mißzuverstehen. Die Perspektive der Wahlauseinandersetzung war hier eher noch provinzieller als in Großbritannien. Auseinandersetzungen wurden vor allem zwischen den beiden unionistischen Parteien und zwischen der SDLP und Sinn Féin geführt, wobei die DUP mit ihrem Parteiführer Paisley gegenüber der OUP und die SDLP mit John Hume gegenüber Sinn Féin sich einen relativen Vorteil sichern konnten.

19. Großbritannien in der internationalen Politik

Das Vereinigte Königreich hat die Herrschaft über sein ehemaliges weltweites Empire, das seine größte Ausdehnung um 1920 erreichte, im 20. Jahrhundert schrittweise verloren. Das Land, das im Zeitalter des Imperialismus von der zweiten Hälfte des 19. Jahrhunderts bis zum Ausbruch des I. Weltkrieges die führende Seemacht und eine der Weltmächte war, ist heute zu einer europäischen Mittelmacht geworden. Das Vereinigte Königreich hat aber den Anspruch eine weltweit dominierende Macht zu sein, noch nicht vollständig abgelegt. Es ist eines der Nuklearmächte, hat einen ständigen Vertreter im UN-Sicherheitsrat und unterhält eine Berufsarmee, die rund um den Globus präsent ist. Die politischen Ereignisse der Nachkriegszeit haben aber deutlich gemacht, daß die militärische Präsenz des Landes außerhalb der NATO und der vom Vereinigten Königreich als eigenes Territorium betrachteten Gebiete eher sym-

Das britische Empire zur Zeit seiner größten Ausdehnung (1920)

CANADA

NEWFOUNDLAND

UNITED
KINGDOM
OF GREAT
BRITAIN
AND IRELAND

Gibraltar

•Bermuda

Bahamas

British
West Indies

Jamaica

British
Honduras

Gambia

Sierra
Leone   Gold
         Coast

Togoland

Nigeria

Camerou

British
Guiana

•Pitcairn Is

Ascension·

N. Rhodesia
. St Helena

S. Rhodesia
S.W. Africa
(S.A. administered)

Bechuanalan

Tristan da Cunha •

••Falkland
Islands

Quelle: D. Judd / P. Slinn: The Evolution of the Modern Commomwealth 1902 - 80,

272

lestine
Mesopotamia (Iraq)
Transjordan
The Indian Empire
Weihaiwei
Trucial coast
Kuria Muria
Aden
British Somaliland
Hong Kong
N. Borneo
Brunei
Sarawak
Andaman Is
Ceylon
E. African prot.
(Kenya)
Maldives
Malaya
Singapore
New Guinea (AUST.)
Gilbert Is
Baker Is
W. Samoa
Solomon Is
Ellice Is (NZ)
Zanzibar
Seychelles
Tanganyika
Chagos
Nyasaland
Cocos or Keeling Is
Christmas Is
Papua (AUST.)
Santa Cruz
Fiji Is
Mauritius
AUSTRALIA
Norfolk Is
Tonga
Nauru
waziland
Basutoland
RICA
Lord Howe Is
Kermadec Is
SH EMPIRE, as controlled, directly
y, from London
NEW ZEALAND
Bounty Is
ing dominions of the British Empire
Aukland Is
Antipodes Is
Campbell Is
erritories acquired after the 1914-1918 war
Macquarie Is

London / Basingstoke 1982, S. IX.

Die weltweite britische militärische Präsenz (Stand 1984)

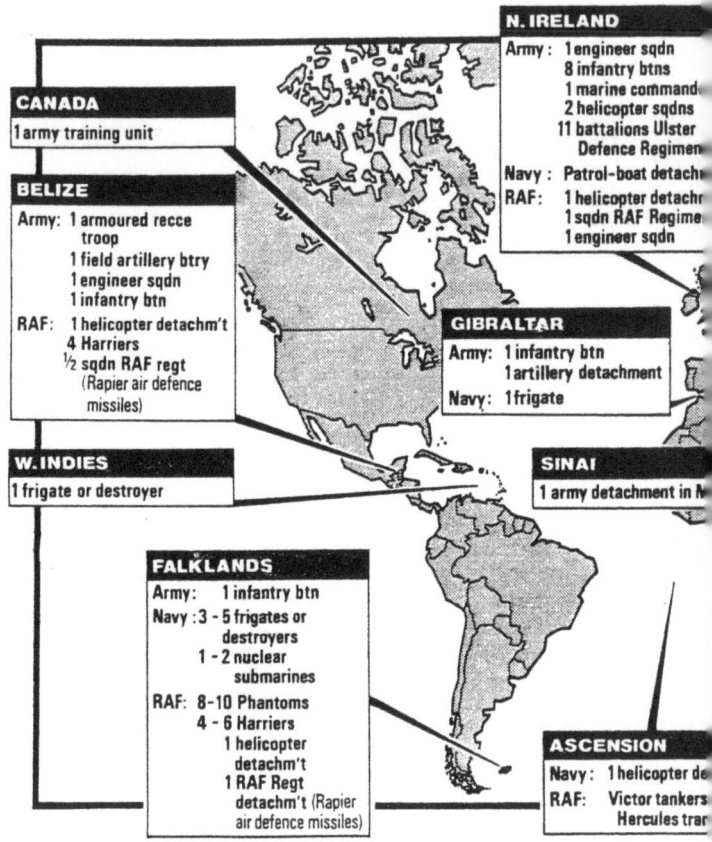

N. IRELAND

Army: 1 engineer sqdn
8 infantry btns
1 marine command
2 helicopter sqdns
11 battalions Ulster
Defence Regimen

Navy: Patrol-boat detachm

RAF: 1 helicopter detachm
1 sqdn RAF Regime
1 engineer sqdn

CANADA

1 army training unit

BELIZE

Army: 1 armoured recce
troop
1 field artillery btry
1 engineer sqdn
1 infantry btn

RAF: 1 helicopter detachm't
4 Harriers
½ sqdn RAF regt
(Rapier air defence
missiles)

GIBRALTAR

Army: 1 infantry btn
1 artillery detachment

Navy: 1 frigate

W. INDIES

1 frigate or destroyer

SINAI

1 army detachment in M

FALKLANDS

Army: 1 infantry btn

Navy: 3 - 5 frigates or
destroyers
1 - 2 nuclear
submarines

RAF: 8 - 10 Phantoms
4 - 6 Harriers
1 helicopter
detachm't
1 RAF Regt
detachm't (Rapier
air defence missiles)

ASCENSION

Navy: 1 helicopter de

RAF: Victor tankers
Hercules trar

Quelle: The Economist, 17. 12. 1983, S. 31.

274

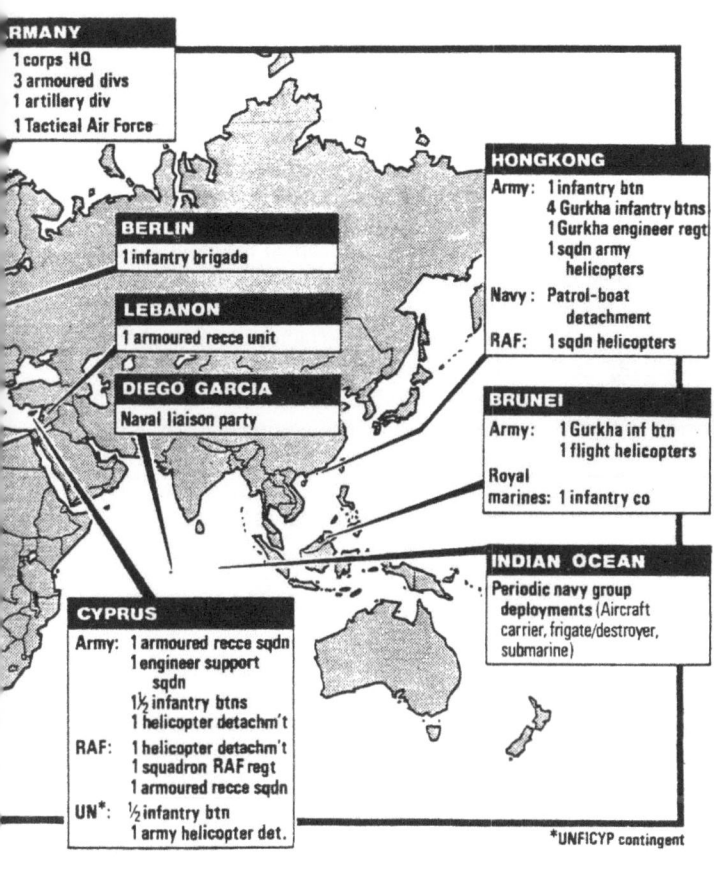

RMANY
1 corps HQ
3 armoured divs
1 artillery div
1 Tactical Air Force

BERLIN
1 infantry brigade

LEBANON
1 armoured recce unit

DIEGO GARCIA
Naval liaison party

HONGKONG

Army:	1 infantry btn 4 Gurkha infantry btns 1 Gurkha engineer regt 1 sqdn army helicopters
Navy :	Patrol-boat detachment
RAF:	1 sqdn helicopters

BRUNEI

Army:	1 Gurkha inf btn 1 flight helicopters
Royal marines:	1 infantry co

INDIAN OCEAN
Periodic navy group
  deployments (Aircraft
  carrier, frigate/destroyer,
  submarine)

CYPRUS

Army:	1 armoured recce sqdn 1 engineer support sqdn 1½ infantry btns 1 helicopter detachm't
RAF:	1 helicopter detachm't 1 squadron RAF regt 1 armoured recce sqdn
UN*:	½ infantry btn 1 army helicopter det.

*UNFICYP contingent

275

bolischer Natur sind. Die wahren Kräfteverhältnisse wurden beispielsweise beim Ausbruch des Zypern-Konflikts 1974 deutlich, den die britische Armee als neutraler Zuschauer verfolgte, oder bei der Invasion der USA in Grenada, einem unabhängigen Staat des Commonwealth mit der britischen Königin als Staatsoberhaupt zehn Jahre später, von der die Regierung Thatcher nicht einmal vorher unterrichtet worden war.

Unter Margaret Thatcher hat Großbritannien immer wieder seine traditionell besonders engen Beziehungen zu den USA betont, die es in ihrem weltweiten Kampf gegen die kommunistische Bedrohung und den internationalen Terrorismus prinzipiell unterstützte. Trotz solch prinzipieller Einigkeit gab es Differenzen im Detail, wie beispielsweise bei der kooperativeren Haltung Margaret Thatchers in der Frage des Erdgas-gegen-Röhren-Geschäftes der Europäer mit der UdSSR. Auch wenn Großbritannien das einzige europäische Land war, das den USA 1986 erlaubte, seinen Luftraum und seine Flugplätze für einen militärischen Schlag gegen Ghadaffis Libyen zu benutzen, tat Margaret Thatcher dies nicht ohne vorher Bedenken wegen des damit verbundenen Bruchs internationalen Rechts beim amerikanischen Präsidenten angemeldet zu haben.

19.1 Das Commonwealth

Der größte Teil der Territorien des früheren britischen Empires haben sich im Commonwealth zusammengeschlossen. Ihm gehören heute 49 unabhängige Staaten an. In 18 dieser Staaten ist die Königin Staatsoberhaupt. Mitglieder im Commonwealth sind: Antigua und Barbuda, Australien, die Bahamas, Bangladesh, Barbados, Belize, Botswana, Großbritannien, Brunei, Kanada, Zypern, Dominica, Fiji, Gambia, Ghana, Grenada, Guyana, Indien, Jamaika, Kenia, Kiribati, Lesotho, Malawi, Malaysia, Malediven, Malta, Mauritius, Nauru, Neuseeland, Nigeria, Papua Neu-Guinea, Saint Kitts and Nevis, Saint Lucia, Saint Vincent und die Grenadinen, die Seychellen, Sierra Leone, Singapur, die Solomon Inseln, Sri Lanka, Swaziland, Tansania, Tonga, Trinidad und Tobago, Tuvalu, Uganda, Vanuatu, West Samoa, Sambia, Zimbabwe.

Die Staatsoberhäupter der Commonwealth-Staaten treffen sich in der Regel alle zwei Jahre. Das letzte Treffen fand im Oktober 1987 in Kanada statt. Treffen finden auch auf Ministerebene statt, die Finanzminister kommen sogar jährlich zusammen, um Probleme der

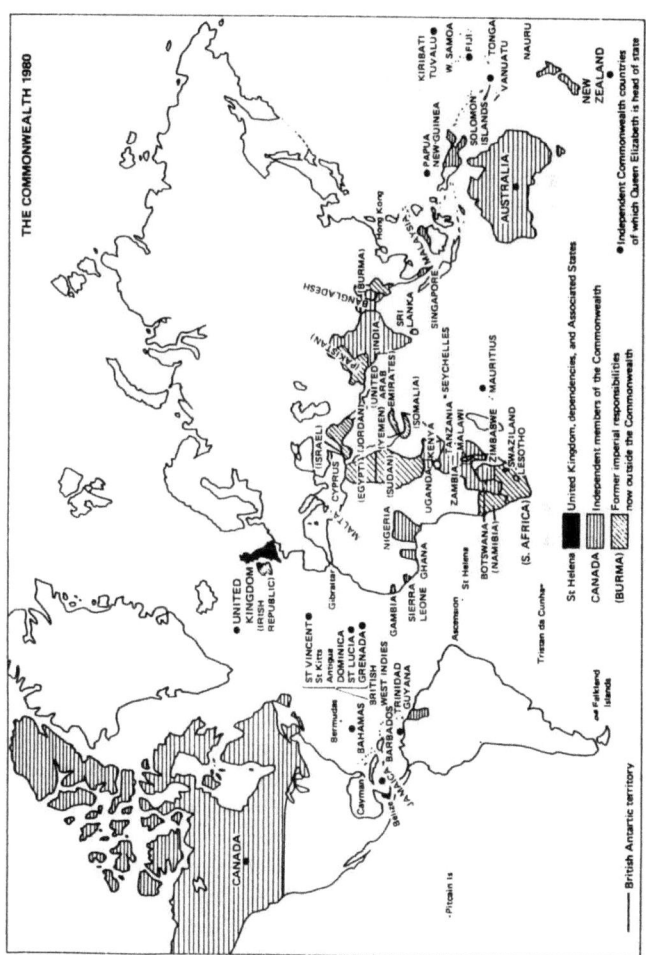

Quelle: D. Judd / P. Slinn: The Evolution of the Modern Commonwealth 1902 - 80, London / Basingstoke 1982, S. 146

277

Weltwirtschaft zu besprechen. 1965 wurde in London ein Commonwealth Sekretariat eingerichtet, das von einem Generalsekretär (zur Zeit: Chukwvemeka Anydoku, Nigeria) geleitet, die Commonwealth-Aktivitäten organisiert. Es verwaltet auch den Fonds für technische Zusammenarbeit (CFTC), der 1971 eingerichtet wurde, um Hilfestellung bei der sozialen und ökonomischen Entwicklung der Commonwealth-Mitglieder zu ermöglichen. Großbritannien trägt ca. ein Drittel der entstehenden Kosten.

Das Commonwealth ist jedoch nicht als Bündnis von Staaten mit gleicher politischer oder wirtschaftlicher Zielsetzung mißzuverstehen. Entscheidungsprozesse innerhalb des Commonwealth beruhen auf dem Minimalkonsens der Bereitschaft zur Zusammenarbeit. Einigkeit konnte über die Ablehnung der Apartheidpolitik erzielt werden. Das frühere Commonwealth-Mitglied Südafrika verließ die Organisation bereits 1961. In der aktuellen Frage der Wirtschaftssanktionen gegen Südafrika war Großbritannien nicht bereit, die Mehrheitsmeinung der Commonwealth-Staaten, die sich für einen Boykott aussprechen, mitzutragen und entschied sich, freiwillige Sanktionen im Bereich von neuen Investitionen in Südafrika und der Tourismuswerbung zu empfehlen und die EG-Entscheidung zu übernehmen, die den Import von Eisen und Stahl aus Südafrika verbietet. Seit dem EG-Beitritt Großbritanniens ist auch der wirtschaftliche Zusammenhalt des Commonwealths schwächer geworden, da das Präferenzsystem innerhalb des Commonwealth für den zwischenstaatlichen Warenaustausch entfiel. Ein Teil der Dritte Welt-Länder im Commonwealth in Afrika, der Karibik und im pazifischen Raum sind durch das AKP-Abkommen von 1975 mit wirtschaftlichen Sonderkonditionen der EG assoziiert.

19.2 Großbritanniens Rolle in der europäischen Politik

Die britische Hinwendung zu Europa in der Nachkriegszeit vollzog sich später und mit geringerem Enthusiasmus als in den sechs Gründungsländern der EWG. Die Entscheidung der konservativen Regierung Heath, die 1973 das Land in die EG führte, kam zu einem Zeitpunkt, als die von der ersten Phase der europäischen Einigung ausgehenden wirtschaftlichen Wachstumskräfte ihre Wirkung bereits verloren hatten und die EG-Länder sich mit den Auswirkungen des weltweiten Ölpreisschocks konfrontiert sahen. Diese Tatsache schien die EG-Kritiker im Lande zu bestätigen, die keinerlei Vorteil von einem EG-Beitritt für Großbritannien zu erkennen vermochten. Die Ablehnungskoalition bzw. die skeptische Haltung zur EG reicht auch heute noch von der politischen Linken bis zur politischen Rechten, auch wenn heute die EG-Gegner sowohl in der Parlamentsfraktion der Konservativen Partei als auch in der Parlamentsfraktion der lange EG-kritischeren Labour Party in der Minderheit sind.

Hauptargument der EG-Gegner ist ihre Befürchtung, daß die Souveränität des britischen Parlaments zur Entscheidung über alle Angelegenheiten des Landes durch die Übertragung von Funktionen auf supranationale Institutionen der EG ausgehöhlt wird. Die konservativen Kritiker sehen darin einen Verfassungsbruch, die Linke erwartet EG-Repressionen, falls sich die britischen Wähler für den Sozialismus entscheiden sollten. Einer ihrer Wortführer, Tony Benn, hat sogar die Vision eines militärischen Eingreifens der EG in diesem Kontext heraufbeschworen (siehe „Arguments for Socialism", Penguin 1980, S. 166). Für die weiterhin verbreitete Skepsis der Bevölkerung gegenüber der EG dürfte aber eher eine Rolle spielen, daß die erwarteten konkreten wirtschaftlichen Vorteile für jeden einzelnen auszubleiben scheinen. Wie Umfragen auf europäischer Ebene zeigen, findet die EG im Vergleich ihrer Mitgliedsländer in Großbritannien die stärkste Ablehnung. Fast 40 % aller Briten halten noch immer die EG-Mitgliedschaft ihres Landes für eine schlechte Sache.

Abstimmungsverhalten bei der entscheidenden Parlamentssitzung über den Verbleib in der EG am 9. April 1975

	dafür	dagegen	nicht beteiligt	insgesamt
Labour				
Cabinet Ministers	14	7	0	21
Junior Ministers	31	31	9	71
Hinterbänkler	92	107	24	223
Alle Labour-Abgeordnete	137	145	33	315
Conservative	249	8	18	275
Liberal	12	0	1	13
Scottish Nationalist	0	13	1	14
United Ulster Unionist	0	6	4	10
Andere	0	0	2	2
Insgesamt	398	172	59	629

Quelle: D. Butler / U. Kitzinger: The 1975 Referendum, Basingstoke / London 1976, S. 52.

Auf der Ebene der politischen Eliten hat sich dagegen längst die Einsicht durchgesetzt, daß die britische EG-Mitgliedschaft aus wirtschaftlichen Gründen unumgänglich ist. Am ausdauerndsten wurde in der Labour Party um die richtige Haltung zur EG gerungen. Die Regierung Wilson, die 1974 nach einem anti-EG Wahlkampf die Macht übernahm, rettete sich aus dem Dilemma, weiter die eingegangenen Verträge erfüllen zu wollen, trotz fehlender Mehrheit in der eigenen Parlamentsfraktion für eine weitere EG-Mitgliedschaft, durch die Freigabe des Stimmverhaltens ihrer Abgeordneten bei der entscheidenden Parlamentsabstimmung am 9. April 1975 und durch den Rückgriff auf das Instrument des Referendums. Nach der Wahlniederlage der Labour Party 1979 setzte die Labour-Linke den EG-Austritt des Landes als Wahlkampfthema wohl zum letzten Mal 1983 durch.

Labour-Regierungen und konservative Regierungen haben die Rolle Großbritanniens in der EG in der praktischen Politik sehr ähnlich definiert. Für sie bleibt die EG eine wirtschaftliche Interessengemeinschaft, ein Absatzmarkt britischer Güter und im Hinblick auf den Abbau von Handelsbarrieren im Jahre 1992 eine wettbewerbspolitische Herausforderung. Weitergehende Integrationsbemühungen oder gar der Gedanke eines europäischen Bundesstaates fanden und finden auch in der britischen Elite wenig Anhänger. Trotz ihrer Initiative für den EG-Beitritt blockierte die Regierung Heath eine gemeinsame EG-Energiepolitik angesichts der Ölkrise. Die Labour-Regierungen der 70er Jahre lehnten eine Direktwahl des Europäischen Parlaments ab und waren nicht bereit, sich an der Gründung des Europäischen Währungssystems zu beteiligen. Die Regierung Thatcher hielt lange an der Ablehnung der EWS-Mitgliedschaft ihres Landes fest, ganz zu schweigen von weitergehenden Überlegungen der Einrichtung einer Europäischen Zentralbank oder der Einigung auf eine Europawährung für alle EG-Bürger. Wirtschaftspolitik soll in Großbritannien weiterhin nach nationalen Kriterien gestaltet werden. Der EG-Beitrag des Landes wird dabei als lästige Beanspruchung des Staatshaushaltes gesehen, dessen Ausmaß Margaret Thatcher in zähen Verhandlungen mit den EG-Partnern zu reduzieren verstand. Die für andere Länder wichtige Unterstützung des Agrarsektors aus EG-Mitteln fällt dabei in Großbritannien aufgrund der anderen Wirtschaftsstruktur des Landes weniger ins Gewicht.

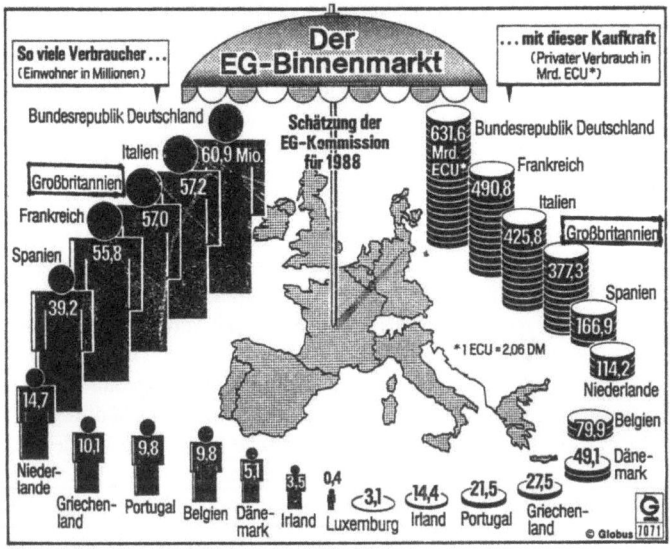

Quelle: Frankfurter Rundschau, 6.4.1988, S. 5.

19.3 Probleme der Entkolonialisierung:
Falklands, Hongkong, Gibraltar

Die Falkland-Krise des Jahres 1982 hat schlagartig in Erinnerung
gerufen, daß Großbritannien weiterhin für eine Reihe von Territorien die Oberhoheit beansprucht, auf die auch andere Staaten territoriale Ansprüche erheben. Das Falkland-Problem wurde schon seit
Mitte der 60er Jahre im britischen Außenministerium mit dem Ziel
behandelt, die Inseln allmählich der argentinischen Oberhoheit zu
unterstellen. Anfang der 80er Jahre schien sich die Lösung abzu-
zeichnen, die Inseln formal Argentinien zu übergeben, aber für eine
dreißig Jahre dauernde Übergangsperiode diese auf „leasing"-
Basis weiterhin Großbritannien zu überlassen. Als im britischen
Parlament sich Widerstand gegen diese Strategie regte, wurde der
Falklands-Angelegenheit erneut niedrige Priorität gegeben. Argentinische Verhandlungsbereitschaft wurde von Margaret Thatcher
Anfang 1982 mit der Feststellung beantwortet, daß bei solchen Ver-

281

handlungen den Wünschen der Bewohner der Falkland-Inseln Priorität zukomme. Auch wenn die von der Regierung eingesetzte Franks-Commission in ihrem Untersuchungsbericht von 1983 die Version der Regierung bestätigte, der Krieg sei aus heiterem Himmel von Argentinien vom Zaun gebrochen worden, ist die Kritik nicht verstummt, daß mangelndes diplomatisches Geschick auf der Seite Großbritanniens die Konfrontation befördert habe, die über den ersten Eskalationsschritt der Einnahme von Süd-Georgien durch ein Schiff der argentinischen Marine, das vorgab, die 41 (zumeist chilenischen) Angestellten des bei der dortigen verlassenen Walfangstation Leith an Land gegangenen Schrotthändlers Constantino Davidoff schützen zu müssen, zum Krieg führte.

Nach der argentinischen Niederlage ist eine Verhandlungslösung mit Argentinien über die Zukunft der Inseln in weite Ferne gerückt. Die Falklands wurden zur militärischen Festung ausgebaut.

Der Inselflugplatz wurde für die Landung von Großraumflugzeugen präpariert, die permanente militärische Präsenz zu Lande und zur See verstärkt. Mitte der 80er Jahre waren bereits 1,5 Millionen Pfund im Jahr pro Inselbewohner für Verteidigungszwecke aufgewendet worden, bis 1990 wird der Betrag auf £ 2 Millionen steigen. Um einige der so entstandenen Kosten wieder auszugleichen, erweiterte Großbritannien 1987 seine Fischereizone um die Falklands-Inseln auf 150 Meilen. Die Einnahmen aus Fischereilizenzen trugen dazu bei, das Bruttosozialprodukt, das die 2 000 Inselbewohner erwirtschaften, von 9,9 Millionen Pfund auf 30,7 Millionen zu erhöhen. In einer weiteren wirtschaftlichen Ausbaustufe werden für die lokale Bevölkerung sechs Fischereiboote angeschafft und der Tourismus (Besuche durch Kreuzfahrtschiffe) entwickelt.

Mit amerikanischer Vermittlung sind neben den rasch wieder in Gang gekommenen inoffiziellen Beziehungen zwischen Großbritannien und Argentinien verschiedene Versuche gemacht worden, die Gespräche zwischen den beiden Ländern über die Zukunft der Inseln erneut in Gang zu bringen. Im August 1988 wurde von argentinischer Seite das Angebot gemacht, bei künftigen Verhandlungen die gegensätzlichen Positionen über Souveränitätsansprüche auszuklammern und Gespräche darüber zu führen, wie kriegerische Zwischenfälle vermieden und der Raubbau am Fischreichtum des Gebiets verhindert werden könnten.

Friedlich beigelegt wurden die rivalisierenden Gebietsansprüche Hongkong betreffend zwischen der VR China und Großbritannien. Ein entsprechendes Abkommen, das im Jahre 1984 geschlossen

Als das Empire doch noch zurückschlug …

2. 4. 1982: Argentinische Marineinfanteristen und Fallschirmjäger besetzen die Falkland-Inseln. Der britische Gouverneur und seine 79 Soldaten kapitulieren vor der Übermacht. London bricht die diplomatischen Beziehungen ab.

3. 4. Argentinien besetzt Süd-Georgien.

4. 4. Der neue argentinische Gouverneur auf den Malvinen tauft Port Stanley in Puerto Rivero um, verbietet den Linksverkehr und kündigt den englisch sprechenden 1800 Falkländern an, sie müßten Spanisch lernen. Freudenkundgebungen in Buenos Aires.

5. 4. 36 britische Kriegsschiffe (darunter zwei Flugzeugträger) laufen von Portsmouth in Richtung Südatlantik aus.

7. 4. England proklamiert eine 200-Meilen-Zone um die Kronkolonie Falkland zum Sperrgebiet. Präsident Reagan beauftragt Außenminister Haig als Vermittler.

25. 4. Briten erobern Süd-Georgien zurück.

30. 4. Amerikas Vermittlung scheitern.

1. 5. Britische Bomber greifen den Flughafen in Port Stanley an, treffen aber nicht die Rollbahn. Argentinien fliegt Verstärkung ein.

2. 5. Britisches Atom-U-Boot versenkt den veralteten argentinischen Kreuzer „General Belgrano", der gerade auf dem Rückzug war. 368 argentinische Mariner ertrinken.

3. 5. Argentinische Düsenjäger vom Typ Super-Etendard greifen mit Exocet-Raketen die britische Flotte an. Der moderne Zerstörer „Sheffield" fängt Feuer und geht unter.

20. 5. UN-Generalsekretär Perez de Cuellar gibt das Scheitern seiner Vermittlungsmission bekannt.

21. 5. Die Briten landen mit 5000 Mann bei Port San Carlos auf den Falkland-Inseln.

25. 5. Bei einem Großangriff argentinischer Flugzeuge verlieren die Briten einen Zerstörer und ein Frachtschiff.

27. 5. Die Briten beginnen ihren Vormarsch.

31. 5. Die „Queen Elizabeth II" bringt 3500 Soldaten ins Operationsgebiet.

2. 6. Port Stanley wird belagert.

15. 6. Der argentinische General Menendez kapituliert mit all seinen Truppen. Die Briten machen 14 800 Gefangene, die bald aufs Festland zurückgebracht werden. In Buenos Aires fordern Demonstranten den Rücktritt der Junta.

Die Bilanz des Krieges

Britische Verluste: 256 Menschen (Army 125, Navy 85, Marines 26, RAF 1, Sonstige 19). 3 Falkländerinnen kommen bei den Kämpfen um. An Material: 2 Zerstörer, 2 Fregatten, 9 Harrier-Senkrechtstarter, 12 Hubschrauber. Kriegskosten: mindestens 1,5 Milliarden Pfund.

Argentinische Verluste: 712 Mann (Heer 261, Marine 396, Luftwaffe 55). Etwa 50 bis 60 Prozent ihrer Angriffsluftwaffe gingen verloren.

Quelle: **Die Zeit,** 24. 4. 1987, S. 14.

wurde, sieht die Übergabe Hongkongs an die Volksrepublik China im Jahre 1997 vor. China hat seine Absicht bekundet, das dortige kapitalistische System weitere 50 Jahre unangetastet zu lassen, ein Versprechen, das allerdings eine merkliche Abwanderungsbewegung der Führungskräfte der Kronkolonie nicht zu verhindern vermochte. Nach dem Massaker in Peking im Sommer 1989 und den Verfolgungswellen in der VR China ist der Massenexodus in den 90er Jahren noch wahrscheinlicher geworden. Die Regierung Thatcher weigert sich aber bisher das Hongkong-Abkommen neu zu verhandeln. Ihre Absicht, eine begrenzte Zahl von ihr ausgewählter Auswanderungswilliger aufzunehmen, hat zu Protesten sowohl von konservativen Gegnern der Einwanderung als auch von linken Kritikern der mit diesem Modus verbundenen Diskriminierung geführt.

Im Falle der Gebietsansprüche Spaniens auf den Felsen Gibraltar, der seit 1713 im britischen Besitz ist, scheint mit einem modifizierten Status quo ein Mittelweg gefunden worden zu sein, der beide Seiten und die Bewohner Gibraltars zufriedenstellt. Nach Aufhebung der von General Franco in den 60er Jahren verfügten Blockade gegen Gibraltar im Jahre 1985 hat sich ein reger Grenzverkehr entwickelt, der sich auch auf die gemeinsame Nutzung des Flughafens von Gibraltar durch Spanien und Großbritannien erstreckt. Die Einwohner Gibraltars sind von der britisch-spanischen Annäherung am wenigsten begeistert, v.a. sträuben sie sich gegen eine mögliche zukünftige Angliederung Gibraltars an Spanien.

20. Das Großbritannien Margaret Thatchers — eine Zwischenbilanz

20.1 Weichenstellungen in der Haushalts- und Wirtschaftspolitik

Den Zielen der „Entstaatlichung" der Wirtschaft und der Gesundung der Staatsfinanzen ist die Regierung Thatcher zweifellos einen wesentlichen Schritt näher gekommen. Die Privatisierungspolitik hat die staatliche Kontrolle über Wirtschaftsunternehmen und Versorgungseinrichtungen drastisch vermindert. Nicht in allen Fällen ist aber damit staatlicher Einfluß völlig verschwunden. Die unumgänglichen Regulierungsleistungen z.B. bei der Privatisierung natürlicher Monopole oder als Konsequenz der Entregulierung der Londoner City werden nun indirekt durch Quangos erbracht.

Die Entstaatlichung der Wirtschaft hatte vor allem eine sozial- und gesellschaftspolitische Dimension. Der Sozialismus, so wie Margaret Thatcher ihn interpretiert, sollte für alle Zeiten in Großbritannien unmöglich gemacht werden. Die neue Gewerkschaftsgesetzgebung begrenzte die Einflußmöglichkeiten der Gewerkschaften auf wirtschaftliche Veränderungen, politisch waren die Gewerkschaften ohnehin kein Gesprächspartner für die seit 1979 amtierende Regierung. Die Streuung von Privateigentum durch den mit den Privatisierungen verbundenen Aktienverkauf sollte ein erneutes Labour-Nationalisierungsprogramm fast unmöglich machen. Und schließlich sollte der Wohlfahrtsstaat auf das für die Wirtschaft und die Staatskasse erträgliche Maß zurückgeschnitten werden. Eigenverantwortung und Subsidiaritätsprinzip sollten an die Stelle von unrealistischen Hoffnungen auf staatliche Interventionen treten.

In der Haushaltspolitik wurden nicht nur im Bereich sozialer Leistungen, sondern auch im Bezug auf den finanziellen Handlungsspielraum der Kommunen Restriktionen durchgesetzt. Mit der Auflösung demokratisch gewählter Strukturen, wie der Londoner Stadtverwaltung, wurde in letzterem Kontext beispielhaft deutlich, daß das Dogma der Zurückhaltung des Staates dann nicht gilt, wenn es darum geht, die Rahmenbedingungen zu schaffen, die für das umfassendere Programm der Regierung für die Wirtschaft und Gesellschaft des Landes erforderlich zu sein scheinen. Das Ergebnis staatlicher Budgetrestriktionen nimmt sich an Zahlen gemessen eher bescheiden aus. Ohne Berücksichtigung der einmaligen Zusatzeinnahmen aus der Privatisierung von Unternehmen sank der Anteil der Staatsausgaben am BIP erstmals im Haushaltsjahr 1986/87 unter denjenigen, den die Labour-Regierung bereits für das Haushaltsjahr 1978/79 erreicht hatte. Um dieses Ergebnis zu erreichen, mußte die Regierung Thatcher von ihrer dogmatischen Geldmengenpolitik, beseelt von den Grundüberzeugungen des Monetarismus, abrücken und auf das simple Instrumentarium einer Politik der Einsparungen zurückgreifen.

Sozial- und gesellschaftspolitisch bedeutete dies die Option für die Zweidrittelgesellschaft, für den reichen Südosten und für die City. Nie zuvor seit dem II. Weltkrieg hat es in Großbritannien so viele Obdachlose, alleine in London 130 000, so viele Arme, so viele Arbeitslose und ein so dramatisches Gefälle zwischen dem reichen Südosten und den anderen Landesteilen gegeben. Sinkende Inflationsraten, die aber 1989 wieder außer Kontrolle gerieten und eine — allerdings von einem im internationalen Vergleich sehr niedrigen Niveau — ansteigende wirtschaftliche Produktivität, die Rückführung der Nettokreditaufnahme, wirtschaftliche Zuwachsraten und ein hohes neugewonnenes Renomée des Industriestandortes Großbritannien — so kann die Regierung Thatcher die von ihr bewirkten wirtschaftspolitischen Veränderungen bilanzieren. Die Senkung des Spitzensteuersatzes auf 40 % (Bundesrepublik: 56 %) im Budget 1988 sollte ein übriges tun, das Investitionsklima auch in der Zukunft zu stabilisieren.

Entwicklung der Staatsausgaben (in % des BIP)

	Insgesamt	ohne Einnahmen aus Privatisierungen
1978-79	43 1/4	43 1/4
1979-80	43 1/4	43 1/2
1980-81	45 3/4	46
1981-82	46 1/4	46 1/2
1982-83	46 3/4	46 3/4
1983-84	45 1/2	46
1984-85	45 1/2	46 1/4
1985-86	43 3/4	44 1/2
1986-87	42 3/4	44
1987-88	41 1/4	42 1/2
1988-89	40 3/4	42
1989-90	40 3/4	41 3/4
1990-91	40 1/4	41 1/4

Quelle: Herbstgutachten des Schatzamtes, Financial Times, 4. 11. 1987, S. 12.

Im internationalen Vergleich relativiert sich die Leistungsfähigkeit der britischen Wirtschaft. Kritiker haben immer wieder auf die besonderen wirtschaftlichen Rahmenbedingungen hingewiesen, die der Regierung Thatcher eine erfolgreichere Wirtschaftspolitik als ihren Vorgängerregierungen ermöglichten: eine langanhaltende internationale wirtschaftliche Aufschwungphase, der Finanzsegen aus dem Nordseeölreichtum und die finanziellen Gewinne der Privatisierungspolitik. Mit dem Ende der Ölzeit in den 90er Jahren, dem Abschluß des Privatisierungsprogramms und dem Aufkommen neuer wirtschaftlicher Verwerfungen im Weltmaßstab wird sich zeigen, ob das produzierende Gewerbe des Landes ebenso konkurrenzfähig geworden ist, wie der Sektor der finanziellen Dienstleistungen, die City. Gelingt es dem Lande nicht, seine traditionelle Ex-

Die Leistungsfähigkeit der britischen Wirtschaft im Vergleich

	BIP (Preise 1980) durchschnittl. jährl. Wachstum (in %)			Produktivität durchschnittl. jährl. Wachstum (in %)			Arbeitslosigkeit im Durchschnitt (in %)		
	1968-73	1973-79	1979-87	1968-73	1973-79	1979-87	1968-73	1974-79	1980-87
United Kingdom	3,2	1,4	1,9	3,0	1,2	2,1	2,5	4,2	10,3
United States	3,0	2,6	2,3	0,7	0,0	0,6	4,7	6,8	7,7
Japan	8,4	3,6	3,9	7,3	2,9	2,9	1,2	1,9	2,5
Bundesrepublik	4,9	2,3	1,5	4,1	2,9	1,5	0,8	3,5	6,9
Frankreich	6,2	2,8	1,7	5,0	2,5	1,8	2,6	4,7	9,0
Italien	4,6	2,6	2,3	4,6	1,8	1,7	5,4	6,2	9,1
Kanada	5,4	4,2	2,8	2,4	1,3	1,0	5,4	7,2	9,8
Durchschnitt	4,3	2,7	2,4	2,9	1,4	1,4	3,2	5,0	7,1

Quelle: OECD: United Kingdom (Economic Surveys), Paris 1988, S. 50.

portschwäche zu überwinden, steuert es auf erneute Zahlungsbilanzkrisen zu — ein altbekanntes Phänomen der britischen Wirtschaftsgeschichte der Nachkriegszeit.

20.2 Sozialer und kultureller Wandel

Margaret Thatchers Regierung sieht sich in ihrem haushalts- und wirtschaftspolitischen Kurs durch die allgemeine Wirtschaftsentwicklung bestätigt. Der Parteitag der Konservativen im Oktober 1988 sollte Signal für eine weitere Etappe des Programms des Thatcherismus sein. Der wirtschaftliche Erfolg soll nun durch eine soziale Komponente ergänzt und angereichert werden. Die Grenze dessen, was ein nicht-interventionistischer Staat tun könne, so Margaret Thatcher, sei erreicht. Nun sei es an der Zeit, daß diejenigen die von sechs Jahren wirtschaftlichem Wachstum profitiert hätten ihre Pflichten für die Gemeinschaft wahrnehmen und aus moralischen Gründen freiwillig durch Wohltätigkeit Not lindern helfen.

Diese soziale Korrektur soll denjenigen zugute kommen, die noch nicht Teil der angestrebten „property-owning democracy" sind. Die Verbreitung des mit diesem Kürzel bezeichneten Volkskapitalismus ist ein zentrales Anliegen der Regierung zur Durchsetzung einer neuen politischen Kultur des Unternehmergeistes (enterprise culture). Jeder einzelne Bürger soll aktiv und durch sein Eigeninteresse gebunden am Erhalt von weitgestreutem Privateigentum interessiert werden und dadurch auch „richtiges", d.h. wirtschaftlichen Notwendigkeiten entsprechendes ökonomisches Denken lernen. In der Praxis hat sich allerdings rasch erwiesen, daß auch bei der Neuemission von Aktien beispielsweise, die Kapitalverteilung sich nicht zugunsten von Einzelpersonen verbesserte. Im Großbritannien Margaret Thatchers beträgt der Prozentanteil der Bevölkerung mit Aktienbesitz nur 6 % und ist damit weit geringer als der entsprechende Anteil von 21 % im — aus der Sicht Margaret Thatchers — sozialistischen Schweden.

Trotz eines enormen Werbeaufwandes der Ministerien, der beständig wächst, halten nach allen Meinungsumfragen die Briten in ihrer Mehrheit zäh an dem Gedanken des Wohlfahrtsstaates fest. Mitte der 80er Jahre waren ca. die Hälfte der Befragten sogar bereit, höhere Steuern für den Erhalt und den Ausbau wohlfahrtsstaatlicher Leistungen aufzubringen. Vor den Wahlen 1987 hatten typische Positionen des Thatcherismus in der Wählergunst deutlich an Boden

Zum Entwicklungsstand des britischen Volkskapitalismus

1) Prozentanteil der Bevölkerung mit Aktienbesitz

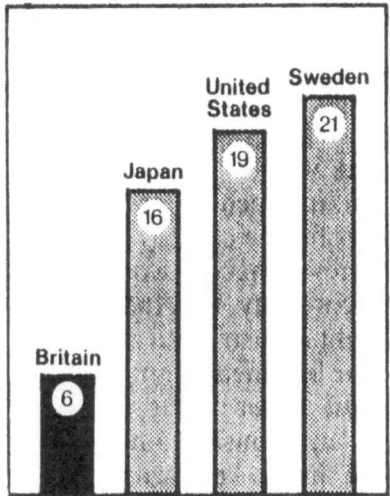

2) Besitzer von Aktien im Vereinigten Königreich

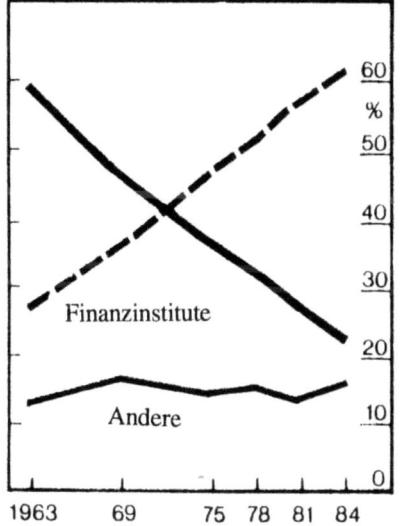

Quelle: The Economist, 22. 2. 1986, S. 31.

Zustimmung zu politischen Positionen des Thatcherismus: 1983 und 1987

	1983		1987		Insgesamt	
	Ja (%)	Nein (%)	Ja (%)	Nein (%)	1983 (%)	1987 (%)
für Kompromißlosigkeit im Umgang mit politischen Gegnern	50	39	45	48	+11	- 3
die Regierung kann nicht viel tun, um den Wohlstand des Landes zu mehren, jeder ist seines Glückes Schmied	48	38	39	48	+10	- 9
in schwieriger wirtschaftlicher Lage muß die Regierung Härte in sozialen Fragen zeigen	46	35	36	50	+11	-14
für Kompromißlosigkeit in der Außenpolitik	29	59	28	63	- 30	-35
bei Regierungsentscheidungen in der Wirtschaftspolitik sollen die Gewerkschaften und die Industrie sich raushalten	27	62	22	69	- 35	-47
Durchschnitt	40	47	36	55	- 7	-19

Quelle: D. Butler / D. Kavanagh: The British General Election of 1987, London / Basingstoke 1988, S. 6.

verloren. So entstand Ende der 80er Jahre eine Situation, in der die Regierung die Bevölkerung des Landes mit marktwirtschaftlichen Lösungen immer wieder neu fordert und herausfordert, in der aber nur eine Minderheit bereit ist, der Regierung in ihrer ideologischen Festlegung zu folgen.

Dies sollte der politischen Opposition Gelegenheit geben, neuen Einfluß zu gewinnen. Die wirtschafts- und gesellschaftspolitische Alternative, die sich als mehrheitsfähig erweisen könnte, deutet in Richtung auf eine moderate Version des Thatcherismus oder anders formuliert eine marktwirtschaftlichere Version des Wohlfahrtsstaates. Dem „richtigen" Oppositionsprogramm fehlte jedoch lange der Hebel zur politischen Umsetzung — eine geeinte Opposition. Während der Allianz aus Liberalen und Sozialdemokraten es nicht an fähigen Köpfen mangelte, fehlte es ihr am schlagkräftigen Parteiapparat und traditionellen Parteihochburgen, die nötig sind um bei einem Mehrheitswahlsystem politische Erfolge zu erringen. Die Labour Party brachte zwar die organisatorischen Voraussetzungen für einen Wahlerfolg 1987 in den Wahlkampf ein, sie vermochte aber mit ihrer traditionellen Programmatik und Gewerkschaftsnähe trotz der Bemühungen ihres Parteiführers Neil Kinnock um ideologische Entkrampfung nicht zu überzeugen. Dies führte zu einem Wahlergebnis, das Margaret Thatcher die Möglichkeit eröffnete, das Vereinigte Königreich in die 90er Jahre zu führen.

Literaturverzeichnis

I. Thatcherismus

D.S. Bell (Hg.): The Conservative Government 1979-1984, London 1985.

J. Bruce-Gardyne: Mrs. Thatcher's First Administration, London etc. 1984.

W.H. Buiter / M. Miller: The Thatcher Experiment, London 1981.

J. Cole: The Thatcher Years, London 1987.

P. Cosgrave: Thatcher: The First Term, London 1985.

Financial Times (Hg.): The Thatcher Years, London 1987.

St. Hall / M. Jacques (Hg.): The Politics of Thatcherism, London 1983 (Marxism Today).

A.M. Gamble: The Free Economy and the Strong State. The Politics of Thatcherism, Basingstoke etc. 1988.

St. Hall: The Challenge of Thatcherism, London 1988.

K. Harris: Thatcher, London 1988.

P. Hillyard / J. Percy-Smith: The Coercive State. The Decline of Democracy in Britain, London 1988.

M. Holmes: The First Thatcher Government 1979-1983, Brighton 1985.

P. Jackson (Hg.): Implementing Government Policy Initiatives. The Thatcher Administration 1979-1983, London 1985.

P. Jenkins: Mrs. Thatcher's Revolution, London 1987.

D. Kavanagh: Thatcherism and British Politics, Oxford 1987.

D. Kavanagh / A. Seldon (Hg.): The Thatcher Effect. A Decade of Change, Oxford 1989.

W. Keegan: Mrs. Thatcher's Economic Experiment, London 1984.

Labour Party Research Department: Thatcher's Britain, London 1983.

J. MacInnes: Thatcherism at Work, Milton Keynes etc. 1987.

G. Maynard: The Economy under Mrs. Thatcher, Oxford 1988.

K. Minogue / M. Biddis (Hg.): Thatcherism: Personality and Politics, London etc. 1987.

Th. Noetzel: Die Revolution der Konservativen. England in der Ära Thatcher, Hamburg 1987.

P. Riddell: The Thatcher Government, Oxford 1983.

P. Riddell: The Thatcher Decade, Oxford 1989.

R. Skidelsky (Hg.): Thatcherism, London 1988.

H. Stephenson: Mrs. Thatcher's First Year, London 1980.

R. Stinshoff (Hg.): Die lange Wende. Beiträge zur Landeskunde Großbritanniens am Ausgang der achtziger Jahre, Oldenburg 1989.

R. Sturm (Hg.): Thatcherismus — eine Bilanz nach zehn Jahren, Bochum 1990.

G. Thompson: The Conservatives' Economic Policy, London etc. 1986.

H. Young / A. Sloman: The Thatcher Phenomenon, London 1986.

II. Kasten: Die britische Krise

R. Bacon / W. Eltis: Britain's Economic Problem: Too Few Producers, London etc. [2]1978.

S. Blank: Britain's Economic Problems, in: I. Kramnick (Hg.): Is Britain Dying?, Ithaca 1979, 66 - 88.

R. Dahrendorf: On Britain, London 1982.

I. Fetscher: Großbritannien, Königstein / Ts. [3]1978.

S. Finer (Hg.): Adversary Politics and Electoral Reform, London 1974.

I. Gilmour: Britain Can Work, Oxford 1983.

W. Glinga: Erben des Empire, Frankfurt etc. 1983.

A. Glyn / J. Harrison: The British Economic Disaster, London 1980.

A. Glyn / R.B. Sutcliffe: British Capitalism, Workers and the Profit Squeeze, Harmondsworth 1972.

C.A.E. Goodhart: Monetary Theory and Practice, London 1984.

Hudson Report: The United Kingdom in 1980, London 1974.

N. Johnson: Die englische Krankheit, Stuttgart 1977.

T. Nairn: The Break-up of Britain, Manchester 1977.

T. Nairn: The Future of Britain's Crisis, in: I. Kramnick (Hg.): Is Britain Dying?, Ithaca 1979, 233 - 268.

D. Owen: Face the Future, Oxford 1981.

S. Pollard: The Wasting of the British Economy, New York 1982.

K. Rohe: Krise in Großbritannien, in: Ders. / G. Schmidt (Hg.): Referate und Diskussionsbeiträge der 1. Jahrestagung des Arbeitskreises Deutsche England-Forschung, Bochum 1982, 1 - 16.

D. Rose u.a.: Economic Restructuring: The British Experience, in: Annals AAPSS 475 (1984), 137 - 157.

K. Smith: The British Economic Crisis, Harmondsworth 1984.

R. Taylor: The Trade Union „Problem" since 1960, in: B. Pimlott / C. Cook (Hg.): Trade Unions in British Politics, London etc. 1982, 188 - 214.

M.J. Wiener: English Culture and the Decline of the Industrial Spirit, Cambridge 1981.

III. Wirtschaft (s. auch Thatcherismus)

J. Allen / D. Massey: The Economy in Question, London 1988.

K. Ascher: The Politics of Privatisation, London etc. 1987.

A. Busch: Neokonservative Wirtschaftspolitik in Großbritannien, Frankfurt etc. 1989.

A. Cairncross: Years of Recovery. British Economic Policy 1945-51, London 1985.

U. Casper: New Towns als Mittel der regionalen Industrialisierungspolitik in unterentwickelten Regionen Großbritanniens, Berlin 1975.

A. Cox: Privatisation and the Public Sector, London etc. 1986.

R. Cross: Economic Theory and Policy in the UK, Oxford 1982.

J. Cutler/R. Edwards: Britain's Nuclear Nightmare, London 1988.

P. Damesick/P. Wood (Hg.): Regional Problems, Problem Regions and Public Policy in the United Kingdom, Oxford 1987.

R. Dornbusch: The Performance of the British Economy, Oxford 1987.

A. Gamble/S.A. Walkland: The British Party System and Economic Policy, Oxford 1984.

N. Gardner: Decade of Discontent. The Changing British Economy since 1973, London etc. 1987.

Ph. Geddes: Inside the Bank of England, London 1987.

M. Hall: The City Revolution, London etc. 1987.

A. Hamilton: The Financial Revolution, New York 1986.

A. Hilton: City State: A Portrait of Britain's Financial World, London 1987.

M. Holmes: The Labour Government 1974-1979, London etc. 1985.

B. Jessop: The Political Economy of Post-War Britain, Oxford 1984.

P. Johnson (Hg.): The Structure of British Industry, London [2]1988.

J. Lewis/A. Townsend (Hg.): The North-South Divide. Regional Change in Britain in the 1980s, London 1989.

T. Lloyd: Dinosaur and Co.: The Deindustrializaition of the British Economy, London 1984.

A. Matthews/K.-J. Trede: Agrarpolitik und Agrarsektor im Vereinigten Königreich, Kiel 1983.

H. McRae/F. Cairncross: Capital City, London 1985.

M. Moran: The Politics of Banking, London etc. [2]1986.

K.-O. Morgan: Labour in Power 1945-1951, Oxford 1984.

D.W. Parsons: The Political Economy of Britsh Regional Policy, London 1986.

H. Pelling: Britain and the Marshall Plan, Basingstoke 1988.

A. Skuse/R. Jones-Owen: Government Intervention and Industrial Policy, London 1983.

B.-G. Spies: Chancen und Grenzen regionaler Beschäftigungspolitik. Das Beispiel des Greater London Enterprise Board, Köln 1988.

D. Steel/D. Heald: Privatising Public Enterprises, London 1984.

C. Veljanovski: Selling the State, Privatisation in Britain, London 1987.

IV. Gesellschaft

N. Abercombie/A. Warde: Contemporary British Society, London 1988.

M. Adeney/J. Lloyd: The Miners' Strike 1984-85, London 1986.

M. Anwar: Race and Politics, London etc. 1986.

P. Bassett: Strike Free, London etc. 1986.

E. Batstone: The Reform of Workplace Industrial Relations, Oxford 1988.

P.B. Beaumont: The Decline of Trade Union Organisation, London 1987.

G. Ben-Tovin u.a.: The Local Politics of Race, Basingstoke etc. 1986.

J. Benyon / J. Solomos (Hg.): The Roots of Urban Unrest, Oxford 1987.

K. Bielstein: Gewerkschaften, Neo-Konservatismus und ökonomischer Strukturwandel, Bochum 1988.

H.-J. Boehl: Der britische Bergarbeiterstreik von 1984 / 85, Bochum 1989.

Ph. Brown / R. Sparks (Hg.): Beyond Thatcherism. Social Policy, Politics and Society, Milton Keynes 1989

K. Coates / T. Topham: Trade Unions and Politics, London [3]1988.

N. Deakin: The Politics of Welfare, London 1987.

J. Eaton / C. Gill / W. Maksymiw: The British Trade Union Directory, London 1989.

Faith in the City. The Report of the Archbishop of Canterbury's Commission on Urban Priority Areas, London 1985.

I. Fox: Private Schools and Public Issues, London etc. 1985.

W. Glinga: Erben des Empire. Eine Reise durch die englische Gesellschaft, Frankfurt 1983.

J.H. Goldthorpe u.a.: Social Mobility and Class Structure in Modern Britain, Oxford [2]1987.

W. Grant / J. Sargent: Business and Politics in Britain, Basingstoke etc. 1987.

H. Grewal: The Race Discrimination Handbook, London 1988.

B.A. Hepple / S. Fredman: Labour Law and Industrial Relations in Great Britain, Antwerpen etc. 1986.

A.E. Holmans: Housing Policy in Britain, Beckenham 1987.

O. Jacobi / H. Kastendiek (Hg.): Staat und industrielle Beziehungen in Großbritannien, Frankfurt 1985.

B.D. Jacobs: Black Politics and Urban Crisis in Britain, Cambridge 1986.

B.D. Jacobs: Racism in Britain, London 1988.

A.G. Jordan / J.J. Richardson: British Politics and the Policy Process, London 1987.

A.G. Jordan / J.J. Richardson: Government and Pressure Groups in Britain, Oxford 1987.

R. Klein: The Politics of the National Health Service, London 1983.

Z. Layton-Henry: The Politics of Race in Britain, London 1984.

Z. Layton-Henry / P.B. Rich (Hg.): Race, Government and Politics in Britain, Basingstoke etc. 1986.

M. Loney (Hg.): Politics and Welfare in Contemporary Britain, London 1987.

G. Marshall / D. Rose / H. Newby: Social Class in Modern Britain, London 1989.

J. McIlroy: Trade Unions in Britain Today, Manchester 1988.

N. Millward / M. Stevens: British Workplace Industrial Relations 1980 - 84, Aldershot 1986.

PSI Survey: Black and White Britain, London 1988.

S. Ranson / D. Tomlinson (Hg.): The Changing Government of Education,

London 1986.

B. Reissert: Die Finanzierung der Arbeitsmarktpolitik: Großbritannien, Discussion Paper IIM/LMP 84-21c, Wissenschaftszentrum Berlin 1985.

J. Rentoul: The Rich get Richer. The Growth of Inequality in Britain in the 1980s, London 1987.

R. Robinson: The Welfare State under the Thatcher Government, Brighton 1986.

Lord Scarman: The Scarman Report. The Brixton Disorders 10-12 April 1981, Harmondsworth 1982.

G. Schmidt (Hg.): „Industrial Relations" und „Industrial Democracy" in Großbritannien, Bochum 1984.

B. Simon: Bending the Rules. The Baker „Reform" of Education, London 1988.

D.J. Smith: Racial Disadvantage in Britain, Harmondsworth 1977.

A. Taylor: Trade Unions and the Labour Party, London 1987.

P. Townsend/N. Davidson: Inequalities in Health, Harmondsworth 1988.

A. Walker (Hg.): Public Expenditure and Social Policy, London 1983.

A. Walker/C. Walker (Hg.): The Growing Divide. A Social Audit 1979-1987, London 1987.

M. White/M. Trevor: Under Japanese Management, London 1983.

B. Whitney: National Health Crisis, London 1988.

P. Williams/Th. Morris: The Finances of British Trade Unions 1975-85, London 1988.

V. Politik

P. Arthur/K. Jeffery: Northern Ireland since 1968, Basingstoke etc. 1988.

D. Austin: The Commonwealth and Britain, London 1988.

A.R. Ball: British Political Parties, Basingstoke etc. [2]1987.

A. Barker (Hg.): Quangos in Britain, London 1984.

M. Beloff/G. Peele: The Government of the United Kingdom, London [2]1985.

P. Bew/H. Patterson: The British State and the Ulster Crisis, London 1985.

A.H. Birch: The British System of Government, London [7]1986.

P. Bishop/E. Mallie: The Provisional IRA, London 1987.

R. Brazier: Constitutional Practice, Oxford 1988.

J. Bruce-Gardyne: Ministers and Mandarins, London 1986.

I. Budge/D. McKay: The Changing British Political System, London [2]1988.

H. Butcher/I.G. Law/R. Leach/M. Mullard: Local Government and Thatcherism, London etc. 1989

D. Butler: British General Elections since 1945, Oxford 1989.

D. Butler/G. Butler: British Political Facts 1900/1985, Basingstoke etc. [6]1986.

D. Butler/P. Jowett: Party Strategies in Britain. A Study of the 1984 European Election, Basingstoke etc. 1985.

D. Butler/D. Kavanagh: The British General Election of 1987, London 1988.

P. Byrd (Hg.): British Foreign Policy under Thatcher, Oxford 1988.

T. Byrne: Local Government in Britain, Harmondsworth [4]1986.

P. Calvert: The Falkland Crisis, London 1982.

J.A. Chandler: Public Policy-Making for Local Government, London etc. 1988.

Ch. Cook: A Short History of the Liberal Party, 1900-1984, Basingstoke etc. [2]1984.

G.M. Dillon: The Falklands, Politics and War, Basingstoke etc. 1989.

M. Dockrill: British Defence since 1945, Oxford 1988.

H. Döring/D. Grosser (Hg.): Großbritannien. Ein Regierungssystem in der Belastungsprobe, Opladen 1987.

B. Donoughue: Prime Minister, London 1987.

G. Drewry (Hg.): The New Select Committees, Oxford 1985.

G. Drewry/T. Butcher: The Civil Service Today, Oxford 1988.

J. Dunsch: Die „Europapolitik" der britischen Labour Party 1970-1975, Bad Honnef 1978.

D. Englefield: Whitehall and Westminster, London 1985.

K. Ewing: The Funding of Political Parties in Britain, Cambridge 1987.

N.M. Franklin: The Decline of Class Voting in Britain. Changes in the Basis of Electoral Choice, 1964-1983, Oxford 1988.

L. Freedman: Britain and the Falklands War, Basingstoke etc. 1988.

J. Garrett: Managing the Civil Service, London 1980.

B. Girvin/R. Sturm (Hg.): Politics and Society in Contemporary Ireland, Aldershot 1986.

C. Graham/T. Posser: Thatcherism and the Constitution, Beetchley 1988.

J. Greenwood/D. Wilson: Public Administration in Britain, London 1984.

J. Gyford: The Politics of Local Socialism, London 1985.

A. Heath u.a.: How Britain Votes, Oxford etc. 1985.

H. Heclo/A. Wildavsky: The Private Government of Public Money, London [2]1981.

P. Hennessy: Cabinet, Oxford 1986.

P. Hennessy: Whitehall, London 1989.

B.W. Hogwood: From Crisis to Complacency? Shaping Public Policy in Britain, Oxford 1987.

R. Holme/M. Elliott (Hg.): 1688-1988. Time for a New Constitution, London/Basingstoke 1988.

D. Hooper: Official Secrets. The Use and Abuse of the Act, Sevenoaks 1988.

R. Jenkins (Hg.): Britain and the EEC, London etc. 1983.

R.J. Johnston u.a.: A Nation Dividing? The Electoral Map of Britain 1979-1987, London 1988.

J. Joseph: Inside the Alliance, London 1983.

J. Jowell/D. Oliver (Hg.): The Changing Constitution, Oxford 1985.

D. Judd/P. Slinn: The Evolution of the Modern Commonwealth, London etc. 1982.

D. Kavanagh: British Politics. Continuities and Change, Oxford 1985.

D. Kavanagh (Hg.): The Politics of the Labour Party, London 1982.

P. Kellner / Lord Crowther-Hunt: The Civil Servants, London 1980.

A. King (Hg.): The British Prime Minister, Basingstoke etc. [2]1985.

N. Mansergh: The Commonwealth Experience, 2 Bde., London [2]1982.

G. Marshall (Hg): Ministerial Responsibility, Oxford 1989.

W.L. Miller: Irrelevant Elections? The Quality of Local Democracy in Britain, Oxford 1988.

A. Mughan: Party and Participation in British Elections, London 1986.

T. Nairn: The Enchanted Glass: Britain and its Monarchy, London 1988.

Ph. Norton: The British Polity, New York etc. 1984.

Ph. Norton: The Commons in Perspective, Oxford 1981.

Ph. Norton (Hg.): Parliament in the 1980s, Oxford 1985.

Ph. Norton / A. Aughey: Conservatives and Conservatism, London 1981.

F. O'Gorman: British Conservatism, Burnt Mill 1986.

C. Oppenheim: A Tax on all the People. The Poll Tax, London 1987.

D. Outwin: The SDP Story, London 1988.

G. Peele: British Party Politics, Oxford 1989.

Cl. Ponting: Whitehall: Tragedy and Farce, London 1986.

D.G. Pringle: One Island, Two Nations? A Political Geographical Analysis of the National Conflict in Ireland, Letchworth etc. 1985.

R.M. Punnett: British Government and Politics, Aldershot [5]1987.

G. Radice: Labour's Path to Power. The New Revisionism, London etc. 1989.

L. Radice u.a.: Member of Parliament, Basingstoke etc. 1987.

R.A.W. Rhodes: Beyond Westminster and Whitehall. The Subnational Governments of Britain, London etc. 1988.

D. Robertson: Class and the British Electorate, Oxford 1984.

K. Rohe / G. Schmidt (Hg.): Krise in Großbritannien?, Bochum 1987.

R. Rose: Ministers and Ministries, Oxford 1987.

R. Rose: Politics in England, London etc. 1985.

R. Rose / I. McAllister: Voters Begin to Choose, London etc. 1986.

B. Rowthorne / N. Wayne: Northern Ireland. The Political Economy of Conflict, Cambridge 1988.

Th. Saalfeld: Das britische Unterhaus, Frankfurt etc. 1988.

J. Saville: The Labour Movement in Britain, London etc. 1988.

G. Schmidt (Hg.): Großbritannien und Europa — Großbritannien in Europa, Bochum 1989.

D. Shell: The House of Lords, Oxford 1988.

P. Silk: How Parliament Works, London etc. 1987.

M. Smith u.a. (Hg.): British Foreign Policy, London 1988.

G. Stoker: The Politics of Local Government, Basingstoke etc. 1988.

R. Sturm: Nationalismus in Schottland und Wales, Bochum 1981.

P. Sykes: Loosing From the Inside: The Cost of Conflict in the British SDP, London 1989.

L. Tivey / A. Wright (Hg.): Party Ideology in Britain, London 1989.

P. Whiteley: The Labour Party in Crisis, London etc. 1983.

Register

Abgeordneteneinkommen 201, 204
Act of Union (1707) 175 ff., 180
„adversary politics" 40
AEU (Amalgamated Engineering Union) 163, 246 f.
affluent society 19, 24
Alkoholverbot 105, 180, 253
Allianz aus SDP und Liberalen 15, 183, 248 ff., 255, 257 ff., 261, 266, 296 f., 291
Allianzpartei (Nordirland) 229, 233, 235 f., 270
Amin, Idi 108
anglikanische Kirche (Church of England) 104 ff., 115
Anglo-Irish Agreement (1985) 232, 235
Anglo-Irish Intergovernmental Council 232
anglo-irischer Vertrag (1921) 225
Anyaoku, Chukwvemeka 278
Apartheid 278
Arbeitslosigkeit 13, 17, 19 f., 25 f., 29, 34, 41, 66 f., 84, 88, 111, 115, 117 f., 133, 135 f., 139 ff., 148 f., 160, 262, 285 f.
Armut 133, 144 f., 286
Ashdown, Paddy 250
Asquith, Herbert Henry 210
Association of British Chambers of Commerce (ABCC) 158, 161
ASTMS (Association of Scientific, Technical and Managerial Staffs) 163, 246 f.
Attlee, Clement 186
AUEW-Tass (Amalgamated Union of Engineering Workers [Technical, Administrative and Supervisory Section]) 163
austerity 19 ff.
Außenpolitik 14, 188, 218, 238, 271 ff., 290

Bagehot, Walter 182 f., 185 f.
Baker, Kenneth 155
Bank of England (Notenbank) 22, 43, 45, 59 f., 64 f.
Baptisten 106
Barber, Antony 28 f.
BBC 200
Benn, Tony 244, 279
Bergarbeiterstreiks 14, 30, 35, 163, 168, 173, 191, 200
Beveridge Report 22, 123, 135, 137
Biffen, John 189
„big bang" 62
Bill of Rights 40, 184
Binnenmarkt '92 271, 281
block grants 219, 221 f.
Börse, London 23, 58 ff., 94
boundary commission 256
Bow Group 239, 241
Briefwahl 257
„britische Krankheit" 11, 19, 33, 35 ff.
British Medical Association (BMA) 124
British Movement 114
British National Oil Company (BNOC) 32, 89 f.
British Nationality Act 109 f.
Brittan, Leon 188
broker 62, 64
B-specials (ehemalige nordirische Polizeireserve) 226 f.
Bürgerrechtsbewegung (nordirische) 226 ff.
Bullock Committee 34, 39
Burns, Robert (1759-96) 179
Butler, Richard Austen 23
Butler Act (Education Act von 1944) 150
„Butskellismus" 23
by-elections (Nachwahlen) 260

306

Grundlegend für die politische Bildung

ISSN: 0016-5875   F 8152 F

Gegenwarts
Gesellschaft
Staat
Erziehung
kunde

Jahrgang 40
Viertes Vierteljahr
1991

4

- Informationsgesellschaft?
- UdSSR: Die neue Union
- Die Nahost-Konferenz
- Ethik und Politik
- Serie: Urteile des Bundesverfassungsgerichts: Urteil zur Aussperrung
- Aktuelle Information: Landtagswahl Bremen
- Didaktische Praxis: Reden über Unterricht
- Kontrovers dokumentiert: Strafverfolgung von DDR-Repräsentanten
- Curriculum-Bausteine Wirtschaftslehre: Der quartäre Sektor
- Analyse: Parteien nach der Vereinigung

Mit „Thesen der Deutschen Vereinigung für Politische Bildung"

Leske + Budrich

GEGENWARTSKUNDE Zeitschrift für Gesellschaft, Wirtschaft, Politik und Bildung

Herausgeben von
Prof. Dr. Walter Gagel, Hagen,
Prof. Dr. Hans-Hermann Hartwich, Hamburg,
Prof. Dr. Bernhard Schäfers, Karlsruhe, Dr. Göttrik Wewer, Hamburg.

GEGENWARTSKUNDE erscheint viermal jährlich im Umfang von je ca. 128 Seiten. Der Jahresbezugspreis beträgt 36,— DM, für Studierende und Arbeitslose 28,— DM, jeweils zuzüglich 4,80 DM Versandkosten. GEGENWARTSKUNDE ist eine Zeitschrift für die Praxis des politischen Unterrichts. Sie vermittelt aus den Fachwissenschaften Informationen und Materialien zu den Themenbereichen Gesellschaft, Wirtschaft, Politik und sie behandelt methodisch-didaktische Fragen.

GEGENWARTSKUNDE operiert mit einer besonderen Vielfalt der Darstellungsmethoden und bietet damit dem Einsatz im Unterricht ein breites Spektrum von Anknüpfungsmöglichkeiten.

Die regelmäßigen Rubriken:

Fachwissenschaftliche Aufsätze *
Aktuelle Information
* *Serie* *Kontrovers dokumentiert*
* *Curriculum-Bausteine zur Wirtschaftlehre* *Didaktische Planung* *Analyse.*

Probehefte kostenlos!

Leske + Budrich
Postfach 300 551. 5090 Leverkusen 3

If you have any concerns about our products,
you can contact us on
ProductSafety@springernature.com

In case Publisher is established outside the EU,
the EU authorized representative is:
Springer Nature Customer Service Center GmbH
Europaplatz 3, 69115 Heidelberg, Germany

Printed by Libri Plureos GmbH
in Hamburg, Germany